選擇了就要走下去，
因為無法重新來過

人生直至盡頭，
始終是條
蜿蜒曲折的路

憶 雲，宗 坤——著

目錄

第一章　幸福的真諦

有愛，就有陽光…………… 11

傳遞擁抱………………… 13

失而復得曾幾何時………… 18

幸福交響曲……………… 19

愛的調味品……………… 20

創造價值………………… 22

翻閱過去………………… 26

生命沒有捷徑…………… 27

請多一點信任…………… 29

一念之差………………… 30

學會生活………………… 31

合理安排時間…………… 33

生命中最美的畫面……… 34

為自由而生……………… 36

不要抓得太緊…………… 37

丟掉煩惱………………… 38

最倒楣的船隻…………… 39

幸福的袋子……………… 40

第二章　成功的智慧

為目標奮鬥……………… 43

興趣是成功的保證……… 44

弄巧成拙………………… 45

把你手邊的事情做好…… 46

明確自己的方向………… 47

公私分明的解狐………… 49

仁者冠軍………………… 50

仁義與禮儀……………… 51

請為自己負責…………… 53

冒險成果………………… 54

勇於追求………………… 55

舉起手的勇氣…………… 57

成功在轉彎處…………… 59

並非一舉成名…………… 62

1 個小時的偏差………… 63

生死選擇………………… 66

最大的禮貌：守時……… 67

為生存加油……………… 68

目標只有一個，才射擊得最準

………………………… 69

特別的男子漢…………… 70

為夢想而堅持…………… 72

目錄

第三章　感恩的心

感恩節快樂 ·················· 75

愛的奇蹟 ·················· 77

溫暖勝過一束花 ·············· 81

人生的行李 ················· 82

在途中 ··················· 85

外面的路途 ················· 86

選擇了，就要走下去 ······ 89

一粒豆粒 ·················· 90

把祕密公開 ················· 92

永恆的記憶 ················· 94

特殊的禮物：愛心 ······ 97

偉大的母愛 ················· 100

上帝的獎賞 ················· 102

宏偉志願的領導者 ········· 103

人生如旅行 ················· 105

自然之美 ·················· 106

在海灘上 ·················· 108

不是所有的鮮花都是果實 ·· 112

第四章　智慧箴言

消除怒火的方法 ············· 113

漏斗人生 ·················· 114

幸福鵝卵石 ················· 115

人生的底線 ················· 116

獎賞的力量 ················· 116

每一粒種子都是一粒金子 ·· 117

自信的音樂家 ··············· 118

人格的力量 ················· 119

接受現實 ·················· 119

烏鴉和烏龜 ················· 120

嘴饞的烏鴉 ················· 121

異想天開的流浪漢 ········· 122

人生的尊嚴 ················· 123

身邊的，遠處的 ············· 124

貢獻 ····················· 124

猴子大夫 ·················· 125

人生的真諦 ················· 126

跑三圈 ··················· 127

快樂之門 ·················· 128

真英雄 ··················· 129

除了幸運，更重要的是勇氣和

熱心 ····················· 130

人生貴在堅持 ··············· 131

狗的價值 ·················· 131

思維定式 ·················· 132

你就是自己的上帝 ········· 133

第五章　人性的弱點

瑪丹娜的減歲哲學 ………… 135

別被不必要的「包袱」壓垮 136

懂得放棄 ……………… 138

五毛錢和一元錢 ………… 141

捨大取小的釣魚人 ……… 142

守財奴 ………………… 143

聰明的鳥 ……………… 144

天下沒有不勞而獲的東西 ·· 145

原來我也很富有 ………… 148

怎樣擁有人生的光彩 …… 152

心中有個寧靜 …………… 154

坦然面對得失 …………… 156

神的啟示 ……………… 157

不以物喜，不以己悲 …… 159

如果有顆檸檬，就做檸檬水 162

學會容忍 ……………… 165

克制自己的情緒 ………… 168

學會忍讓 ……………… 170

忍得了屈辱，才能成就大事 172

簡簡單單的生活 ………… 174

妙用讚美 ……………… 177

第六章　歷史的智慧

趙奢秉公辦事 …………… 183

負荊請罪 ……………… 184

孟賁言勇 ……………… 186

張良拾鞋 ……………… 186

楚王的寬容 …………… 188

齊桓公廣納賢才 ………… 189

蔡邕救琴 ……………… 191

望梅止渴 ……………… 192

鐵棒磨成針 …………… 193

讓地三尺又何妨 —— 「仁讓
街」的故事 …………… 195

磚塊與石頭 …………… 197

濮水垂釣 ……………… 198

割席斷交 ……………… 199

西門豹罷官 …………… 200

晏子使楚 ……………… 201

吳裕與公孫穆 …………… 203

田忌賽馬 ……………… 204

圍魏救趙 ……………… 205

烤肉上的頭髮 …………… 207

毛遂自薦 ……………… 208

樂羊子求學 …………… 210

5

目錄

扁鵲說病 ············· 211

果斷的班超 ········· 212

曹沖秤象 ············· 214

周處自新 ············· 216

第七章　名人的感悟

魯迅刻「早」字的故事 ······ 219

齊白石畫畫 ············· 220

學問不管有用無用 ········· 221

地圖的背面 ············· 223

厲害的售貨員 ··········· 224

三個廟三個和尚三種辦法 ·· 226

百萬富翁和一枚硬幣 ····· 227

快樂四句話 ············· 228

解脫自己 ············· 229

真理是懷疑的影子 ········· 231

甘迺迪的問題 ··········· 232

第八章　快樂的泉源

去掉心靈陰影 ··········· 235

把握自己的天空 ········· 236

千里難求是快樂 ········· 237

快樂就是讓自己快樂 ····· 237

擺脫困境的方式 ········· 238

吃虧是福 ············· 239

讓自己光彩照人 ········· 240

幸福只在一念間 ········· 241

如何解脫煩惱 ··········· 241

煩惱也能快樂 ··········· 242

快樂創造法 ············· 243

實事求是 ············· 245

煩惱脫去法 ············· 246

讓報復心一去不復返 ······· 247

不必太在乎別人的冷嘲熱諷 247

活在當下 ············· 251

學會享受工作 ··········· 253

微笑著說「不」 ········· 257

不被別人的意見所左右 ····· 259

第九章　活出自己

做自己想做的人 ········· 261

穿透靈魂的微笑 ········· 261

走自己的路 ············· 262

寬容的佳境 ············· 264

仁者愛人 ············· 265

豁達才會贏得擁戴 ········· 267

理想的人生目標 ········· 268

熱愛自己的選擇 ········· 269

活出精彩的人生⋯⋯⋯⋯⋯ 269

不對自己失望⋯⋯⋯⋯⋯⋯ 270

生活中的眼淚⋯⋯⋯⋯⋯⋯ 271

永遠向前看⋯⋯⋯⋯⋯⋯⋯ 272

第十章　感悟職場

競爭須具備良好的心理狀態 275

切莫頻繁跳槽⋯⋯⋯⋯⋯⋯ 277

尊重差異，換位思考⋯⋯⋯ 280

微笑競爭，攜手同行⋯⋯⋯ 281

學會寬容，理解體諒⋯⋯⋯ 283

善於妥協，和平共處⋯⋯⋯ 284

共贏思維，富足心態⋯⋯⋯ 285

團隊合作的力量⋯⋯⋯⋯⋯ 288

適當利用虛偽⋯⋯⋯⋯⋯⋯ 290

職場自我息怒四大法⋯⋯⋯ 291

職場少走彎路十條忠告⋯⋯ 292

職場「變態族」⋯⋯⋯⋯⋯ 294

利用同感開啟對方的內心世界
⋯⋯⋯⋯⋯⋯⋯⋯⋯⋯⋯ 297

空談道理是沒有用的⋯⋯⋯ 298

職場兩性間的距離⋯⋯⋯⋯ 299

工作的樂趣⋯⋯⋯⋯⋯⋯⋯ 300

第十一章　友愛的力量

朋友是左右你成功的因素⋯ 303

處理好堅持與變通⋯⋯⋯⋯ 305

自命清高是個大毛病⋯⋯⋯ 306

做人要善於忍耐⋯⋯⋯⋯⋯ 308

接納朋友的短處⋯⋯⋯⋯⋯ 310

藍色緞帶運動⋯⋯⋯⋯⋯⋯ 311

忍者無敵⋯⋯⋯⋯⋯⋯⋯⋯ 313

杜絕輕率態度⋯⋯⋯⋯⋯⋯ 314

灑脫人生，隨其自然⋯⋯⋯ 316

用微笑贏得對方好感⋯⋯⋯ 318

以內涵打動名人⋯⋯⋯⋯⋯ 322

有所為有所不為⋯⋯⋯⋯⋯ 323

不要因小失大⋯⋯⋯⋯⋯⋯ 325

待人要真誠，方直感人⋯⋯ 329

讚揚的力量⋯⋯⋯⋯⋯⋯⋯ 332

第十二章　每天進步一點點

習慣的力量⋯⋯⋯⋯⋯⋯⋯ 335

學會欣賞自己⋯⋯⋯⋯⋯⋯ 338

知錯就改⋯⋯⋯⋯⋯⋯⋯⋯ 339

少年勿輕狂⋯⋯⋯⋯⋯⋯⋯ 340

能吃勤奮的苦⋯⋯⋯⋯⋯⋯ 341

珍惜你所擁有的⋯⋯⋯⋯⋯ 343

目錄

一生做好一件事…………… 344

舉善者人見其豐偉 ……… 346

磨難是強者的機會 ……… 347

要想勝人一籌就得多思考一步

………………………… 349

在心裡搭一個同情的屋簷 ‥ 351

雪中送炭見真情…………… 353

人間真情似太陽…………… 355

不要處處炫耀你比別人聰明357

檢驗人心的試金石 ……… 358

不能簡單區分好人和壞人 ‥ 361

勤於考察才能了解人 ……… 363

站得高才看得遠…………… 365

前言

　　什麼是人生，人生究竟應該怎樣度過？很多年來，人們一直在追問著，感悟著。如果有人問，人生是什麼？一百個人會有一百種不同的答案。

　　這個世界是繽紛多彩的，每個人都生活在屬於自己的空間和時間中。每個人也會有不同的人生，發生了不同的故事。正是這一個個故事，猶如撒落沙灘上的一粒粒珍珠，都閃爍著各自的光輝。本書正是將這些珍珠精心的挑選出來，串連起來，成為一件漂亮的珍珠飾品。

　　光陰似箭，時間如梭，歲月如歌，彈指之間，或許你已經度過了許多的人生春秋，人間滄海桑田的巨變，或許已經改變了許多，當然也包括我們的心靈。本書是用心靈與心靈對話，用智慧與思維交流，用生命總結感悟的一本好書。書中你可以品嘗到幸福的真諦，領悟到成功的智慧，體會到感恩的心態，品讀到智慧的箴言，發覺人性的弱點，總結出歷史的智慧，理解到名人的感悟，發現快樂的泉源，找到活出自我的精彩，感悟職場中的點滴，享受友愛的力量，獲得哪怕是每天一點點的進步。

前言

　　用心去感悟人生，從人生中感悟出來的道理或哲理 —— 是每個人生命中最寶貴的財富。假如你不很漂亮，也得有自信，富有魅力；假如你不很堅強，也得倔強，富有個性；假如你不很得意，也得微笑，富有快樂。生活就像天空，有時晴朗，有時陰晦。只要我們用美好的心情去面對生活，感悟人生，生活就會變得多姿多彩，你的人生從此也就變得快樂、從容、美好。

第一章　幸福的真諦

有愛，就有陽光

一天，我們搭車去一個傳教區遊玩。

四個大人輪換著帶孩子們餵鴿子，參觀賣紀念品的商店以及在草地上嬉戲。臨上車時，我發現伊妮和別的孩子及兩個老人在一起，但不見喬特。

「喬特呢？」我問。

「不是跟你在一起嗎？」

一陣恐懼感襲上心頭，我們意識到已有將近 20 分鐘沒見到他了。小喬特才 22 個月，可他很好動。天哪，但願他現在正在哪個地方安然無恙！

我們立即分頭在這個 5 公頃大的傳教區奔跑尋找。每遇上一個人，我就問「你看見過這麼高的一個小男孩嗎？」我跑遍了後花園、房前屋後、商店內外。我開始害怕了。

突然，我聽到伊妮一聲尖叫：「不！」只見喬特四肢攤開躺在噴水池的邊上。

他渾身腫脹，氣息奄奄。這情景像一塊燒紅的烙鐵，灼燙著我的心。此刻，我感到生活再也無法跟以前一樣了。

一個婦女抱著喬特的頭替他做口對口人工呼吸，一個男子在按壓他的胸部。「他會沒事嗎？」我叫道，我害怕知道真相。

「我們在盡力搶救。」那婦女說。伊妮癱倒在地上，一遍遍的說：「怎麼

第一章　幸福的真諦

會這樣？」

　　不到一分鐘，救護人員趕到了，替喬特裝上了救生用具，並把他送往醫院。

　　一個醫療小組開始對他施行手術，主刀的是一個「兒童溺水」方面的專家。

　　「他怎麼樣了？」我不停的問。

　　「還活著，」其中一個護士說，「可很危險，要看接下去的 24 小時了。」她善意的看著我，又說：「即使救活了，腦子也可能留下嚴重的後遺症，您必須做好心理準備。」

　　我怎麼也不會想到，在西部醫療中心急救室見到的兒子會是這副樣子：他身上接了數不清的管子，赤裸的身軀顯得特別小；他的頭頂旋進了一個血壓探測儀，頂端有一個蝶形螺帽；一盞閃爍的紅燈連接在他的手指上。他看上去像個外星人。最初 24 小時，喬特挺過來，接下去的 48 個小時，我們一直守護在他的身邊。他的體溫超過了攝氏 41 度，我們為他唱他最喜歡的催眠曲，希望替昏迷中的他帶去撫慰。

　　「你們倆該休息一下了。」我們的醫生堅持說。於是，我和伊妮開車出去兜兜風，一路說著話。

　　「除了喬特的事以外，還有另外一件事搞得我心神不寧，」我告訴她，「聽說在遭受這樣的不幸之後，可能會導致有的夫婦分手。我可不能失去妳。」

　　「不管發生什麼，」她說，「都不會拆散我們。我們對喬特的愛源自我們相互的愛。」

　　第三天，電話鈴聲叫醒了我，「快起來，」伊妮叫道，「喬特醒了！」我到的時候只見他慢慢的蠕動著身軀，揉著眼睛。幾小時後，他恢復了知覺。可

他還會是那個曾經帶給我們家庭無限快樂的小男孩嗎？

幾天後，伊妮懷抱喬特坐在那裡，我手裡拿著一個球。他試圖去抓那個球，口裡叫著：「球！」我幾乎不能相信！接著他指指一杯蘇打水。我插上吸管給他，他開始對著水吹泡泡。他笑了 —— 虛弱無力的笑，然而這的確是我們的喬特！我們又是哭又是笑，醫生和護士們也是一樣的激動。

幾乎失去喬特的這番經歷，使我重新考慮我這個父親在家庭中應有的作用。其實真正重要的並不是我能否為孩子們提供一個理想的住家，一個完美的遊戲房，甚或是樹林和溪流。他們需要的是我這個人。

> 瞬間的感悟：愛的陽光總會讓我們感到溫暖和激動，愛可以創造生命的奇蹟。

傳遞擁抱

我先生和我非常喜愛我們在義大利的房子。房子坐落在波多菲諾的懸崖上，崖下是藍色的海港。然而，我們的天堂中卻暗藏危機 —— 登上懸崖的小徑。市政府不允許我們建一條適當的道路以取代現有的崎嶇小徑。唯一能夠爬上狹窄小徑、陡坡與坑洞的交通工具，是一輛在吉諾雅買的美國軍用吉普車。這部車既沒有避震系統，也沒有剎車。每次我們想停車都必須換到倒車檔，然後靠著後方物體的阻力將車子停下來。

1950 年夏季的某一天，我們的鄰居（她因生活需求，也擁有一輛吉普車）打電話來說，她表姐和一位同伴剛剛抵達城裡，但她的吉普車不巧壞了。她問我是否能開車去接那兩位女士，她們正在史賓蘭蒂多飯店裡等著。

我問：「我到了飯店該找誰？」

第一章　幸福的真諦

「海倫女士。」

「誰？」

「海倫女士。」

「瑪格，妳指的不是那個海倫吧？」

她說：「當然是啊！她是我表姐，你不知道嗎？」

我跑進車庫，跳上吉普車，匆忙趕到山下。

我 12 歲的時候，父親給了我一本安‧蘇利文寫的關於海倫的書。安‧蘇利文是一位值得稱頌的女性，命運安排她成為海倫凱勒這個又聾又盲的孩子的老師。安‧蘇利文透過教海倫說話，將這個叛逆、粗野的小孩教導為文明社會的一員。我仍然清楚的記得她與那個孩子進行身體抗爭的描述。她把海倫的左手放在水龍頭下，感受流動的水，然後那個又聾又盲且不會說話的孩子，終於喃喃的說出了歷史性的一句話：「水。」那真是最偉大的一刻。

多年來，我經常可以在報紙上讀到關於海倫的消息。我知道安‧蘇利文已不再陪伴她，現在有一位新的看護陪著她到世界各地旅遊。開車下山的短短幾分鐘，還不足以讓我相信我將與少年時代的偶像面對面的事實。

我將車子後退，抵著一面牆停下來，然後走進旅館。一個高個子、體型豐滿、看起來朝氣蓬勃的女人從飯店陽臺的椅子上起身，跟我打招呼：「我是波莉，海倫的看護。」然後，又有一個人抓著她的手從她旁邊的椅子上起身。70 歲的海倫是一個身材嬌小、滿頭白髮的女人，有著一雙大大的淡藍色眼睛，並總帶著羞澀的微笑。

「您好！」她慢慢的說，略帶喉音。

我抓住她的手。她把手伸得很高，因為她不知道我到底有多高。她第一次見陌生人的時候，都會犯這樣的錯誤，但對同一個人，她從不會再犯同樣

的錯誤。後來我們道別的時候，她堅定的與我握手言別，位置剛剛好。

行李放進了吉普車的後部，然後我安頓心情愉快的波莉女士坐在行李旁邊。旅館的門童將海倫抱上前座，我身邊的座位。我到那時才想到我們正冒著很大的危險，因為吉普車是敞開的，沒有讓人穩穩抓住的東西。由於坡度與車子的情況，我開車登上陡坡時必須開得很快，到時我該怎樣才能不讓這個又聾又瞎的女士掉出這輛老舊的車子呢？我轉向她說：「凱勒女士，我必須先跟您說明 —— 我們將開上一個很陡的山坡，請您抓緊擋風板上這片金屬，好嗎？」

但她仍帶著期待的表情，直直的向前看。在我身後，波莉小姐耐心的說：「她聽不到你說的話，也看不到你，我知道你一開始很難適應。」真是尷尬極了，因為我結結巴巴的像白痴一樣，希望能向她解釋我們眼前的情況。整個交談的過程，海倫始終沒有轉頭，也沒有對這番拖延表示好奇。她始終掛著微笑，耐心的等著。波莉小姐抓起海倫的手，將她的手指很快的上下左右移動 —— 用專用的語言轉告她我剛說過的話。

海倫笑著說：「我不介意，我會緊緊的抓著。」

我鼓起勇氣，抓住她的手，放在她面前的那塊金屬上。她快樂的大叫：「準備好了！」我開動吉普車上路了。吉普車開動的時候，晃了一下，波莉小姐從她的位子上掉了下來，壓在行李上。我不能停車幫她，因為眼前的斜坡很陡，而我的車子又沒有剎車。我們急速的向上行駛，我目不轉睛的盯著狹窄的小徑，而波莉小姐就好像芒刺在背般的無助。

我用這輛吉普車載過很多乘客，他們每個人都抱怨這輛車子沒有避震系統讓他們極不舒服。也難怪，路是這樣的坑窪不平，更別提越過橄欖樹旁那個急轉彎了，那棵樹半擋在急速下降的陡坡，把很多客人都嚇壞了。海倫是

第一章　幸福的真諦

第一個不注意這些危險的客人，她深深的被那些劇烈的震動吸引著。每次她被彈起、撞上我的肩膀時都大笑出聲，還會大聲的歡呼：「太好玩了！太棒了！」她快樂的大聲說話，一邊不時的上下震盪。

我們以飛快的速度越過我的房子，我的眼角瞥見我家的園丁吉歐賽普在胸前畫十字。我實在不知道波莉小姐現在到底怎麼樣了，因為吉普車嚇人的聲音早蓋過她的驚叫聲，但我知道海倫仍坐在我旁邊。她稀薄的白髮已經被吹亂了，蓋住了她的臉，不過她仍舊享受著這趟瘋狂的車程，就像騎著旋轉木馬上下震動的小孩一樣。

最後，我們穿過兩棵無花果樹中間的彎路，看見瑪格和她的丈夫正站在前門等著。海倫被抱下車，接受擁抱，波莉小姐慌亂的拍掉身上的灰塵。

我被邀請與他們共進午餐。兩位年長的女士被領至她們的房間梳洗時，瑪格告訴我她表姐的故事。海倫的名字在全世界流傳，每一個文明國家的大人物都渴望見到她，並為她做些事。國家元首、學者與藝術家競相接見她，而她也到世界各地旅行，以滿足自己旺盛的好奇心。瑪格說：「但別忘了，她唯一能夠知道的只有氣味的改變。不管她是在這裡、在紐約或在印度，她都如同處在一個黑暗、無聲的洞穴裡。」

就像平常一樣，兩位女士挽著胳膊（像志同道合的戰友一樣）走過花園，來到陽臺。我們正等著她們。海倫說：「這一定是紫藤，一定有很多的紫藤，我聞得出它的味道。」

我過去摘下大把圍著陽臺的紫藤花，放在她腿上。「我就知道！」她開心的大聲說著，一邊摸著花。

當然，海倫的聲音和平常人不同。她說話斷斷續續，而且音調很慢、很長。她轉向我，直直的看著我，因為她知道我坐的位置。「你知道嗎，我

們正要到佛羅倫斯看米開朗基羅的大衛像。我好興奮啊！我一直都想看大衛像。」

我疑惑的看著波莉小姐，她向我點點頭。

她說：「是真的。義大利政府在雕像旁邊架了檯子，所以海倫可以爬上去觸摸，那就是她所說的『看』。我們常去紐約的戲院，我會告訴她舞臺上在演什麼，並描述演員的樣子。有時候我們也會到後臺，這樣她就可以『看』到場景還有演員們。然後她會覺得自己親眼看過表演了。」

我們講話的時候，海倫就坐在一旁等待著。有時候，當我們的談話太長，她會抓著她朋友的手耐心的問這問那。

我們在陽臺上用午餐。海倫被領到她的椅子上，我看著她「看」自己餐具的擺設。她很快但很輕柔的用手摸摸餐桌上的盤子、玻璃杯和刀叉，記下它們的位置。用餐期間，她都沒有找過什麼東西，她就像普通人一樣，自在、肯定的使用餐具。

午餐之後，我們留在陰涼的陽臺上。包圍著陽臺的大片紫藤就像厚重的簾幕一樣，陽光將海水照得無比燦爛。海倫像平常一樣坐著，頭微微抬起，好像她正在聆聽別人的談話，而她淡藍色的眼睛則睜得大大的。雖然她的臉上布滿歲月的痕跡，但她臉上卻總帶著一抹小女孩的天真。不管她曾遭遇過什麼痛苦 —— 我想她仍經歷著許多痛苦 —— 都不會在她臉上留下痕跡。那是一張與世隔絕的臉，一張聖潔的臉。

我問她的朋友，在義大利她想看什麼。她慢慢的打開她的義大利日記，我看到她想看的東西與她想拜訪的人都記在上面。令人驚訝的是，她法文講得很好，還懂得德文與義大利文。當然，雕塑是她最喜歡的藝術形式，因為她可以觸碰它，並獲得第一手的經驗。

她說：「我還有好多東西想看，好多東西要學，然而死亡就在我面前了。但我一點也不擔心，我的感覺正好相反。」

我問：「妳相信投胎轉世的說法嗎？」

她強調的說：「絕對相信，那就像從這個房間到另一個房間去一樣。」

我們靜靜的坐著。

突然間，海倫又說話了。她緩慢但很清楚的說：「但對我來說卻有所不同，你知道嗎？因為在另一個房間裡，我應該會看得到。」

> 瞬間的感悟：愛是一種可以傳遞的溫暖，她總會在我們身旁經過。

失而復得曾幾何時

懂得珍惜，失去了，才懂得痛苦；同樣，失而復得，卻是難以言喻的快樂。英國南岸的海港城市普利茅斯，有一個中年男人，半夜在酒吧裡喝醉了酒，酒吧打烊後，他走向海灘，穿著一身衣服跑到海裡游了一回泳。

他沒有淹死，回到家裡，呼呼睡著了。第二天，摸摸還是溼著的口袋，發現錢包丟在大海裡了。

半個月之後，警察局通知他領回錢包，告訴他，錢包是一個潛水人在海底發現的，送到警察局來。這位潛水人當時在海底的一堆石頭之間，看見一隻龍蝦，龍蝦的一隻大鉗子，緊緊箍著一只錢包。潛水人提了龍蝦，把錢包送回警察局，裡面有身分證什麼的，警察通知他來領回。

失而復得，還知道其中的真相，警察說：「你很幸運，但找到你的錢包的那隻龍蝦卻倒楣了，因為潛水人把牠清蒸吃掉了。」

瞬間的感悟：懂得珍惜，失去了，才懂得痛苦；失而復得，卻是難以言表的快樂。

幸福交響曲

　　這個故事發生在西元 1840 年代的美國。年輕人彼得遇上了天真活潑的大家閨秀 —— 凱特，他著迷了，可他家境貧寒又沒讀過什麼書，也沒有一個像樣的職業，唯一有的是對她的一往情深。就憑這一往情深居然也贏得了凱特的芳心。

　　彼得向她的父親懇求允許他們成婚時，老人決意不肯，被彼得的執著所難才提出一個簡直無法辦到的條件：為了不讓我的女兒跟了你受苦，你必須 10 天內賺來 1,000 美元！彼得驚了半天沒有說話，就算是 50 美元他也沒辦法拿出來啊。出於只能如期務必成功的願望以及對婚後幸福的憧憬，他想到一條唯一的出路：發明一件能賣大錢的東西。可 10 天怎麼發明得了一件東西呢？他日夜苦思，終於想到了人們在大喜大慶的日子胸前佩戴緞花所用到的別針。那時候大家用的是大頭針，外觀醜，易脫落，也不安全，應該有一種更好的別針來替代它。有了這個目標以後，就像有了神助，他邊想邊做，居然只花了 3 個小時便設計出了現今仍在被全世界廣泛採用的安全別針！

　　彼得帶上他的發明找到了一家緞花商店老闆。老闆看了彼得的樣品大感興趣，當即表示願意買下這項發明，先付 500 美元，以後再享有銷售款的 3% 的專利費。要錢心切的彼得沒那個想法，說，不，我只要 1,000 美元現金就夠了。緞花店老闆笑著答應了。不過他對彼得說，你以後會後悔的。彼得堅決表示，我絕不後悔！

彼得當即拿到了 1,000 美元，順理成章的成了凱特的丈夫。

瞬間的感悟：幸福掌握在自己手中。

愛的調味品

尼克是一名出色的大銀行家，在他 65 歲生日的時候，親戚朋友們從四面八方趕過來為他祝賀，就連報刊和電臺的記者也對他這次生日聞風而動。

生日宴會上，當尼克吹滅生日蠟燭，在金碧輝煌的大廳裡與眾多親友舉杯共慶的時候，一名記者微笑著向他提問。他說：「尼克先生，你覺得一生最幸福的時刻是什麼時候，是不是現在這一刻？」尼克送到嘴邊的酒杯停住了，他立刻說：「不，不是這樣的時刻。這樣的幸福我覺得很平常。我最幸福的時刻是在我 13 歲過耶誕節的那一刻，我這一輩子都不會忘記。」

所有的人都愣住了，尼克說——

我小的時候，對汽水非常嚮往，覺得那是一種很神奇的東西，因為，我看到有錢人家的小孩喝了那東西後，會站到大街上一個接一個的嗝氣，那長長的嗝氣，讓我羨慕得要死，我經常想，什麼時候，我也能喝上那種神奇的飲料，能站在大街上對著來來往往的行人嗝氣，那該是多麼幸福的事情呀。

可是，我家裡太窮了，窮得常常連飯都吃不上，哪還有錢買汽水呢？母親知道我對汽水的渴望，對我許諾說，到耶誕節的時候，就買一瓶那種神奇的會嗝氣的飲料給我。

於是，我天天盼望著耶誕節的到來。母親每天都忙忙碌碌的，公司一有加班的機會，她就抓住不放。

聖誕的鐘聲終於敲響了。那天，在我家的飯桌上，飯菜並不比往常豐

富，餐桌上卻多了一瓶汽水。我知道，那是母親給我的聖誕禮物。

母親微笑的看著我，她小心的轉開瓶蓋，遞給了我，我幸福的喝了一口，仔細的品味著捨不得嚥下 —— 原來，這種東西是一種酸酸甜甜的感覺呀。我伸脖子，等待著嗝出一口長長的氣來，可等了好久，根本就嗝不出氣來。

母親在一旁緊張的看著我，說：「你喝得太少了，多喝一點再試試。」可是，那一瓶東西就那麼多，我喝完了，母親不是連嘗嘗的機會都沒有了嗎？我對母親說：「妳也喝一口吧。」母親說：「我喝過了，真的。」我不相信的看著母親，然而，她一口也不肯喝。

為了能幸福的嗝出那長長的氣來，我每喝幾口，都要等待一下，可是，直到我把那瓶酸酸甜甜的東西喝了個底朝天，我也沒能嗝出那幸福的氣來。我疑惑的看著母親，母親也慌了，她說：「怎麼會這樣呢，經理說那東西就是這個味道的。」我看看那瓶子上的字，沒錯，就是我見過的那種能嗝氣的飲料瓶子呀。就在這個時候，母親突然抱著我哭了起來，她說：「兒子，媽媽騙了你，那裡面的東西，是媽媽自己製作的呀。」

原來，老闆承諾耶誕節會發給媽媽加班的薪水。可耶誕節到來的時候，老闆對母親說，公司虧本，他不可能發薪水給媽媽了，也許，過了耶誕節，他的公司就會倒閉了。聽了老闆的話，無可奈何的母親充滿了惆悵。她突然問老闆，汽水是什麼味道。老闆奇怪的看著母親，聳聳肩說：「妳問這個做什麼？那是一種酸酸甜甜的東西，就像是糖和醋同時放到水裡混合在一起的味道。」母親指著老闆桌子上的空汽水瓶說：「這個，可以給我嗎？」

聽完母親的話，我的眼裡閃出淚花。我使勁的伸長脖子，嚥下一口氣又一口氣，然後，真的嗝出了一口長長的氣來。我裝作驚喜的對母親說：「媽

媽，那些東西在我胃裡面沉澱後，終於嗝出氣來了。妳幫我製作的這種酸酸甜甜的飲料，也會嗝氣呀。」

母親的臉上掛著淚水，她說：「是真的嗎？尼克。」我說：「是的，媽媽。」母親說：「兒子，我知道，你想嗝氣就能嗝出來的呀。」母親緊緊的把我摟在了懷裡。所以，我現在最喜歡喝的飲料，就是自己調配的糖醋水，裡面充滿著濃濃的親情。

尼克的故事講完了，金碧輝煌的大廳裡，靜得能聽見一根針掉下地的聲音，許多人的眼裡也和尼克一樣噙著淚花。尼克端著酒杯對那名記者說：「年輕人，我以我 65 年的人生經驗告訴你，生命的幸福不在於環境、地位、財富和他所能享受的物質。貧困的歲月裡，人們也能感受到幸福，也許，那種幸福還會讓你的記憶更深刻。就像我喝的那瓶糖醋水，那裡面的幸福和親情，雖然普通，卻是人世間最溫暖的味道呀。」

> 瞬間的感悟：人生最溫暖的味道，在真愛和親情中。

創造價值

不論命運眷顧你還是作踐你，你生來就是為了勝利。

我去阿爾卑斯山裡探望姑姑的那個夏天，剛滿十歲。我在瑞士北部我的家鄉巴塞爾登上火車，坐在靠窗的座位上欣賞掠過的風景。沒多久，火車已到了深山，向上攀行。瀑布從高聳入雲的懸崖奔騰而下，山羊遍野。最後，火車到達姑姑住的迪森蒂斯村，村莊四周盡是覆雪的山峰。

離開家人到陌生地方做客很新奇刺激，不過有時我也覺得寂寞，這時候我就會走到姑姑家附近那條寒冽、浪花翻滾的小溪去解悶。

一天早上，我拾了些木材，釘製水輪。水輪的葉片用薄板造成，釘在木桿的兩端削了一條圓形凹槽，那樣木桿就能穩承在兩根樹枝的丫叉上自由轉動。

我把水輪裝在一處沙底水道的盡頭，溪水就在那裡落下淺潭。但是水流的速度令我傷透腦筋，不是太急把水輪沖到下游，就是太慢推不動水輪。

就在那時候，我注意到站在岩石上目不轉睛的看著我的修士。他的出現使我吃了一驚。不過看到他的黑僧服和剃光的頭頂，我也沒有感到太意外。在鄉村裡常常都會碰到修士，離小溪水不遠就矗立著迪森蒂斯修道院，那是瑞士最古老的本篤會修道院。

我一心要讓這陌生人見識一下聰明城市孩子的本領。我繼續用凍得紅腫腫的手指裝置水輪，但是水輪卻坍塌了一次又一次。最後，修士爬下山坡走到水道旁邊，蹲下來踏進溪流。他非常有耐性的用細沙和卵石築起一道防堤，然後把水輪插進小溪裡。

但是小機器還是不聽話。他皺皺眉頭，伸手探進僧服衣內的袋裡摸索，掏出一把小刀。我想這是我有生以來見過的最奇妙工具。

修士的眼睛閃爍著光芒，打開摺刀，削寬了輪軸上的凹槽，並且把它修得平滑，然後他把水輪裝在支架上。水輪終於轉動了，浸在傾瀉而下的小溪裡，濺著水花，愉快的發出喀噠的聲響，一板一眼的像個節拍器。

爬出小溪後，我跟修士握手，又像個小學生那樣向他鞠躬，謝謝他幫忙。

「別客氣，」他答道，「你叫什麼名字？」

我告訴了他，又請教他貴姓名。

「畢阿圖斯神父。」他回答。

第一章　幸福的真諦

　　接著他邀請我去他的家迪森蒂斯修道院看看。這可真夠新奇刺激。對一個信奉新教的男孩來說，天主教修道院使他聯想到戴兜帽的修士、陰暗的走廊和冷冰冰的斗室。而尤其令我想像到的是靜寂，深沉的靜寂——一想到這，就能把一個活潑的十歲男孩悶死。

　　可是這個人很友善，又能像木匠那樣削木頭、像工程師那般築壩，跟他在一起我覺得很自在安心，所以我接受了邀請。

　　我對四十年前那個上午所看到的一切，記不得多少。只記得我們穿過一道高大木門進入修道院，然後穿越大鵝卵石鋪的院子。左邊是教堂，一幢有兩個高聳尖塔的雄偉建築；正前方是宿舍，龐大、堅固、靜寂。我們爬上寬闊的花崗石樓梯。石階經過許多世代修士的踐踏已經磨損，而且擦得幾乎成了白色。光從走廊一邊的古老窗子射進來，走廊的另一邊是一排排的房門，門後似乎藏著重大的祕密。

　　我們來到畢阿圖斯神父的居室。我看到的令我很驚訝。陽光射進有瓷磚壁爐的大房間。書架高達天花板，狹窄的床上鋪著一條被子。能令我記起這是修道院的，就只有裝了十字架的祈禱壁龕和香爐散出的芬芳。

　　不過，有一件奇怪得令我張口結舌的事。畢阿圖斯神父有兩架鋼琴，不是一架。「我愛音樂，」他解釋，「但大部分時間我們都要保持安靜，所以，我裝了這個特殊的樂器。」

　　他走到其中一個鍵盤前面。「這個是電動的。我可以把音量調低，然後盡情練習。」說完就坐下彈奏起來。琴聲只勉強可聞，也許就是因為這樣，聽來好像遠方的天使在合唱。

　　下午時分，鐘聲召喚畢阿圖斯神父去做他的分內事。他答應晨間散步時來找我，那個夏天我們成了莫逆之交。他告訴我他是學者，專門研究語言。

他的專長是羅曼什語，那是德語、法語和義語以外在瑞士通行的第四種語言。他常常挑燈夜讀，鑽研古籍，找尋這種語言的蛛絲馬跡。保存羅曼什語就是他終身的工作。

不過他最愛的還是音樂。他提起的事之中，最奇妙的是一項計畫，能把他這兩種興趣結合在一起：他已經重新編就一臺拉丁語彌撒，唱詩部分則用羅曼什語。兩個星期後，彌撒就會在修道院的小教堂裡舉行，他問我是否願意參加？

我說要問過姑姑。她非常興奮，於是我們就穿了最好的衣服去參加彌撒。

儀式的華麗場面最受人注目。教區主教親臨修道院主持彌撒，參加儀式的還有穿了彩色法衣的教士和輔祭。他們在祭壇附近聚成奪目的畫面，高唱畢阿圖斯神父搶救下來的古代讚美詩。

我照著他預先給我附有德譯歌詞的打字曲譜跟著唱。

那個夏天，我們最後一次山間散步時，我問修士他名字的意義。他解釋，他是領受了神職的教士，所以叫「神父」，而「畢阿圖斯」是拉丁文，意即「快樂」。我想，對這樣一位寧靜恬淡的人，這個名字取得再好也不過了。

分別時他把藍柄小刀送給我，從此我再也沒見過他。

回到家，我把小刀珍如拱璧。不過任何東西都很難永保不失，尤其是在一個男孩的口袋裡。一時粗心大意，就失去了把我和那位特殊朋友連結在一起的唯一東西。

我到多年以後才領悟到畢阿圖斯神父給了我一份更重要的禮物，就是一個終生難忘的教訓。這教訓可見之於他裝簡陋水輪時的耐心、他對修道院規則深明大義的服從，他只是隨遇而安，盡量做到最好。他既不頑抗無法預測

25

的現實，也沒有被它們擊敗。他的天才在於順應當時情勢。

從那架電動鋼琴可見到畢阿圖斯神父隨機應變的能力。他一方面接受修道院的清規戒律，又設法使這些規律不影響他達到目標。正像水輪在混亂中得到秩序一樣，畢阿圖斯神父在靜寂之海中得到了音樂。

連他的名字也包含著這種人生觀，它反映出他是經過深思熟慮然後選擇快樂的。憑他四十多年前那個夏天所說所做的一切，畢阿圖斯神父使我明白到，我們是自己命運的建築師，我們要幸福，最終還是要靠自己。

> 瞬間的感悟：每個人都是自己人生的建築師，區別在於有人建築了偉大的金字塔，有人只建成了自己的矮小居室，有的人只能寄居在別人的屋簷下。

翻閱過去

晚上的時間過得很慢，貝蒂走到書架前，找到了一排裝訂書。

「想不想知道五年前的今天我們在做什麼？」她打開手裡的書翻看，「我們正在度假，在緬因州住了兩星期。」

真的？我忘了。

「那天天氣真好，」貝蒂說。她微笑坐下，回想當日的情景。

是的，我記起來了。我們坐在俯臨海港水面的長凳上，泊在岸邊的漁船，隨波起伏，一艘漁船出來了，繫在船塢內，我們朝船裡望去，只見漁夫腳下有一隻大籃子，裝了半籃龍蝦。海鷗在空中盤旋，又猝然下降。蔚藍的天空，點綴著棉絮似的朵朵浮雲。

貝蒂翻到下一頁。「第二天我們坐船遊覽，記得嗎？」

「記得很清楚，」我說，「我還記得我到深海去釣魚那天。我們出海一整

天，我釣到兩條黃唇魚。」

黃昏不再沉悶。貝蒂的日記使那可愛假期的每一天又都重現腦際。我們差不多每三四個月就拿日記來看看，重溫已經淡忘的快樂往事。

她合上日記，從書架底層又取出另一本來，她 25 年來的日記都放在那裡。

記的是我們 25 年的共同生活。日記本都用盒子收藏著，放在地窖裡。

「20 年前，」她說，「聽著，麥可讀暑期班，因為他英文不及格。他幾乎每一科分數都很低。他帶功課回家，結果只對著書做白日夢。」

可是歲月如流，人生多變。麥可現已結婚，有了兩個孩子。他是個教師，有碩士學位，還有其他學術成就。他母親和我以前都為他成績不好擔憂，還怕他將來事業難成。日記能助我們深刻了解事物，平衡偏差點；日記能教我們少煩躁，別匆匆經過花園，應稍停腳步，欣賞玫瑰的芬芳。

日記是你一生經歷的史誌，可以是寫來給家人閱讀和消遣的，也可以是記載私下裡最祕密的渴望和抱負的。尚未寫的空頁將是你最和善最樂意聽你傾訴的好友，等著你說要說的話，然後由你收起，鎖上，始終默不作聲。

貝蒂的日記載有食譜、生日、結婚紀念日，也記下了那百感交集，在殘陽照耀中執手相看，淚眼模糊的情節。

> 瞬間的感悟：過去的歲月總會讓人們留戀難忘。

生命沒有捷徑

在加拉巴哥群島最南端的海島上，七位旅行者由一位博物學家作嚮導，沿著白色的沙灘行進。當時，他們正在尋找太平洋綠色海龜孵卵的巢穴。

第一章　幸福的真諦

　　小海龜孵出後可長至 330 磅。牠們大多在四五月份時出世，然後拚命的爬向大海，否則就會被空中的捕食者逮去當美餐。

　　海龜也很聰明，往往牠們會先做一番偵察，再讓兄弟姐妹出來。

　　培德恰好碰到了一個很大的、碗形的巢穴。一隻小海龜正把牠的灰腦袋伸出沙面約有半英寸。當夥伴們聚過來時，他們聽到身後的灌木叢中發出了瑟瑟的聲響。只見一隻反舌鳥飛了過來。

　　「別出聲，注意看。」當那隻反舌鳥移近小海龜的腦袋時，年輕的厄瓜多爾嚮導提醒說。「牠馬上就要進攻了。」

　　反舌鳥一步一步的靠近巢穴的開口處，開始用嘴啄那小海龜的腦袋，企圖把牠拖到沙灘上面來。

　　夥伴們一個個緊張得連呼吸聲都加重了。「你們幹嘛無動於衷？」只聽一個人喊道。

　　嚮導用手指壓住自己的嘴唇，說：「這是自然規律。」

　　「我不能坐在這裡看著這種事情發生。」一位和善的洛杉磯人提出了抗議。

　　「你為什麼不聽他的？」培德替那位嚮導辯護道。「我們不應該干預牠們。」

　　一位同船而來的人說：「只要與人類無關，也就沒什麼危害。」

　　「既然你們不做，那就看我的吧！」洛杉磯人警告著說。

　　他們的爭吵聲把那隻反舌鳥給驚跑了。那位嚮導極不情願的把小海龜從洞中拉了出來，幫助牠向大海爬去。

　　然而，隨後所發生的一切使他們每個人都驚呆了。不單單是那隻獲救的小海龜急急忙忙的奔向那安全的大海，無數的幼龜 ── 由於收到一種錯誤的

安全訊號 —— 都從巢穴中湧了出來，涉水向那高高的潮頭奔去。

他們的所作所為簡直是愚蠢透了。小海龜們不僅由於錯誤的訊號而大量的湧出洞穴，而且牠們這種瘋狂的衝刺發生得太早了。黃昏時仍有餘光，所以，牠們無法躲避空中那些急不可耐的捕食者。

只見剎那間，空中就布滿了驚喜萬分的軍艦鳥和海鷗。一對加拉巴哥禿鷹瞪著大眼睛降落在海灘上。越來越多的反舌鳥群急切的追逐著牠們那在海灘上拚命涉水爬行的「餐」。

「我們都做了些什麼！」其中一個人大聲叫道。

對小海龜的屠殺正在緊張的進行著。年輕的嚮導為了彌補這違背自己初衷的惡果，抓起一頂棒球帽，把小海龜裝到帽子中。只見他費力的走進海水裡，將小海龜放掉，然後拚命的揮動手中的帽子，去驅趕那一群接著一群的軍艦鳥和海鷗。

屠殺過後，空中滿是劊子手們飽餐之後的慶賀聲。那兩隻禿鷹靜靜的立在河灘上，希望能再逮住一隻掉隊的小海龜來做食物。此時所能聽到的只是海水擊打加德勒海灣白色沙灘的聲音。

大家垂頭喪氣的沿著沙灘緩緩而行。這幫過於富有人情味的人此時變得沉默寡言了。這肅靜也許包含著一種沉思。

> 瞬間的感悟：有時候，犯錯的我們會幡然醒悟，知錯能改，善莫大焉。

請多一點信任

有一個發生在美國阿拉斯加的故事，有一對年輕的夫婦，妻子因為難產死去了，不過孩子倒是活了下來。丈夫一個人既工作又照顧孩子，有些忙不

29

過來，可是找不到合適的保姆照看孩子，於是他訓練了一隻狗，那隻狗既聽話又聰明，可以幫他照看孩子。

　　有一天，丈夫要外出，像往日一樣讓狗照看孩子。他去了離家很遠的地方，所以當晚沒有趕回家。第二天一大早他急忙忙往家裡趕，狗聽到主人的聲音搖著尾巴出來迎接，可是他卻發現狗滿口是血，打開房門一看，屋裡也到處是血，孩子居然不在床上……他全身的血一下子都湧到頭上，心想一定是狗的獸性大發，把孩子吃掉了，盛怒之下，拿起刀來把狗殺死了。

　　就在他悲憤交加的時候，突然聽到孩子的聲音，只見孩子從床下爬了出來，丈夫感到很奇怪。他再仔細看了看狗的屍體，這才發現狗後腿上有一大塊肉沒有了，而屋門的後面還有一匹狼的屍體。原來，是狗救了小主人，卻被主人誤殺了。

瞬間的感悟：忠誠的人不一定有好結果，好人也會被誤會。

一念之差

　　魏國都城大梁以北的黎丘鄉，經常有愛裝扮成年輕人的鬼怪出沒。有一天，家住黎丘農村的一位老人在市集上喝了酒，醉醺醺的往家走，在半路上碰到了裝作自己兒子模樣的黎丘鬼怪。那鬼怪一邊假惺惺的攙扶老人，一邊左推右晃，讓老人一路上受夠了罪。老人回到家裡以後，不脫鞋、合著衣，倒在床上就睡著了。

　　第二天，老人酒醒之後，想起自己醉酒回家時在路上吃的苦頭，把兒子狠狠訓斥了一頓。他氣憤的對兒子說：「我是你的父親，你有孝敬我的義務。可是昨天你在路上讓我吃盡了苦頭。我問你，這究竟是因為我平日對你不夠

慈愛，還是因為你生了別的什麼壞心？」

老人的兒子一聽這話，像是在晴天裡聽見一聲霹靂。這到底是哪來的事呢？兒子委屈的對父親說：「這真是作孽啊！我哪能對您做這種不仁不義的事呢？昨天您出門不久，我就到東鄉找人收債去了。您從市集走回家的那時候，我還在東鄉辦事。您假若不相信，可以到東鄉去問一問。」

老人知道自己的兒子向來誠實、孝順，所以相信了他的話。可是那個長得很像自己兒子的人到底是誰呢？老人想著想著，一轉念記起了黎丘鬼怪。

他恍然大悟的說：「對了，一定是人們常說的那個鬼怪作的孽！」說到這裡，老人忽然心生一計。他打算次日先到市集上喝個爛醉，然後趁著酒興在回家的路上刺殺那個黎丘鬼怪。

次日早晨，老人在市集上又喝醉了酒。他一個人跌跌撞撞的往回走。他的兒子因為擔心父親在外醉酒回不了家，正好在這個時候從家裡出來，沿著通往市集的那條路去接父親。老人遠遠望見兒子向自己走來，以為又是上次碰到的那個鬼怪。等他的兒子走近的時候，老人拔劍刺了過去。這位老人由於被貌似自己兒子的鬼怪所迷惑，最終竟誤殺了自己的親生兒子。

> 瞬間的感悟：魔鬼是源自人們心中的邪念。

學會生活

1959 年的夏天，哈特在一家餐館打工，做夜班服務臺值班員，兼在馬廄協助看管馬匹。

旅館老闆是瑞士人，他對待員工的做法是歐洲式的。哈特和他合不來，覺得他是一個法西斯主義者，只想僱用安分守己的農民。

第一章　幸福的真諦

　　有一個星期，員工每天晚餐都是同樣的東西：兩根維也納香腸、一堆酸菜和不新鮮的麵包捲。伙食費要從薪水中扣除。哈特覺得異常憤慨。

　　整個星期都很難過。到了星期五晚上 11 點左右，哈特在服務臺當班。當走進廚房時，他看到一張便條，是寫給廚師的，告訴他員工還要多吃兩天小香腸及酸菜。

　　哈特勃然大怒。因為當時沒有其他更好的聽眾，他就把所有不滿全向剛來上班的夜班查帳員漢斯宣洩。哈特說：「我已經忍無可忍了！我要去拿一碟小香腸和酸菜，吵醒老闆，用那碟東西擲他。什麼人也沒有權力要我整個星期吃小香腸和酸菜，而且還要我付帳。我討厭吃小香腸和酸菜，要我再吃一天都難受！整家旅館都糟透了！我要捲舖蓋不做了……」哈特就這麼痛罵了20 分鐘，還不時拍打桌子，踢椅子，不停的咒罵。

　　當哈特大吵大鬧時，漢斯一直安靜的坐在凳子上，用憂鬱的眼神望著他。

　　漢斯曾在奧斯威辛納粹德國集中營關過 3 年，最後死裡逃生。他是一名德國猶太人，身材瘦小，經常咳嗽。他喜歡上夜班，因為他孤身一人，既可沉思默想，又可以享受安靜，更可以隨時走進廚房吃點東西 —— 維也納小香腸和酸菜對他來說是美味佳餚。

　　「聽著，哈特，聽我說，你知道你的問題在哪裡嗎？不是小香腸和酸菜，不是老闆，也不是這份工作。」

　　「那麼，到底我的問題在哪裡？」

　　「哈特，你以為自己無所不知。但你不知道不便和困難的分別。若你弄折了頸骨，或者食不果腹，或者你的房子起火，那麼你的確有困難。其他的都只是不便。生命就是不便，生命中充滿種種坎坷。學習把不便和困難分開，

你就會活得長久些，而且不會惹太多的煩惱。晚安。」

他揮手叫哈特去睡覺，那手勢既像打發，又像祝福。

有生以來很少有人這樣給自己當頭一棒。那天深夜，漢斯使哈特茅塞頓開。

> 瞬間的感悟：看清楚問題的所在，你才能了解自己的真實需求。

合理安排時間

我永遠也忘不了道格拉斯告訴我的一段經歷。他說，他和他的妻子接連兩次遭受重大不幸。頭一次是他們視為掌上明珠的 5 歲女兒的死亡。他們真不敢相信還有繼續生活下去的希望。「一年之後，上帝又重新賜給了我們一個女兒，」道格拉斯說，「可是不到五天，這個孩子又死去了。」

這連續兩次打擊實在太殘酷了。「我簡直悲痛欲絕。」這個經歷過嚴峻考驗的父親對我們說，「我睡不著覺，吃不下飯，成天精神恍惚，幾乎都快發瘋了。我失去了生活的信心。」最後他只好去求教於醫生。有的醫生建議他服安眠藥，有的勸他去旅行。各種辦法他都試過了，可是沒有一樣管用。「我覺得我的整個身軀彷彿正被一把鉗子越夾越緊，根本不能自拔。」道格拉斯說。凡是有過類似經歷的人，都能理解他的這種內心痛楚。

還好我有一個可愛的兒子，我把大部分時間都花在陪他玩，從而得到精神和時間的輕鬆感。

「這一發現使我大為震驚。我終於明白，擺脫麻煩的最好方法是找事情做。做事情需要計畫，需要動腦筋，追憶痛苦往事的時間自然也就沒有了。在我替孩子做船的那幾個鐘頭裡，我真的感覺到戰勝了憂慮。我決心打現在

起就找事情做。

「第二天我便開始在家裡忙碌起來。我從這個房間跑到那個房間，到處尋找需要做的事，並把它們一一列上清單。顯然有數十件東西需要修理：書架、樓梯、窗臺、百葉窗、門把手、鎖、滴水的龍頭等等。說來也許不會令人相信，在兩週時間裡，我竟發現有 242 件急切需要處理的事情！這兩年來，清單上的大部分事情我都一一辦完了。此外，我還做了許多有意義的其他工作。我的生活過得非常充實。我每週兩次去參加成人夜校，同時也參加許多公益活動。我現在是教育局主席，經常出席各種會議。我幫助紅十字會籌款，也替其他慈善事業募捐。如今我忙得再也沒有時間去憂慮了。」

請別做那些無謂的思考吧！立即行動起來，投入龐雜的工作！這樣，你的血液就會沸騰，你的頭腦就會清醒，你那奔放的活力就會把愁悶驅散。

瞬間的感悟：工作吧，這是世界上最便宜而又最有效的藥方！

生命中最美的畫面

由法國著名導演拍攝的影片《微觀世界》中有這樣一個片段，讓人經久不忘：

兩隻蝸牛，在一條路上相遇了。也許，這是一次美麗的邂逅。一隻蝸牛伸出了觸角，在另一隻蝸牛面前舞動了一下，只是輕輕的舞動了一下，大概另一隻蝸牛看出了牠的問候，也伸出觸角來，輕輕的舞動了一下。接著，最美的畫面便開始出現了。一隻蝸牛從堅硬的殼裡探出身體，另一隻蝸牛也從堅硬的殼裡探出身體來。開始的時候，牠們嘗試著一點一點接近，繼而開始交錯，重疊，纏繞。

在明亮的光線照耀下，牠們白亮而又晶瑩剔透的身體很快便相擁在了一起。一下子若即若離，一下子又合而為一，像久別重逢的情人，又像他鄉相遇的故交，或纏綿，或撫慰，或傾訴，或聆聽，身體與身體相觸，心靈與心靈融合，兩個生命水乳交融的融合在了一起。

這個時間足足持續了幾分鐘，假若你也看過這部電影，一樣也會為這人世間至美的畫面所嘆服。是啊，當一個生命的個體，衝破心的壁壘，不抱目的，不為私利，與另一個同樣目的純粹的生命個體相遇，乃至相擁時，生命就會煥發出它原本純淨而絢麗的光芒。這個世界太多的生命活得太累了，為權力鉤心鬥角，為利益魚死網破，忙著去爭搶，去獲取，卻拿不出時間來與相知的人促膝交談，與相愛的人深情相擁，最終憔悴在自己的心路上，從而讓人生的過程缺失了生命最本質的光華。

一個小孩問媽媽，為什麼電視裡的叔叔阿姨分別的時候要擁抱，回來的時候還要擁抱呢？媽媽說，那是因為要讓對方感覺到自己的心跳。小孩又問，為什麼要讓對方感覺到自己的心跳呢？媽媽說，因為怦怦怦的心跳聲裡，藏著彼此的牽掛啊！

實際上，這相擁中，所包含的何止是牽掛啊，分別時的依戀，旅途中的思念，雨來時的焦躁，風停後的等待，無法割捨的關懷，綿綿不絕的愛，盡在這深情的一擁之中。

這個世界上，沒有一個生命可以孤立的活下去，只有在與另一個生命的相擁中，我們才能感受到生命最本質的溫暖。

瞬間的感悟：生命的大廈在於愛的支撐。

為自由而生

非洲的某個土著部落迎來了從美國來的旅遊觀光團，部落裡的人們雖然還沒有什麼市場觀念，可面對這樣好的賺錢商機，自然也是不能放過的。

這時候，一位精明的商人看到了老人編織的草帽，他編織的草帽造型非常別致，而且顏色的搭配也非常巧妙，可以稱得上是巧奪天工了，遊客們紛紛駐足購買。

他腦袋裡立刻盤算開了，他想：這樣精美的草帽假若運到美國去，保證一定賣個好價錢，至少能夠獲得 10 倍的利潤吧。

想到這裡，他不由激動的對老人說：「朋友，這種草帽多少錢一頂呀。」「10 塊錢一頂。」老人朝他微笑了一下，繼續編織著草帽，他那種閒適的神態，真的讓人感覺他好像不是在工作，而是在享受一種美妙而有旋律的心情。

「天啊，假若我買 10 萬頂草帽回到國內去銷售的話，我一定會發大財的。」商人欣喜若狂，不由得為自己的經商天才而沾沾自喜。

於是，商人對老人說：「假如我在你這裡訂做一萬頂草帽的話，你每頂草帽給我優惠多少錢呀？」

他本來以為老人一定會高興萬分，可沒想到老人卻皺著眉頭說：「這樣的話，那就要 20 元一頂了。」

「什麼？」商人簡直就不敢相信自己的耳朵了，買一頂草帽只要 10 元，可買一萬頂草帽卻要每頂 20 元，這是他從商以來聞所未聞的事情呀！「為什麼？」商人衝著老人大叫。老人講出了他的道理：「在這棵大樹下沒有負擔的編織草帽，對我來說是一種享受；可假若要我編一萬頂一模一樣的草帽，我就得夜以繼日的編草帽，不僅疲憊勞累，還成了精神負擔。難道你不該多

付我些錢嗎？」

> 瞬間的感悟：自由是無價的。

不要抓得太緊

　　人生是短暫的，我們沒有理由不去好好把握、愛護、珍惜，這就要求我們無論是安於命運的安排，還是向命運抗爭，都必須做到知其可為而為之，知其不可為而棄之，千萬不可明知此路不通還要固執的「堅持到底」，一頭撞到牆頭上，碰得頭破血流，自食苦果。因為短暫的人生經不起太多的挫折坎坷，也經不起對未來太多的盤算和憂慮，執著的對待生活，緊緊的把握生活，但又不能抓得過緊，死不放手。

　　湯姆在野外旅行時，被毒蛇咬傷了腳。他疼痛難忍，可是醫院離得很遠，他只好毫不猶豫的用刀割斷受傷的腳趾，然後，忍著劇痛艱難的走到醫院。雖然缺少了一個腳趾，但他有效的阻止了毒素在身體裡的蔓延，以短暫的疼痛保住了自己的生命。

　　在人生某個特定的時刻，你只有勇於捨棄，才有機會獲取更長遠的利益。即使遭受難以避免的挫折，你也要選擇最佳的失敗方式。人最大的愚笨有時就在於只想擁有，卻不知道如何放棄。對於人生而言，如能抓住一半，已是很不錯了。生命這條船載不動太多的物欲和虛榮，要想揚帆而不在中途擱淺和沉沒，就必須輕載，把那些應該放下的，堅決果斷的放下。

　　在印度的熱帶叢林裡，獵人經常製作一些籠子捕獵猴子，籠子裡裝著果實，籠子上開一個小口，剛好夠猴子的前爪伸進去，但如果猴子抓住堅果就無法將手抽出來了。而猴子有一種習性，就是不肯放下已經到手的東西，所

以牠們最終就成了獵人的獵物。

　　猴子被捉的悲劇告訴我們，在生活中必須接受「失去」，學會怎樣鬆開手。人生的成敗往往蘊含於取捨之間，不少人看似素養很高，但他們往往因為難以捨棄眼前的蠅頭小利，而忽視了更長遠的目標。成功者有時僅僅在於抓住了一兩次被別人忽視了的機會，而機會的獲取，關鍵在於你是否能夠在人生道路上進行果敢的取捨。

> 瞬間的感悟：對善於享受簡單和快樂的人來說，人生的藝術，只在於進退適時，取捨得當。

丟掉煩惱

　　快樂和幸福有時與物質無關，無論是有錢人，還是收入微薄的退休工人，都可以生活得悠閒、舒適，在過「簡單生活」這一點上人人平等。拿破崙擁有普通人所追求的一切：榮耀、權力、財富，可是，他卻說：「我一生中從未有過一天快樂的日子。」海倫凱勒，一個又瞎又聾又啞的女子卻表示：「我發現生命是如此美好。」可見，內心的平靜和我們生活中的種種快樂並不在於我們身在何處，擁有什麼，或者我們是什麼人，而在於我們的心境如何。

　　有時我們的內心充滿了緊張感，是因為我們對不可預知的未來充滿了憂慮和恐懼，總擔心有什麼災難會突然降臨到我們頭上，俗話說：月有陰晴圓缺，人有旦夕禍福。這就是說，現實要比人們想像的複雜得多，有時並不是你所遭遇的環境使你受到挫折，而是由於你自己的想像。一個人心裡所想的，就是他將要成為的。

　　有許多事情，往往總是會超出人們的意料，超出人們的支配能力。試想：

誰能料到自己何時遭禍、何時得福呢？誰又能料到自己何時健在、何時病倒呢？關鍵問題是：面對飛來橫禍或莫名的病痛，你是從容平靜、清心自然、樂觀向上，還是恐慌驚悸、憂鬱煩惱、悲觀失望？

一位哲人曾說過：「你來到人世間，要想活得瀟灑，活得自在，活得快樂，應該有一種樂觀向上的情懷。」有了樂觀的情懷，面對任何危難就都不會恐懼、不會憂鬱、不會煩惱了。

有時我們覺得自己就像一個沒有安全閥的鍋爐，壓力終於到了無法承受的程度，似乎突然有一天就會爆發 —— 精神徹底崩潰，其實沒有特別的原因，只是因為我們在生活的道路上遇到了挫折和坎坷，經歷了失敗或打擊。

瞬間的感悟：既然生活的道路布滿荊棘，那麼前進的途中難免要受傷，生活中不可能永遠一帆風順，一定會有挫折和傷痛，這很正常，但是我們可以很快忘掉這些，然後繼續昂首闊步的前行。消除煩惱最好的辦法是忘記煩惱，讓自己投入到工作當中。

最倒楣的船隻

英國一家保險公司曾從拍賣市場買下一艘船，這艘船原屬於荷蘭福勒船舶公司，它在西元 1894 年下水，在大西洋上曾 138 次遭遇冰山，116 次觸礁，13 次起火，207 次被風暴扭斷桅杆，然而它從沒有沉沒過。

保險公司基於它不可思議的經歷和在保險費方面可以帶來可觀收益的考慮，最後決定把它從荷蘭買回來捐給國家。現在這艘外殼凹凸不平、船體微微變形的船就停泊在英國港口的國家船舶博物館裡。

不過，使這艘船名揚天下的並非這家保險公司，而是一名來此觀光的律

師。當時，他剛打輸了一場官司，委託人也於不久前自殺了。儘管這不是他的第一次失敗辯護，也不是他遇到的第一例自殺事件，然而每當他遇到這樣的事情，他總是有一種罪惡感。他不知該怎樣安慰那些在生意場上遭受了不幸的人，那些人有的被騙，有的被罰，他們或血本無歸，或傾家蕩產，也有的因打輸了官司，落得債務纏身。

當他在國家船舶博物館看到這艘船時，忽然有一種想法，為什麼不讓他們來參觀參觀這艘船呢？於是，他就把這艘船的歷史抄下來和這艘船的照片一起掛在他的律師事務所裡，每當商界的委託人請他辯護，無論輸贏，他都建議他們去看看這艘船。據英國《泰晤士報》說，截止到1987年，已有1,230萬人次參觀過這艘船，僅參觀者的留言就有170多本。

吸引人們紛至沓來的原因恰恰是這艘船身上的累累創痕，它以自己的親身經歷向人們昭示了這樣一條真理：在大海上航行的船沒有不帶傷的。其實對於每個人來說，光明的未來總是建立在淡忘的基礎上。

> 瞬間的感悟：只有擺脫過去的失敗和痛楚，你才能繼續走好。

幸福的袋子

「命運女神太不照顧我了！」一個流浪漢一邊走，一邊嘀咕著，「現在能讓我吃飽一頓飯也好啊！」

命運女神被他的聲音打動了，於是飄然落在他跟前。

流浪漢一見連忙跪倒：「仁慈的命運女神啊，可憐可憐我吧！」

「我可以幫你，」命運女神說，「那你告訴我吧，你最想要什麼？」

流浪漢立即回答：「我想吃頓飯！」剎那間，一桌豐盛的飯菜出現在他面

前。流浪漢狼吞虎嚥，吃得嘴上冒油。

「你還要什麼嗎？」命運女神又問。「想要什麼就可得到什麼？真容易啊！」流浪漢早已把剛才的願望拋到了九霄雲外，張口就說：「我要金子！」

「脫下你的外衣來接吧。不過不要裝多了撐破衣服。」

命運女神說，「金子掉到地上就會變成石頭的！」

流浪漢兩三下就脫下了衣服，兩眼放光，只是一個勁的懇求：「再給點，再給點！」

「小心撐破衣服啊！」命運女神多次提醒。可流浪漢這時看著黃燦燦的金子，哪裡聽得進女神的勸告啊！

「嘩啦」一聲，流浪漢的衣服裂開，金子滾落到地，一瞬間變成了石頭。

> 瞬間的感悟：托爾斯泰說：「欲望越小，人生就越幸福。」貪婪是最真實的貧窮，滿足是最真實的財富。一個欲望腫脹、惜財如命的人，最終將葬送在貪婪之中。

第一章　幸福的真諦

第二章　成功的智慧

為目標奮鬥

一位黑人母親帶女兒到伯明罕買衣服。一個白人店員擋住女兒，不讓她進試衣間試穿，傲慢的說：「此試衣間只有白人才能用，妳們只能去儲藏室裡一間專供黑人用的試衣間。」可母親根本不理睬，她冷冰冰的對店員說：「這裡不能試衣，別家肯定能試，我們去另一家吧。」女店員為留住生意，只好讓她們進了這間試衣間，自己則站在門口把風，生怕有人看到。那情那景，讓女兒感觸良深。

又一次，女兒在一家店裡摸了摸帽子而受到白人店員的訓斥，這位母親再次挺身而出：「請不要這樣對我的女兒說話。」然後，她對女兒說；「康迪，妳現在把這店裡的每一頂帽子都摸一下吧。」女兒快樂的按母親的吩咐，真把每頂自己喜愛的帽子都摸了一遍，那個女店員只能站一旁乾瞪眼。

對這些歧視和不公，母親對女兒說：「記住，孩子，這一切都會改變的。這種不公正不是妳的錯，妳的膚色和妳的家庭是妳不可分割的一部分，這無法改變也沒有什麼不對。要改變自己低下的社會地位，只有做得比別人好、更好，妳才會有機會。」

從那一刻起，不卑不屈成了女兒受用一生的財富。她堅信只有教育才能讓自己獲得知識，做得比別人更好；教育不僅是她自身完善的手段，還是她捍衛自尊和超越平凡的武器！

第二章　成功的智慧

後來，這位出生在阿拉巴馬伯明罕種族隔離區的黑女孩，榮登某年《財富》雜誌「全世界最有權勢女人」寶座，她就是美國國務卿萊斯。

萊斯回憶說：「母親對我說，康迪，妳的人生目標不是從『白人專用』的店裡買到漢堡，而是，只要妳想，並且為之奮鬥，妳就有可能做成任何大事。」

> 瞬間的感悟：心中的目標是可以達成的 —— 如果你足夠努力和勤奮。

興趣是成功的保證

我們都或多或少聽過香港長江實業集團董事長、著名企業家李嘉誠的故事，他是世界華人首富之一。

有人問李嘉誠先生：「你是從零開始創業的，你認為對創業者自身成就事業至關重要的是什麼？」李嘉誠先生回答說：「是培養自己對所從事行業的濃厚興趣。以我個人經驗，有了興趣，就會全心全意的投入，保持這樣的心態，做好每一件事，是沒有困難可言的。做哪一行就要培養出哪一行的興趣，否則，要成功，要出人頭地不容易。」

成功者們都很重視「興趣」這一超級成功的重要因素。一位物理學家認為，學習自然科學一定要有濃厚的興趣。在自然科學中獲得的每一個成功都很困難。因此他還進一步指出，獲得科學成就的關鍵不完全在於條件和設備，還在於興趣與毅力。又例如，一位著名劇作家不但看重成功者的興趣，而且還把興趣當作獲取成功的一種竅門。他說：「然而很少有人把興趣當作一種竅門看。學習語言這些年，我才明白，還是要培養自己對語言的興趣，把假興趣變成深刻的興趣，這才是一個極大的竅門。」

興趣是指人們積極探究某種事物或愛好某項活動的傾向。這種傾向是帶有相對穩定的指向、趨向，能夠維持較長的時間。比如，一個昆蟲學家長期竭力觀察、研究昆蟲的生活習性、繁殖方式、活動規律等，我們就可以說他對昆蟲感興趣了。那些偶爾出現的對某一事物的認知，還不能稱之為興趣。

例如，一個人在別人的鼓吹下才去看了一場精彩的足球賽，不能由此得出他對足球感興趣的結論。

另外，興趣的對象既可以是自己以外的對象（客體），也可以是你自己。後者如一個學生對如何提高自己的記憶力表現出極大的興趣，長期鑽研記憶術，經過不斷摸索、實踐，終於掌握了一套適合自己特點的記憶方法。而不管是對客體的還是對主體本身的興趣，總是伴隨著快樂、欣喜和滿意等肯定的情感體驗。

無論做什麼事總得從培養興趣開始，想獲得超級成功更應該如此。古今中外，凡在事業上有成就的人，沒有一個不熱愛自己事業的。

> 瞬間的感悟：興趣愛好是獲取成功的入場券。

弄巧成拙

有一個喜歡賣弄文采的縣官。

在風和日暖的一天，他和隨從一邊走一邊欣賞田園春色。

隨從突然說：「老爺，對面來了一個小娘子！」

縣官抬頭只見那村婦左手提著一個小空籃子，右手提著一個大空籃子，看樣子好像是去田裡砍柴，沉思一下隨口便道：

「左手是籃，右手也是籃；小籃放在大籃裡，兩籃何不併一籃。」

吟罷便哈哈大笑。

村婦聽罷心想，你想占老娘便宜，今天我讓你吃不了兜著走，便道：

「縣官是官，棺材也是棺；縣官放在棺材裡，兩官（棺）何不併一棺。」

縣官聽罷滿臉通紅，無言以對，便偷偷的溜走了。

> 瞬間的感悟：賣弄是虛榮的一種表現，如果沒有本事，卻急於表現自己，
> 那麼得到的結果往往是弄巧成拙。有時還會搬起石頭來砸自己的腳。

把你手邊的事情做好

西元 1871 年的春天，英國蒙特瑞綜合醫科學校的學生威廉· 斯勒對人生中的許多問題很困惑，他不明白應該怎麼處理遠大的理想和具體的身邊小事，一個人應該有怎麼樣的做事態度才能成功。他渴望成功，但對手邊的小事又覺得沒有什麼意義。他甚至以為現在的學校生活枯燥乏味，沒什麼值得去用心的。因而他的成績也每況愈下。他找他的老師探討這些困難的人生問題。他的老師推薦他閱讀一位哲學家寫的一本哲學啟蒙讀物。老師說：「他的書裡或許有答案幫助你解決問題。」

威廉· 斯勒是一個意志很堅定的青年，他一向不崇拜大人物，更不相信所謂的名人名言，對許多問題一向有自己獨到的見解。但既然是老師推薦，他想或許真的有用。他拿過書漫不經心的瀏覽起來。

突然間，書中的一句話讓他眼前一亮：「最重要的，就是不要去看遠方模糊的，而要做手邊最具體的事情。」他恍然大悟：是啊，不論多麼遠大的理想，都需要一步步實現啊；不論多麼浩大的工程，都需要一磚一瓦疊起來啊。

他終於找到了人生的答案。應該把理想、高懸在天空，把身邊的事

做到位。

也就是從那一天開始，西元 1871 年春天的一個下午，年輕的威廉‧斯勒開始埋頭讀書，因為他知道這是他目前最要緊的事情，他要把自己的成績追上去。半個學期以後，威廉‧斯勒就一躍而成為整個學校最優秀的學生。

兩年以後，威廉‧斯勒以全校最優異的成績畢業。畢業後來到一家醫院當醫生。他認真對待每一個患者，對每一次出診都一絲不苟。兢兢業業的態度和精益求精的精神，使他很快成了當地的名醫。

幾年以後，他創辦了麥克‧霍普金斯學院。他把自己的人生態度貫徹到每一個細節裡。許多專家學者慕他之名來到他的學院工作，使他的學院很快成為英國乃至世界最知名的醫學院。

威廉‧斯勒總是告訴他身邊的人：最重要的是把你手邊的事情做好，這就足夠了。他靠著這句話，精心的做著自己的事情，不僅成為他那個時期最著名的醫學家，還成為牛津大學學院的教授，被英國國王授予爵士爵位。

> 瞬間的感悟：成功的先決條件是 —— 做好最簡單的工作。

明確自己的方向

100 多年前，美國費城的 6 個高中生向他們仰慕已久的一位博學多才的牧師請求：「先生，您肯教我們讀書嗎？我們想上大學，可是我們沒錢。我們高中快畢業了，有一定的學識，你肯教教我們嗎？」

牧師答應教這 6 個貧家子弟。同時他又暗自思忖：「一定還會有許多年輕人沒錢上大學，他們想學習但付不起學費。我應該為這樣的年輕人辦一所大學。」

他開始為籌建大學募捐。當時建一所大學大概要花 150 萬美元。

康威爾牧師四處奔走，在各地演講了 5 年，懇求為有志於學的年輕人捐錢。出乎他意料的是，5 年辛苦籌募到的錢不足 1,000 美元。康威爾深感悲傷，情緒低落。

當他走向教堂準備做禮拜的演說詞時，低頭沉思的他發現教堂周圍的草枯黃得東倒西歪。他便問園丁：「為什麼這裡的草長得不如別的教堂周圍的草呢？」

園丁抬起頭來望著牧師回答說：「噢，我猜想你眼中覺得這地方的草長得不好，主要是因為你把這些草和別的草相比較的緣故。看來，我們是常常看到別人美麗的草地，希望別人的草地就是我們自己的，卻很少去整治自家的草地。」

園丁的一席話使康威爾恍然大悟。他跑進教堂開始撰寫演講稿。他在演講稿中指出：我們大家往往是讓時間在等待中白白流逝，卻沒有努力工作使事情朝著我們希望的方向發展。財富不是僅憑奔走四方去發現的，它屬於自己去挖掘的人，屬於依靠自己的土地的人，屬於相信自己能力的人。牧師做了 7 年這個「鑽石寶藏」的演講。7 年後，他募得 800 萬美元，這筆錢大大超出了他想建一所學校的需求。

今天，這所學校豎立在賓夕法尼亞州的費城，這便是著名學府天普大學 —— 它的建成只是懂得了應如何將自己安排在一個屬於自己的地方。

這個故事告訴我們，生活的最大祕密 —— 在你身上擁有鑽石寶藏。你身上的鑽石足以使你的理想變成現實。你必須做到的只是更好的開發你的「鑽石」，為實現自己的理想付出辛勞。

瞬間的感悟：方向是理想的指路明燈。

公私分明的解狐

晉絳公執政時期，有個叫解狐的大夫，他為人耿直倔強，公私分明，晉國大夫趙簡子和他十分要好。

解狐有個愛妾叫芝英，生得貌美體嬌，如花似玉，深得解狐的喜愛。可是有一次有人告訴解狐說，他的家臣邢伯柳和芝英私通。解狐不信，因為邢伯柳這人很忠實。於是那人決定用計使邢伯柳和芝英暴露原形。

第二天，解狐突然接到晉君旨意，要到邊境巡視數月。由於任務緊急，解狐連親近的幕僚邢伯柳都沒帶，就匆匆出發了。

真是天賜良機，芝英不由心中竊喜。可是前兩天她還不敢去找邢伯柳，第三天，她實在熬不住了，就偷偷的溜進了邢柏柳的房間，兩人正在房中卿卿我我、如膠似漆的時候，房門突然大開，解狐滿面怒容，帶著侍衛站在那裡。原來，他根本沒接到命令要去巡邊，而是就在附近躲了起來，一接到報告，就馬上回府，果然逮個正著。

解狐把兩人吊起來拷打細審，得知原來芝英愛慕邢伯柳年輕英俊，就找機會勾搭成姦。知道情況後，解狐怒火更大，他把兩人痛打一頓，雙雙趕出了解府。

後來，趙簡子領地的國相職位空缺了，趙簡子就讓解狐幫他推薦一個精明能幹，忠誠可靠的國相。他想了想，覺得只有他原來的家臣邢伯柳比較適合，於是就向趙簡子推薦了他。

趙簡子找到邢伯柳後，就任命他為自己的國相，邢伯柳果然把趙簡子的

領地治理得井井有條。趙簡子十分滿意，誇獎他說：「你真是一個好國相，解將軍沒有看錯人啊！」

邢伯柳這才知道是解狐推薦了自己。他是自己的仇人，為何卻要舉薦自己呢？也許他這是表示要主動與自己和解吧？於是邢伯柳決定拜訪解狐，感謝他不計前嫌，舉薦了自己。

邢伯柳回到國都，去訪解狐。通報上去後，解狐叫門官問他：「你來是因為公事還是因為私事？」「今天只為私事。」刑伯柳作揖說。

門官又為邢伯柳通報上去。邢伯柳站在解府門前等候，卻久久不見回音。他正在疑惑難解的時候，解狐突然出現在門前臺階上，手中張弓搭箭，向他狠狠射出一箭。他還來不及躲閃，那箭已擦著他耳根飛過去了。邢伯柳一下子嚇出了一身冷汗。解狐接著又一次張弓搭箭瞄準他，說：「我推薦你，那是為公，因為你能勝任；可你我之間卻還有奪妻之恨，你還敢上我的家門來嗎？再不走，射死你！」

邢伯柳這才明白，解狐依然對自己恨之入骨，他慌忙遠施一禮，轉身逃走了。

解狐能公私分明到這種境界，倒頗值得讚嘆。

> 瞬間的感悟：做人和做事都需要公私分明。

仁者冠軍

雅典奧運會男子單槓決賽正在激烈進行，28 歲的俄羅斯名將涅莫夫第三個出場，他以連續騰空抓槓的高難度動作征服了全場觀眾，但在落地的時候，他出現了一個小小的失誤 —— 向前移動了一步，裁判所以只給他打了

9.725 分。

此刻，奧運史上少有的情況出現了：全場觀眾不停的喊著：「涅莫夫！」「涅莫夫！」並且全部站了起來，不停的揮舞手臂，用持久而響亮的噓聲，表達自己對裁判的抗議。比賽被迫中斷，第四個出場的美國選手保羅‧哈姆雖已準備就緒，卻只能尷尬的站在原地。

面對這樣的情景，已退場的涅莫夫從座位上站起來，向朝他歡呼的觀眾揮手致意，並深深的鞠躬，感謝他們對自己的喜愛和支持。涅莫夫的大度進一步激發了觀眾的不滿，噓聲更響了，一部分觀眾甚至伸出雙拳，拇指朝下，作出不文雅的動作來。

面對如此龐大的壓力，裁判被迫重新給涅莫夫打了 9.762 分。

可是，這個分數不僅未能平息觀眾的不滿，反而使噓聲再次響成一片。

這時，涅莫夫顯示出了他非凡的人格魅力和寬廣胸襟。他重新回到賽場，舉起右臂向觀眾致意，並深深的鞠了一躬，表示感謝；接著，他伸出右手食指做出噤聲的手勢，然後將雙手下壓，請求和勸慰觀眾保持冷靜，給保羅‧哈姆一個安靜的比賽環境。

涅莫夫的寬容，讓中斷了十幾分鐘的比賽得以繼續進行。

在那次比賽中，涅莫夫雖然沒有拿到金牌，但他仍然是觀眾心目中的「冠軍」；他沒有打敗對手，但他以自己的寬容征服了觀眾。

> 瞬間的感悟：真正的冠軍是征服自己的人。

仁義與禮儀

春秋時候的季孫氏，當了魯國的宰相，孔子的弟子子路擔任季孫氏的封

地郱邑的長官。按照慣例，魯國在五月份要徵集百姓開鑿長溝，進行水利建設。子路看到工人挖溝辛苦，且出門在外，吃飯不便，就拿自家的糧食熬成稀粥，擺在道邊，邀請他們來吃。事情很快傳到孔子耳裡，孔子就派另一個弟子子貢來找子路，把稀粥都倒掉，把盛飯的器具全部砸毀，並讓人轉告子路：「老百姓都是魯君的百姓，你為什麼要拿飯給他們吃？」

　　子路得到消息，勃然大怒。直闖進孔子的書房，強壓怒火，問道：「請教先生，我施行仁義，難道錯了嗎？」不等孔子回答，子路連珠炮似的把一肚子的不滿都倒了出來：「我跟隨先生多年，從先生這裡學到的，無非『仁義』二字而已。所謂仁義，就是：有了財富，和天下人共同使用；有了好處，和天下人共同分享。現在，我拿自己家裡的糧食分給挖溝的工人吃，而先生卻強加阻止，究竟是怎麼回事？」孔子嘆了口氣，說：「子路啊子路，你怎麼這麼粗野呢？」子路一聽，臉紅了，慢慢的把袖子放下來，火氣也漸漸平息下來，但還是滿臉的不服氣。

　　「這個道理，我本來以為你已經懂得的，可你居然還遠未懂得。是不是你本來就像這樣不懂禮呢？」孔子接著說，「你拿飯給工人吃，這是愛他們。按禮的規定，天子愛普天下的人，諸侯愛本國的人，大夫愛他的職務所管轄的人，士愛他的家人。所愛超出了禮所規定的範圍，那就是『越禮』。現在，工人都是魯君的百姓，而你擅自去愛他們，這就是你『越禮』了，就糊塗？」孔子的話還沒說完，季孫氏已經派使者來指責他了：「我徵集工人，讓他們工作；先生卻讓弟子叫他們停止工作，拿飯給他們吃。先生難道打算爭奪我的百姓嗎？」孔子對子路說：「你看，我說得有道理嗎？」他只好帶著弟子們乘車離開了魯國。

瞬間的感悟：人們要守本分，做好自己的事情。

請為自己負責

從前有個富人，他有一幢大房子，房子周圍是一座美麗的花園。為了美化他的住宅，僕人們從花園裡掘出不少石頭，富翁就叫他們把石頭扔到牆外的路上去，每天都是這樣。僕人們掘出來的石頭，統統扔到牆外人們經過的路上了。

一天，富翁站在大門口，僕人們又和往常一樣扔石頭。附近村裡的一個老人從這裡走過，他停下來對富翁提出抗議。

「你為什麼把石頭從不是你的地方扔到你的地方去？」他問。

「你說些什麼呀？」富翁說，「你不知道這幢大房子和周圍的園子都是我的嗎？我的土地一直伸展到這垛牆為止。牆外的路跟我毫不相干。」

老人搖搖頭：「上帝對你太好了，以致你看不到生活中沒有一件事是永恆不變的。」老人說完就走了，讓富翁去思索他的話的意思。

老人剛走，富翁並沒有思索多久，他馬上又在他的僕人們中間走動著，鼓勵他們從花園裡清除更多的石頭，扔到牆外去。

一年年過去了。花園裡的石頭已清除得一乾二淨。不知何故風水輪流轉，富翁的運氣開始變了，他漸漸失去了他的財富。過了一個時期，他不得不把他的珍貴的花園賣掉一部分。又過了些時候，他又不得不賣掉一部分。這樣，一次一次的出賣，最後，他把房子也賣了。他變得衣衫襤褸，窮困不堪，和那些最不幸、最悲慘的乞丐們並沒有什麼兩樣了。

現在他已經老了。有一天，他從那幢曾經是他的大房子前面走過時，路

上的石頭絆倒了他，並扎傷了他的光腳。

　　他站住了，站在那道他記得很清楚的圍牆外面。他在路旁坐下來，歇歇他那又疼又酸的腳。這時，他記起了那個鄰村老人很久以前說過的話：「你為什麼把石頭從不是你的地方扔到你的地方去？」

> 瞬間的感悟：任何結果都是有原因的，今天的你請為明天的自己負責。

冒險成果

　　成功的人都知道，堅定不移涉及到抉擇，而抉擇則涉及風險，正如一位58歲的農產品推銷員所發現的。

　　他一次又一次以不同品種的玉米做實驗，設法製造出一種較輕、較鬆的爆米花。皇天不負苦心人，終於培育出理想的品種，可是沒有人肯買，因為成本較高。

　　「我知道只要人們一嘗到這種爆米花，就一定會買。」他對合夥人說。

　　「假若你這麼有把握，為什麼不自己去銷售？」合夥人回答道。

　　萬一他失敗了，他可能要損失很多錢。在他這個年齡，他真想冒這樣的險嗎？

　　他僱用了一家行銷公司為他的爆米花設計名字和形象。不久，強納森就在全美國各地銷售他的「美食家爆米花」了。今天，它是全世界最暢銷的爆米花，這完全是強納森甘願冒險的成果，他拿了自己所有的一切去做賭注，換取他想要的東西。

　　「我想，我之所以幹勁十足，主要是因為有人說我不能成功，」84歲的強納森說，「那反而使我決定要證明他們錯了。」

> 瞬間的感悟：別人說錯的，不一定錯；堅信自己的人，才能成功。

勇於追求

理想成功與不成功，並不重要，重要的是你執著與放棄心中的理想。

11 歲的英國男孩比利是電影中的一個傳奇人物，影片中，他想成為一位古典芭蕾舞舞蹈家。比利面臨這樣的挑戰：他生活在一個極具男子氣概的家庭，他家所在的小鎮上的男人們也都想成為具有男子漢氣魄的人，而他家裡人希望他能成為一名拳擊手。比利的父親和哥哥都是男子氣概十足的人，對他想成為舞蹈家的願望十分討厭，因為在他們眼裡跳舞的男人和膽小鬼或同性戀者一樣，所以，他們極盡所能的想打消比利的願望，並且把他變成一個「真正」的男孩。

但是家人的反對並沒有動搖比利的雄心，儘管他們反對，他仍追求他的夢想。最終比利贏得一個去一所有聲望的舞蹈學校的機會，這所學校將提供給他一個夢想成真的機會。最初，比利的家人不理解這個他們認為是完全荒謬的想法，但過了一段時間，他們意識到他是發自內心的，就漸漸的在他追求的過程中支持他。在這期間，他的父兄和他之間的隔閡也逐漸消除。最後，經過許多衝突和磨難之後，全家人團結一心共同支持比利成為舞蹈家的計畫。

劇情的關鍵情節是，比利收到自己一直期待的學校通知他是否被錄取的來信的時候，電影的導演圍繞著打開信的過程，做了不同尋常的安排，以營造緊張氣氛，觀眾幾乎從座位上站起來，屏住呼吸，急不可待想知道結果。

其實，無論比利是否被學校錄取並不重要，重要的是，在比利的追求過

程中，在他的身上發生了什麼。在龐大的壓力之下，他絕不放棄心中的理想，使內心的力量大大的增強。同時，在他的家人理解並支持和化解多年成見的過程中，他們也經歷了終生受益的過程。他們獲得的無價的人生教訓，比是否被學校錄取更重要。無論信中說什麼，他們都是成功的，並且最終是幸福的。

瞬間的感悟：幸福是追求來的，不是等來的。

保持自己的本色

史密斯太太從小就特別敏感而醜陋，她的身體一直很胖，而她的一張臉使她看起來比實際還胖得多。史密斯有一個很古板的母親，她認為把衣服弄得漂亮是一件很愚蠢的事情。她總是對史密斯說：「寬衣好穿，窄衣易破。」而母親總照這句話來幫史密斯穿衣服。所以，史密斯從來不和其他的孩子一起做室外活動，甚至不上體育課。她非常害羞，覺得自己和其他的人都「不一樣」，完全不討人喜歡。

長大之後，史密斯嫁給一個比她大好幾歲的男人，可是她並沒有改變。她丈夫一家人都很好，也充滿了自信。史密斯盡最大的努力要像他們一樣，可是她做不到。他們為了使史密斯開朗起來而做的每一件事情，都只是讓她更退縮到她的殼裡去。史密斯變得緊張不安，躲開了所有的朋友，情形壞到她甚至怕聽到門鈴響。史密斯知道自己是一個失敗者，又怕她的丈夫發現這一點。所以每次他們出現在公共場合的時候，她都假裝很開心，結果常常做得太過分，事後史密斯會為這個難過好幾天，最後不開心到使她覺得再活下去也沒有什麼意思了，史密斯甚至開始想自殺。

有一天，她的婆婆正在談自己怎麼教養她的幾個孩子，她說：「不管事情

怎麼樣，我總會要求他們保持本色。」

隨口說的一句話，改變了史密斯的整個生活。

「保持本色！」就是這句話！在那一剎那之間，史密斯才發現自己之所以那麼苦惱，就是因為她一直在強迫自己去扮演一個並不適合自己的角色。

史密斯後來回憶道：「在一夜之間我整個改變了。我開始保持本色。我試著研究我自己的個性、自己的優點，盡我所能去學色彩和服飾知識，盡量以適合我的方式去穿衣服，主動的去交朋友。我參加了一個社團組織 —— 起先是一個很小的社團 —— 他們讓我參加活動，起初我嚇壞了，可是我每發言一次，就增加了一點勇氣。今天我所有的快樂，是我從來沒敢想過的。在教養我自己的孩子時，我也總是把我從痛苦的經驗中所學到的結果教給他們：『不管事情怎麼樣，總要保持本色。』」

> 瞬間的感悟：今天的自己就是最好的自己。

舉起手的勇氣

22 歲的保羅剛進入白宮的時候，在同事中引起了一陣不小的騷動。雖然他只是一個普普通通的公務員，一個毫無經驗的撰稿人，但他特立獨行的性格還是讓人留下了很深的印象。尤其是他那一頭染成紅色的頭髮，更是在西裝革履，素以保守沉穩聞名的白宮撰稿人中顯得格外的刺眼。

保羅不僅在衣著上顯得與眾不同，而且對自己的職業也有著不同於別人的看法。白宮的撰稿人是一個很特殊的族群，美國大部分的對外施政綱領和所有的演講稿都是由這些智囊們構思、策劃、撰寫、潤色。從某種角度上說，他們就代表著美國的形象。所以，對撰稿人的選拔也就格外嚴格。他們

第二章　成功的智慧

內部也按著資歷，有著嚴格的等級分別。而保羅恰恰沒有看重這種嚴格的等級分別。剛進入白宮不久，他便根據自己從親身實踐中獲得的經驗，向上司陳述了一些自己的意見。可不是編童話，保羅獨到的見解不僅沒有得到上司的青睞，而且還招來了同事們的冷嘲熱諷。關係不錯的朋友都在私下勸他收斂一下，免得吃虧。初出茅廬便栽了跟頭的保羅也漸漸變得沉默寡言，卻在依然苦苦的等待著新的機會。

隨著國務卿鮑爾的辭職，白宮再次發生了天翻地覆的巨變。一朝天子一朝臣，誰也不知道自己的飯碗是否還能保住，白宮撰稿人們都暗暗為自己捏了一把冷汗。不久之後，新上任的國務卿萊斯便召集所有撰稿人開會。出乎所有人的意料，萊斯並沒有裁員的意思，只是想徵詢一下眾人如何撰寫白宮演講稿的意見。沒有了失業的壓力，眾人又恢復了保守沉穩的本性，一個個沉默不語。會議開得非常沉悶，不時有人打著呵欠。就在失望的萊斯準備結束這可有可無的會議時，一個紅頭髮的年輕人高高舉起了手。眾人紛紛把目光投了過去，接著爆發出一陣哄笑 —— 又是保羅，這個性格叛逆的年輕人不知道又會說出什麼讓人吃驚的話來。這是整場會議中唯一主動舉手的人，萊斯讓他闡述自己的觀點。面對國務卿，保羅顯得有些拘謹，有些慌亂的陳述完了自己的想法。萊斯微笑著聽完了他的話，覺得大多數的想法並沒有什麼新意，不過也有一些點子很有創造性。會議結束後，萊斯轉身告訴身邊的助手：「請留意一下這個紅頭髮的孩子。」

從那之後，保羅很快便從眾多的撰稿人中脫穎而出。很快，他便成了萊斯唯一的撰稿人。一篇篇天才的演講詞從他筆下流淌而出，成就了萊斯，也照亮了自己。年僅 26 歲的保羅在等級森嚴的白宮中平步青雲，成為了白宮中最年輕的高階顧問。他走紅的速度甚至讓以造星出名的好萊塢大跌眼鏡。

如今，無論萊斯走到哪裡，人們都會在她身邊看見一個紅頭髮的大男孩。他已經成了白宮高層必不可少的成員。

想成功的人請舉手！在機會未來臨時，我們可以恐懼、退縮、茫然無措；可當機會到來的剎那，我們必須鼓足勇氣，戰勝恐懼，把自己的手高高舉起。

瞬間的感悟：這世界上並不缺少機會，缺少的只是抓住機會的決心。阻礙我們成功的往往不是無人給我們機會，而是我們沒有機會顯現自己的膽量。我們之所以與成功無緣，便是太在乎他人的看法，在機會面前猶豫不決。

成功在轉彎處

很久以前，當約翰倒楣的時候，他學會了忍耐與等待，並知道了堅持不懈所要付出的代價。

許多年輕人告訴約翰說他們想當作家。約翰總是鼓勵他們有這樣的想法，但他也清楚的告訴他們，當作家和寫文章是兩回事。在大多數情況下，這些年輕人夢想的是財富和聲響，而不是長時間的坐在打字機旁，在孤獨和寂寞中自我奮鬥。約翰對他們說：「你們想的是要發表作品，而不是想成為作家。」

實際上，寫作是一項孤獨、不為人知而且收入甚微的工作。在成千上萬的作家中，只有極少數人能得到命運之神的垂青，而更多的人永遠實現不了他們的夢想。連那些成功的人都承認，他們曾長時間被冷落，並為貧窮所困擾。約翰也是這樣。

當約翰離開了工作了二十年的海岸警衛隊而想成為一名自由作家時，他

第二章　成功的智慧

對前景一點把握也沒有。在紐約，他只認識喬治‧西姆，他們是在田納西州一起長大的夥伴。喬治是在格林威治村的公寓大樓內一間乾淨的儲藏室裡看見約翰的，他恰巧是公寓的管理員，而那儲藏室就是約翰的家。

這間小屋又陰又冷，而且沒有浴室，但約翰並不在乎這些。他趕緊買了一臺舊的二手打字機，覺得自己真像個作家了。

大約過了一年，約翰在寫作上仍然沒有什麼突破，他有點懷疑自己的能力了。推銷一篇作品是那麼難，賺的錢勉強能糊口。但他深知自己的願望是寫作，這是他多年的夢想，他會繼續為之奮鬥，即使前方的路充滿失敗的恐懼與坎坷。在那些日子裡，希望就像幻影一樣渺茫，大凡每個渴望成功的人，都領略過這種希冀與焦慮攪和在一起的滋味。

後來有一天，約翰接到的一個電話改變了他的生活。但電話並不是經紀人或編輯打來與他商量出書的事。與之相反，這是一個勸他放棄他的事業的充滿誘惑的電話。打電話的人是他在舊金山海岸警衛隊的一個老朋友。約翰曾經向他借過一些錢，現在，他想把錢要回去。

「約翰，你什麼時候還我的 15 美元？」約翰聽得出他的諷刺。

「等我下次售出了文章吧！」約翰回答說。

「我倒有個不錯的主意，」他說，「現在我們需要一位公共資料管理員，年薪是 6,000 美元，假若你願意的話，就來吧！」

年薪 6,000 美元，這在當時可是一筆大數目！用它可以買一棟不錯的房子，一輛舊車，還能還清債務，沒準還能剩幾個錢，同時，他還可以一邊工作，一邊堅持寫作。

就在這些美元在他腦子中狂飛亂舞的時候，一個根深蒂固的念頭從約翰內心深處閃出：「我一直夢想的是成為一名作家，一名專業作家，可我現在想

的都是些什麼呀！」

約翰堅定的回答：「謝謝你，不用了。」

放下電話，他獨自在小屋中踱來踱去，覺得自己像個傻瓜。打開牆上橘黃色的飯櫥，拿出了裡面僅有的存貨——兩瓶沙丁魚罐頭，又掏出了口袋裡僅剩的 18 美分，他一下子把兩瓶罐頭和僅有的 18 美分塞進了破紙簍裡，對自己說：「約翰，瞧瞧，這就是迄今為止您為自己賺來的全部財富！」他的情緒低落到了極點。

約翰希望境況馬上好轉，但並不如願。感謝上帝，幸好喬治幫他度過了難關。

透過喬治，約翰認識了一些藝術家，他們也在為實現自己的夢想苦苦奮鬥。例如戴樂尼，他是位繪畫能手，但他總是缺吃少穿的，每逢這時，他就去臨街的肉店那裡要個大骨頭——儘管上面僅掛著一星半點的肉，再從雜貨鋪那裡要一點蒿菜葉，用這兩樣東西就能做上一頓可口的家鄉湯喝。

還有一位同村人是年輕英俊的歌唱家，他努力經營著一家餐館。據說，假若有位顧客想吃一份牛排，他馬上就會跑到街那頭的超級市場買來。他的名字叫哈利‧貝勒弗特。

像戴樂尼和貝勒弗特這樣的人為約翰樹立了榜樣，他懂得了要為實現夢想而堅持工作，就必須做出一些犧牲，並要想盡辦法維持生計。這就是在成功的幻影下生活的全部內容。

吸取教訓後，約翰漸漸開始出售一些文章，他堅信自己一定會做出點名堂的。

實現夢想是漫長而艱難的跋涉。就在他離開海岸警衛隊第 17 年，他的作品《根》發表了。一瞬間，約翰便獲得了幾乎是空前的聲譽與成功，生活

的幻影變成了炫目的光環。

> 瞬間的感悟：成功有時候就在你稍微轉彎的時候出現，人生何必非要走直線呢？

並非一舉成名

　　成功一定要心志積極，事業也許並非一舉成名，實踐自己的夢想，就是勤奮加執著。

　　一位電臺廣播員在她的 30 年職業生涯中，曾遭辭退 18 次，可是每次事後她都放眼更高處，確立更遠大的目標。

　　由於美國大陸的無線電臺都認為女性不能吸引聽眾，沒有一家肯僱用她，她就遷到波多黎各去，苦練西班牙語。有一次，一家通訊社拒絕派她到多明尼加共和國採訪一次暴亂事件，她便自己湊夠旅費飛到那裡去，然後把自己的報導出售給電臺。

　　1981 年，她遭紐約一家電臺辭退，說她跟不上時代，結果失業了一年多。有一天，她向一位國家廣播公司電臺職員推銷她的清談節目構想。

　　「我相信公司會有興趣，」那人說。但此人不久就離開了國家廣播公司。後來她碰到該電臺的另一位職員，再度提出她的構想。此人也誇獎那是個好主意，但是不久此人也失去了蹤影。最後她說服第三位職員僱用她，此人雖然答應了，但提出要她在政治臺主持節目。

　　「我對政治所知不多，恐怕很難成功。」她對丈夫說。丈夫熱情鼓勵她嘗試一下。1982 年夏天，她的節目終於開播了。她對廣播早已駕輕就熟。於是她利用這長處和平易近人的作風，大談 7 月 4 日美國國慶對她自己有什麼意

義，又請聽眾打電話來暢談他們的感受。

聽眾立刻對這個節目發生興趣，她差不多一舉成名。如今，莎莉・拉斐爾已成為自製電視節目的主持人，曾經兩度獲獎，在美國、加拿大和英國每天有 800 萬觀眾收看這個節目。

「我遭人辭退了 18 次，本來大有可能被這些遭遇所嚇退，做不成我想做的事情，」她說，「結果相反，我讓它們鞭策我勇往直前。」

> 瞬間的感悟：失敗是成功前的奏鳴曲。

1 個小時的偏差

有位名人曾精闢的說過這麼一句話：「成功與失敗的分水嶺可以用這麼五個字來表達 —— 『我沒有時間』。」

在當今這個生活節奏緊湊的年代裡，人們似乎每天都沒有充裕的時間去做完想做的事，所以許多念頭就此打消了。但世界上仍有許多人用堅定的意志，堅持每天至少擠出 1 小時的時間來發展自己的個人愛好。事實上我注意到，往往是越忙碌的人，他越能擠出這 1 小時來。

當今世界上最大的化學公司 —— 杜邦公司的總裁格勞福特・格林瓦特，每天擠出 1 小時來研究蜂鳥（一種世界上最小的鳥），用專門的設備替蜂鳥拍照。權威人士把他寫的關於蜂鳥的書稱作自然歷史叢書中的傑出作品。

休格・布萊克進入美國議會前，並未受過高等教育。他從百忙中每天擠出 1 小時到國會圖書館去博覽群書，包括政治、歷史、哲學、詩歌等方面的書。數年如一日，就是在議會工作最忙的日子裡也從未間斷過。後來他成了美國最高法院的法官，這時他已是最高法院中知識最淵博的人士之一。他的

第二章　成功的智慧

博學多才使美國人民受益匪淺。

要擠出這 1 小時並不容易。需要有決心和恆心。關鍵還在於如何設法得到這 1 個小時，並且有效的利用它。

全世界織布業巨擘，曾經決心、每天抽出 1 小時出來畫畫。

他把頂樓改為畫室，幾年來從不放過早晨的這 1 小時。後來時間給他的報酬是驚人的。他的油畫大量的在畫展上出現了，他還舉辦了多次個人畫展。其中有幾百幅畫以高價被買走了。他把用這 1 小時作畫所得的全部收入變為獎學金，專供給那些學習藝術的優秀學生。他說：「捐贈這點錢算不了什麼，只是我的一半收穫。從畫畫當中我獲得了很大的愉快，這是另一半收穫。」

每個人的腦子都有能力去創造和想像，為自己尋找到機會。一位名叫尼古拉‧格里斯多費羅斯的希臘籍電梯維修工對現代科學很感興趣，他每天下班後到晚飯前，總要花 1 小時攻讀核子物理學方面的書籍。隨著知識的累積增多，一個念頭躍入他腦海。1948 年他提出了建立一種新型粒子加速器的計畫。這種加速器比當時其他類型的加速器造價便宜而且更強有力。他把計畫遞交給美國原子能委員會做實驗，又再經改進，這臺加速器為美國節省了 7,000 萬美元。格里斯多弗羅斯得到了 1 萬美元的獎勵，還被聘請到加州大學放射實驗室工作。

富蘭克林‧羅斯福在戰爭最艱苦的年代裡，時常強迫自己擠出 1 小時來集郵，藉以擺脫周圍的一切。已故的吉妮太太曾告訴我，總統那時經常去她管的那幢房子，把自己關在裡面，擺弄著各色郵票。總統來的時候臉色陰沉，心情憂鬱，疲憊不堪。等到他走出屋子離去時，精神狀態完全變了，變好了，似乎整個世界變得明亮了。對這位總統來說，這點時間的獨自清靜換

來了他新的精神面貌。

要得到這樣的收益，無論多大年紀的人都可以馬上做起。我認識一位老人，他從 78 歲起每天抽出 1 小時學習欣賞音樂。他說：「我很快就養成了這種習慣，—— 每天聽 1 小時的音樂。我要具備起欣賞音樂的能力，隨著年歲增高，等到我不得不靠靜坐度日時，就用得上它了。」

其實這 1 小時所考慮的事，也許 10 小時都做不完。

有一家很大的化妝品公司的負責人，見兒子在大學獲得了神學優等生的榮譽，十分高興。可是每次兒子回家，父親就發現與兒子不再有「共同語言」了。這使他日益焦慮不安起來。雖然當父親的對神學也很感興趣，但畢竟從沒認真的好好學過這門課，為此他在每天午飯後開始擠出 1 小時，把自己關在辦公室裡攻讀宗教方面的書。

他說：「起先同事們認為我古怪，在做傻事。但不久他們對我的學習計畫改變了看法。由於對宗教學的研究，使我涉及了人類學、社會學和其他一些科學領域。近幾年來，我常被邀請到各地去演講。我想我的演講與文章對宗教信仰內部間的相互了解做出了一些貢獻。」接著他補充道：「最主要的是，我兒子一定會為父親的自學成才而自豪的。」

梭羅說：「我從沒找到過這麼一個夥伴，他能像這 1 小時那樣長期的陪伴著我。」每天花 1 小時來做你想做的任何事，這有助於挖掘出你身上的潛在能力，因為這種能力若不去挖掘，它很容易消失。抓住這點時間，就能使你的心靈變得更美，生活更有情趣，生命更有意義。不信你就試試，看看結果會如何。

> 瞬間的感悟：有時候，一個小時能夠勝過一天的價值。

第二章　成功的智慧

生死選擇

　　人生就是不斷的選擇過程，你必須選擇如何去面對各種處境。歸根究柢，你要自己選擇如何面對人生。

　　萊克特是個飯店經理，他的心情總是很好。當有人問他近況如何時，他回答：「我快樂無比。」

　　假若哪位同事心情不好，他就會告訴對方怎麼去看事物的正面。他說：「每天早上，我一醒來就對自己說，萊克特，你今天有兩種選擇，你可以選擇心情愉快，也可以選擇心情不好，我選擇心情愉快。每次有壞事情發生，我可以選擇成為一個受害者，也可以選擇從中學些東西，我選擇後者。」

　　有一天，他忘記了關後門，被三個持槍的歹徒攔住了。歹徒朝他開了槍。

　　幸運的是事情發現較早，萊克特被送進了急診室。經過 18 個小時的搶救和幾個星期的細心治療，萊克特出院了，只是仍有小部分彈片留在他體內。

　　六個月後，他的一位朋友見到了他。朋友問他近況如何，他說：「我快樂無比。想不想看看我的傷疤？」朋友看了傷疤，然後問當時他想了些什麼。萊克特答道：「當我躺在地上時，我對自己說有兩個選擇：一是死，一是活。我選擇了活。醫護人員都很好，他們告訴我，我會好的。但在他們把我推進急診室後，我從他們的眼中讀到了『他是個死人』。我知道我需要採取一些行動。」

　　「你採取了什麼行動？」朋友問。

　　萊克特說：「有個護士大聲問我有沒有對什麼東西過敏。我馬上答『有的』。這時，所有的醫生、護士都停下來等我說下去。我深深吸了一口氣，然後大聲吼道：『子彈！』在一片大笑聲中，我又說道：『請把我當活人來醫，

而不是死人。』」

萊克特就這樣活下來了。

> 瞬間的感悟：自己尊重自己的生命，別人才會尊重你的人生價值。

最大的禮貌：守時

德國哲學家曼特計劃到一個名叫珀芬的小鎮，去拜訪老朋友威廉・彼特斯。曼特動身前曾寫信給彼特斯，說自己將於 3 月 2 日上午 11 點鐘之前到達。

曼特 3 月 1 日就趕到了珀芬小鎮，第二天早上租了一輛馬車前往彼特斯的家。老朋友的家住在離小鎮 12 英里遠的一個農場裡，小鎮和農場中間隔了一條河。當馬車來到河邊時，細心的車夫說：「先生，實在對不起，不能再往前走了，因為橋壞了，很危險。」

曼特下了馬車，看了看橋，中間的確已經斷裂了。河面雖然不寬，但水很深，而且結了冰。

「附近還有別的橋嗎？」曼特焦急的問。

車夫回答說：「有，先生。在上游六英里遠的地方還有一座橋。」

曼特看了一眼懷錶，已經 10 點鐘了。

「假若趕那座橋，我們以平常速度什麼時候可以到達農場？」

「我想大概得 12 點半。」

曼特又問：「假若我們經過面前這座橋，以最快速度什麼時間能到達？」

車夫回答說：「最快也得用 40 分鐘。」

曼特跑到河邊的一座很破舊的農舍裡，客氣的向主人打聽道：「請問你的

這間房子要多少錢才肯出售？」

農婦大吃一驚：「您想買如此簡陋的破房子，這究竟是為什麼？」

「不要問為什麼，您願意還是不願意？」

「那就給 200 馬克吧！」

曼特付了錢，說：「假若您能馬上從破房上拆下幾根長木頭，20 分鐘內把橋修好，我將把房子還給您。」

農婦把兩個兒子叫來，讓他們按時修好了橋。

馬車平安的過了橋，飛奔在鄉間的路上，10 點 50 分，曼特趕到了老朋友的家。

在門口迎候的彼特斯高興的說：「親愛的朋友，您可真守時啊！」

曼特在與老朋友相會的日子裡，根本沒有對其提起為了守時而買房子、拆木頭過河的事情。

後來，彼特斯在無意中聽到那個農婦講了此事，便很感慨的寫了一封信給曼特。信中說到：「您太客氣了，還是一如既往的守時。其實，老朋友之間的約會，晚一些時間是可以原諒的，何況您還遇到了意外。」

一向一絲不苟的曼特，在給老朋友的回信中寫了這樣的一句話：「在我看來，在一定意義上可以說，無論是對老朋友，還是對陌生人，守時就是最大的禮貌。」

瞬間的感悟：請從守時開始你的友情吧，好朋友，不要輕易失去。

為生存加油

羅伯特雖然並沒有做出什麼驚天動地的事業，卻成為了現代美國人心目

中最重要的青少年楷模之一。

18 歲的羅伯特是一名美國高中學生。他住在北達科他州的一個農場，1992 年 1 月 11 日，他獨自在父親的農場裡工作。當他在操作機器時，不慎在冰上滑倒了，他的衣袖絞在機器裡，兩隻手臂被機器切斷。

羅伯特忍著劇痛跑了 400 公尺來到一座房子裡。他用牙齒打開門閂。他爬到了電話機旁邊，但是無法撥電話號碼。於是，他用嘴咬住一枝鉛筆，一下一下的撥動，終於撥通了他表兄的電話，他表兄馬上通知了附近的醫院。

醫院為羅伯特進行了斷肢再植手術。他住了一個半月的醫院，便回到北達科他州自己的家裡。如今，他已能微微抬起手臂，並已經回到學校上課了。他的全家和朋友為他感到自豪。

一位學者說，他不但有勇氣和忍耐力，還有一種獨立精神。他一個人在農場操作機器，出了事又頑強自救，所以他是勇敢的。

羅伯特的故事裡還有這樣一個細節：他把斷臂伸在浴盆裡，為了不讓血白白流走。當救護人員趕到時，他被抬上擔架。臨行前，他冷靜的告訴醫生：「不要忘了把我的手帶上。」

> 瞬間的感悟：生命是最頑強的。

目標只有一個，才射擊得最準

劍橋郡的世界第一名女性打擊樂獨奏家伊芙琳‧格蘭妮說：「從一開始我就決定：一定不要讓其他人的觀點阻擋我成為一名音樂家的熱情。」

她成長在蘇格蘭東北部的一個農場，從八歲時她就開始學習鋼琴。隨著年齡的增長，她對音樂的熱情與日俱增。但不幸的是，她的聽力卻在漸漸的

下降，醫生們斷定是由於難以康復的神經損傷造成的，而且斷定到 12 歲，她將徹底耳聾。可是，她對音樂的熱愛卻從未停止過。

她的目標是成為打擊樂獨奏家，雖然當時並沒有這麼一類音樂家。為了演奏，她學會了用不同的方法「聆聽」其他人演奏的音樂。她只穿著長襪演奏，這樣她就能透過她的身體和想像感覺到每個音符的震動，她幾乎用她所有的感官來感受著她的整個聲音世界。

於是她向倫敦著名的皇家音樂學院提出了申請。

因為以前從來沒有一個聾學生提出過申請，所以一些老師反對接收她入學。但是她的演奏征服了所有的老師，她順利的入了學，並在畢業時榮獲了學院的最高榮譽獎。

從那以後，她的目標就致力於成為第一位專職的打擊樂獨奏家，並且為打擊樂獨奏譜寫和改編了很多樂曲，因為那時幾乎沒有專為打擊樂而譜寫的樂譜。

至今，伊芙琳・格蘭妮作為獨奏家已經有十幾年的時間了，因為她很早就下了決心，不會僅僅由於醫生診斷她完全變聾而放棄追求，因為醫生的診斷並不意味著她的熱情和信心不會有結果。

> 瞬間的感悟：一生能夠做好一件事情，你就獲得了成功。

特別的男子漢

日本著名影星高倉健年輕時，生活過得很清貧、為了糊口，他不得不違背自己當初的理想，進入新藝電影製片廠當演員。他參加了《大學的石松》《萬年太郎》等電影的演出，但所扮演的風流小生，演技平平，有時甚至笨手

笨腳，所以始終難露頭角。

高倉健曾和一位舞女在拍攝電影時共事。那個女孩因為工作勞累過度，突然全身冒著冷汗昏倒在地。當時，高倉健隨著救護車將她送往醫院，經診斷是貧血，必須住院治療一段時間。實際上，那時高倉健的生活並不比這位舞女好多少，心裡充滿了寂寞、惆悵。

第二天，誰也沒有想到，那位女孩又步履蹣跚的出現在攝影場地。看到她的到來，大家都埋怨她「不要命了」，很多同事勸她回去休息，因為她的臉色蒼白得嚇人。可是，女孩微微的笑了笑，既有氣無力又很堅定的說：「不，我不能放棄！也許，這部作品能使我成為明星。」

舞女的話震撼了高倉健的心靈，使他產生了靈感。那靈感是長期苦苦求索之後，突然被激發出來的領悟。他的胸中燃起了追求卓越的熾烈火焰和成功的渴望，並決心開發自己的潛能，全力以赴塑造出嶄新的形象，做一名真正優秀的演員。他堅信，只要像舞女那樣永不放棄，遲早會成為日本家喻戶曉的明星。

1957 年，高倉健遇到了兩位藝術上的老師和伯樂，一位是影片《非常線》的導演牧野雅裕，另一位是影片《森林和湖的祭奠》的導演內田吐夢。這兩位造詣極深的老導演，從當時似乎演技平平、不見起色的高倉健身上，發現了追求卓越的罕見個性、成功欲望和隱藏著的藝術才華。牧野雅裕曾說：「我從未見過有誰像高倉健這樣追求卓越，有如此強烈的成功欲望和藝術潛能。」在兩位老師那裡，高倉健學到了成為傑出演員的表演才能。

1964 年，高倉健在著名導演黑澤明編寫的影片《惡棍萬和鐵》中成功的塑造了個性鮮明、充滿熱情的男子漢形象。為了拍好這個角色，他冒著零下20 度的嚴寒，只穿一條短褲跳進北海道刺骨的海水中。皇天不負苦心人，高

倉健憑藉著追求卓越的強烈欲望和頑強意志，在銀幕上塑造的男子漢形象，不僅征服了日本的影迷，而且征服了世界各國的影迷。

瞬間的感悟：永遠不要放棄自己。

為夢想而堅持

麗麗還是個小孩子的時候，就一直懷有偉大的夢想。當和年齡相仿的夥伴們談論著長大後想成為老師或者祕書的時候，她就夢想著成為一名電影明星了；而當其他人夢想著去地中海度假的時候，麗麗夢想的則是距離蘇格蘭更為遙遠的加勒比海！

一天，當麗麗走進房間，宣布「我要去羅馬當保姆了」的時候，夥伴們一點都沒有感到吃驚。她們知道麗麗早就深愛羅馬，總是說那裡才是她想要生活的地方。

她公然告訴夥伴們：「我深信我將會遇到一位英俊的義大利人，我們將會瘋狂的相愛！」

雖然對她的話持嘲笑態度，但夥伴們對她的離去仍感到悲傷。她是那種能夠在她的周圍灑滿陽光的人，一旦她離去，一切都變得沉悶乏味。

麗麗到羅馬後，在一戶人家裡當保姆。他們給她一個小房間，她已經學會說一些生活中必須用到的義大利語。麗麗經常帶她看護的那個孩子外出，他們去的最多的地方是特雷維噴泉。

「任何一個從來沒有看見過它的人，」她在寄給夥伴們的信中寫道，「都會認為它只不過是廣場裡的一個小小的噴泉。但實際上，它很大，就像是一個水造的巨型紀念碑，美麗驚人。」

　　她告訴夥伴們，往噴泉裡扔一枚硬幣是為了重返羅馬，而扔兩枚硬幣則是為了找到真愛。「我已在那裡花去一大筆錢了。我每次經過那裡的時候，都會朝裡面扔兩枚硬幣。我知道早晚有一天會起作用的！」夥伴們嘲笑那封信：還是那個麗麗，還在繼續那些不切實際的夢想。

　　在一個美麗的、充滿陽光的羅馬的早晨，麗麗很早就帶著那個孩子出門了，他們來到特雷維噴泉，走下臺階，她把她的兩枚硬幣投進了噴泉。

　　她向上瞥了一眼，看見兩個英俊的年輕人正在注視著她。兩人之中身材稍高的那個人問她：「看來妳非常希望回來，否則妳幹嘛要扔進兩枚硬幣？」

　　麗麗看了看那個漂亮的年輕人，他的頭髮雖然是淺褐色的，但臉卻是典型的義大利人的臉。「一枚硬幣是為了返回羅馬，兩枚硬幣則是為了找到真愛！」

　　那兩個年輕人都微笑著走到她的面前，剛剛跟她說話的那個年輕人做了自我介紹，他叫馬塞爾。他一邊繼續研究著她的微笑，一邊問道：「妳想在這裡，在妳的度假期間找到真愛？」

　　「我住在羅馬。我喜歡羅馬，我一直夢想著與這裡的某個人墜入愛河。我相信總有一天會實現的。」她對著他微笑，他也一直在對她微笑。後來，他們 4 個人一起喝了咖啡。

　　不管她在他們的第一次會面中說了什麼，他似乎真的被她迷住了，他問她是否願意與他一起出去。

　　第二天晚上，麗麗與馬塞爾約會，她問到他的職業。原來，他是羅馬足球隊的職業球員。他不僅踢足球，還是足球明星，被義大利的許多年輕人瘋狂崇拜。

　　當麗麗寫信告訴夥伴們有關他的事情並且寄來照片時，夥伴們全都承認

他非常英俊非常瀟灑。

　　現在，他們已經結婚 15 年並且有了 3 個孩子。她已經看到了大半全世界，就像她一直堅信的那樣。

瞬間的感悟：為夢想而堅持的人，能夠獲得自己的幸福。

第三章　感恩的心

感恩節快樂

多年前一個感恩節的早上，有一對夫婦卻不願醒來。他們不知道如何以感恩的心度過這一天，因為他們實在窮得可憐，別說慶祝豐收的感恩節大餐，現在有一點簡單的食物吃就算不錯了。

醒來沒多久，這對夫妻就爭吵起來。隨著雙方越來越激烈的咆哮，家裡布滿了嗆人的硝煙。老早就起床等待感恩節大餐的男孩，嚇得躲在角落裡，一動不敢動。他有一雙大得出奇的眼睛，清澈得讓人想跳進去。

突然，一陣敲門聲打斷了他們的爭吵，男孩還悄悄的上前開門。

一個高大的男人出現在門外，他穿著一身皺巴巴的衣服，滿臉笑容，手裡提著一個籃子，裡頭是各式各樣的過節的東西：一對火雞、塞在裡面的配料、煮熟的玉米、厚餅、甜薯及各式罐頭等等。

一家人都愣住了。陌生男人說：「這些東西是一個人讓我送來的，他了解你們的需求，他也希望你們知道，總是有人愛著你們的。」

男主人極力推辭。陌生男人說：「不關我的事，我只不過是個跑腿送貨的。」然後，他把籃子擱在小男孩的臂彎裡，說：「孩子，你的眼睛太漂亮了。祝你們全家感恩節快樂！」隨後，他轉身而去。

原來，這個陌生男人是個貨車司機，一年中有三分之二的時間在外面奔波。遇上感恩節，他總要回家一趟，這是他給妻子和 6 個孩子的承諾。可

是，當他帶著禮物回家時，這家窗戶上映照出來的夫妻吵鬧的剪影卻刺痛了他。於是，他把帶給妻兒的感恩節大餐送給了這戶陌生人家。

這個舉動改變了那個小男孩的一生。

他長到 18 歲的時候，雖然收入微薄，可是，每到感恩節都要買不少食物，假裝是個送貨員，開著自己那輛破車，四處留意著最需要食物和溫暖的家庭。

這一年，當他敲開一座破落的住所時，看見開門的是一個瘸腿的老男人。

這個老男人有 6 個孩子，一次車禍讓他無法再正常工作。所以，今天他不僅面臨著斷炊之苦，還有妻兒的抱怨。

年輕人開口說道：「我是來送貨的，先生。」

隨即他轉過身子，從車裡拿出裝滿食物的籃子，裡頭有一對火雞、塞在裡面的配料、厚餅、甜薯及各式罐頭等。見此，跟出來的女人傻了眼，而孩子們則發出了歡呼聲。

女人一邊親吻年輕人的手，一邊激動的喊著：「你一定是上帝派來的！」

年輕人有些靦腆的說：「噢，不，我只是個送貨的。」接著，他把「雇主」的一張字條交給男人，上頭寫著：「我是你們的一位朋友，願你們一家過個快樂的感恩節，也希望你們知道有人在默默愛著你們。」

年輕人走了。女人仍然難以相信，不停的喃喃自語：「會是誰呢？」

男人說：「只看他的眼睛，我就知道他是誰了。」

瞬間的感悟：愛別人的人能夠獲得真愛和永生。

愛的奇蹟

第二次世界大戰期間，布里克作為戰俘被關進了位於西伯利亞的一座戰俘營裡，從此離開了他的家鄉烏克蘭，離開了他的妻子妮娜和兒子伊丁喬克。在以後的幾年裡，他與家人天各一方，音信隔絕，以致連妻子在他被帶走後不久又為他生下了一個名叫瑪格妮的女兒都不知道。

幾年之後，當布里克被釋放出來的時候，他已經身心俱疲、憔悴不堪了，看上去儼然就是一個老態龍鍾的老人。不僅如此，在他的手上和腳上到處傷痕累累，那是嚴刑拷問時讓他留下的慘痛印記。更讓人不堪忍受的是，他知道自己再也沒有生育能力了。不過，幸運的是，他好歹總算獲得了自由。離開戰俘營之後，他第一件事就是立即到處去尋找妻子妮娜和兒子伊丁喬克。最後，他終於從紅十字會打聽到了家人的消息，方知他們都已經在前往西伯利亞的途中死去了。頓時，他傷心欲絕，悲不自勝。但是，直到那時，他仍舊不知道自己還有一個未曾謀面的女兒。

戰爭初期，妮娜帶著伊丁喬克很幸運的逃亡到了德國。在那裡，她遇到了一對非常仁慈的農民夫婦，他們收留了她和孩子。於是，妮娜就在那裡安頓下來，並為他們做些力所能及的農活以及家務。正是在那裡，她生下了她和布里克的女兒瑪格妮。住在這個與她和布里克小時候生活過的烏克蘭那和平寧靜的鄉下非常相像的地方，妮娜想：「我們的生命還會再遭受到痛苦、苦難和分離的折磨嗎？」她甚至相信，只要布里克也能來到德國，他們就一定可以重新開創新的生活。

但是，事情卻並不像她想像得那麼好。幾年之後，殘酷的戰爭終於以德國的戰敗而結束了。妮娜和孩子們高興極了，他們以為馬上就可以回家鄉和布里克團聚了。但是，他們沒想到的是，軍隊將他們集中起來，並將他們趕

第三章　感恩的心

進了擁擠不堪的運送牲口的火車上，還告訴他們說要將他們遣送回家。在那冷得像冰窖一樣的火車上，食物和水都嚴重缺乏，他們經常沒有東西吃，也沒有水喝。其實，妮娜的心裡非常清楚，他們根本就不是被遣送回家，而是被送往位於西伯利亞的那個充滿恐怖的死亡集中營。她的希望徹底破滅了，她感到了絕望，終於，她病倒了。她的呼吸越來越困難，胸口也疼痛得越來越厲害了。她感到自己時日不多了，看著眼前這兩個孤苦無依的孩子，她一遍又一遍的祈禱著：「哦，上帝啊，求求您，請保佑我這兩個無辜的孩子吧！」

「伊丁喬克，」她有氣無力的對兒子說，「我病得很厲害，可能就要死了。我會到天堂去請求上帝保佑你們的。你要答應我，千萬不能離開小瑪格妮。上帝會保佑你們兩個的。」

第二天一大早，妮娜就死了。人們將她的屍體裝在貨車上拉走了，埋在一個亂葬崗上。而她的兩個孩子則被趕下了火車，送進了附近的孤兒院。如今，在這世上，他們真的是孤苦伶仃、無依無靠了。

當布里克得知家人已經死亡的消息之後，他便停止了祈禱，因為他覺得他每一次面臨轉機的時候，上帝都會令他大失所望。在那之後，布里克被分配到一個公社裡做工，他像一個機器人似的機械的工作著。雖然他的健康與體力已逐漸恢復了，但是他的心、他的感情卻已經像死了一般，不論什麼事，對他來說都已經無關緊要了。後來，有一天早上，他偶然遇見了和他在同一個公社工作的喬治斯克。假若不是她微笑著注視著布里克，布里克絕對不會認出眼前的這位女孩，竟然就是自己過去在家鄉時的一位既充滿了快樂、又聰明伶俐的同學。沒想到在走過了這麼多地方，經歷了這麼長時間，發生了這麼多事之後，他們竟然能在此地重逢，這簡直是太幸運了！接

著，沒過多久，他們就結婚了。於是，布里克覺得生活又充滿了陽光，生命又有了意義。但是，對於有些女人來說，她們總是希望能有個孩子可以疼可以愛，而喬治斯克就是這樣一個女人。雖然她知道布里克已經沒有生育能力了，但是，她仍舊渴望能有個孩子。終於，有一天，她實在忍不住了，由是就對布里克乞求說：「布里克，孤兒院裡有許多孩子，我們何不去領養一個呢？」「喬治斯克，妳怎會想到要領養一個孩子呢？」布里克吃驚的問道，「難道妳不知道那些孩子都發生過些什麼事嗎？」這時的布里克，他的心再也經受不起任何打擊了 —— 他已經將它完全封閉了。但是，喬治斯克卻始終沒有放棄她的渴望，終於，她那強烈的愛戰勝了布里克的冷漠與偏執。

於是，在一天早上，布里克對她說道：「喬治斯克，妳去吧，去領養一個孩子吧。」為了領養一個孩子，喬治斯克做好了一切準備。去孤兒院領養孩子的日子終於到來了，那天一大早，她就搭上火車趕往孤兒院。來到孤兒院，走在那長長的、黑黑的走廊裡，看著那些站成一排的孩子，審視著，權衡著。他們仰起那一張張沉默的小臉，乞求的望著她。她真想張開雙臂把他們全都擁入懷中，並把他們全都帶走。但是，她知道，她做不到。就在這時，有一個小女孩羞怯的微笑著，向她走來。「哦，這是上帝幫我做出的選擇！」喬治斯克想。她單膝下跪，抬起一隻手撫摸著小女孩的頭，愛憐的問道：「妳想有爸爸和媽媽嗎？」「哦，當然，我非常願意，」她答道，「但是，您得等我一下，我去喊我哥哥來。我們要一起去才行，我不能離開他的。」喬治斯克非常難過，無奈的搖搖頭說：「但是，我只能帶一個孩子走啊。我希望妳能跟我一起走。」小女孩又一次使勁的搖了搖頭，說：「我一定要和哥哥在一起。以前，我們也有媽媽，她死的時候囑咐哥哥要照顧我。她說上帝會照顧我們兩個的。」這時，喬治斯克發現她已經不想再去尋找別的孩子了，

第三章　感恩的心

因為眼前的這個小女孩已深深的吸引了她，打動了她。她要回去和布里克好好商量商量。

　　回到家，她向布里克懇求道：「布里克，有件事我必須要和你商量。我必須要帶兩個小孩一起回來，因為我選的那個小女孩有個哥哥，她不能離開他。我求求你答應我。」「說實在的，喬治斯克，」布里克答道，「有那麼多的孩子可供選擇，妳為什麼非要選擇這個小女孩呢？難道不能選別的孩子嗎？或者乾脆就一個也不要。我真不知道妳是怎麼想的？」聽布里克這麼一說，喬治斯克難過極了，並且不願意再去孤兒院了。看著喬治斯克傷心的樣子，布里克的心裡不禁又湧起了一股愛憐。於是，愛又一次獲得了勝利。這次，他建議他們兩人一起去孤兒院，他也想見見那個小女孩。也許他能夠說服她離開她的哥哥而願意一個人接受領養呢。這時，他又想起了自己的兒子伊丁喬克，也許他也被送進了孤兒院。假若真的是這樣的話，他不也一樣希望伊丁喬克能被像喬治斯克這樣的好人領養嗎？

　　當喬治斯克和布里克走進孤兒院的時候，那個小女孩來到走廊裡迎接他們，這一次，她的手緊緊的拉著一個小男孩的手。小男孩的身體非常瘦小，而且很虛弱，但是他那雙疲憊的眼睛中卻流露著柔和善良的目光。這時候，小女孩撲閃著明亮的大眼睛，輕聲的對喬治斯克說：「您是來接我們的嗎？」還沒等喬治斯克搭腔，那個小男孩就搶先開口了：「我答應過媽媽，永遠都不離開妹妹的。媽媽臨終的時候讓我必須向她做保證。我答應了。所以，我很抱歉，她不能跟你們走。」布里克默默的注視著眼前這兩個可憐而又可愛的小孩子。片刻之後，他以一種堅決的語氣果斷的宣布道：「這兩個孩子我們都要了。」他已經不可抗拒的被眼前這個瘦弱的小男孩吸引住了。於是，喬治斯克就跟著兄妹倆去收拾他們的衣服，而布里克則到辦公室去辦理領養手

續。當喬治斯克兩手各拉著一個孩子來到辦公室的時候，卻發現布里克正不知所措的站在那裡。只見他的臉蒼白得像紙一樣，雙手也在劇烈的顫抖著，根本就無法簽署領養文件。

喬治斯克嚇壞了，她以為布里克突然得了什麼急症，於是，連忙跑過去，驚叫道：「布里克！你怎麼啦？」當然，布里克根本就不是得了什麼急症。「喬治斯克，你看看這些名字！」布里克一邊說一邊遞給她一份文件。喬治斯克接過那份寫有兩個孩子名字的文件，讀了起來：「伊丁喬克和瑪格妮·沃爾，母親係妮娜·（巴特爾）·沃爾；父親係布里克。」不僅如此，除了瑪格妮之外，他們的出生日期都與布里克記憶中的完全相符。

「哦，喬治斯克，他們兩個都是我的孩子啊！一個是我以為早就已經死了的我深愛的兒子伊丁喬克，一個是我從來都不曾知道的女兒！假若不是妳那麼懇切的求我領養他們，假若沒有妳那顆洋溢著仁愛的心，我可能就會錯過這次奇蹟了！」布里克激動得淚流滿面，一邊說著，一邊蹲下身來，把兩個孩子緊緊的摟在懷裡，嗚咽著說：「哦，喬治斯克，上帝真的就在我們身邊！」

> 瞬間的感悟：真愛的確能夠創造奇蹟。

溫暖勝過一束花

有一個人在擁擠的車潮中駕車緩緩前進，在等紅燈時，一個衣服襤褸的小男孩，敲著車窗問他要不要買花，他拿出 2 美元，由於綠燈已亮，而後面的人正猛按喇叭催著，所以他粗暴的對正問他要什麼花的男孩說：「什麼顏色都可以，你只要快一點就好。」

那男孩十分禮貌的說：「謝謝你，先生。」

在開了一小段路後，他有些良心不安。他粗暴無禮的態度，卻得到對方如此有禮的回應。他把車停在路邊，回頭走向孩子表示歉意，並且又再給了2美元，要他自己買一束花送給喜歡的人，這個孩子笑了笑並道謝接受。

當他回去發動車子時，發現車子故障了，動也動不了，在一陣忙亂後，他決定步行找拖吊車幫忙。正在思索時，一輛拖吊車已經迎面駛來，他大為驚訝，司機笑著對他說，有一個小孩給了我4美元，要我開過來幫你，並且還寫了一張紙條，他打開一看，上面寫著：「這代表一束花。」

瞬間的感悟：愛的鮮花會傳遞溫暖的情意。

人生的行李

身為人類的一員，宇宙讓我印象深刻的地方就是它的廣大 —— 大得使我做任何「比較」都變得毫無意義。事實上，也已經沒有「比較」可言了：在無限的宇宙之前，地球的地位甚至不如沙灘上的一粒沙；而以這種比較基礎來看，「我」在地球上的地位則還不如一粒沙中的某個原子。

假若這就是我在宇宙間的真正地位，那麼我所碰到的問題又算老幾呢？當然，這些問題對「我」都很重要，但是假若著眼於整個宇宙，它們就變得無足輕重。

我們每天碰到的困難當然都很真實，但我們若換一個較適當的觀點來衡量事物，這些困難根本說不上是「大災難」。在1930年代晚期、1940年代初期，有個狂人叫做希特勒，他以病態方式屠殺了600萬猶太人。

三十幾年後，在史卡德這個地方，有個當時遭難的猶太人的兒子發現自

己正陷入層層的困難中：在公司裡，有個傢伙千方百計的想把他從目前的職位上擠下來；他的醫生警告他立刻戒菸，否則要面臨嚴重的後果；他的情婦威脅他，假若不快點和他的妻子辦妥離婚，就要把他剁成碎片。好，假若這個人突然發現自己回到 1942 年的奧斯威辛集中營，會有什麼結果？毫無疑問，以集中營的觀點來看，現在所謂的困境簡直就是天堂。

現在，假設你身在日本廣島，而時間是 1945 年，那我只好老實告訴你，你就要身陷絕境了！

但是你只不過是最近在商業交易中被人騙了一大筆錢而已，我確信只要你能夠冷靜下來，理性的衡量一下你的情況，絕對可以找出一條活路 —— 因為你並不在廣島，而現在也不是 1945 年！

你因步入中年而鬱鬱寡歡嗎？有些人根本不會為這種問題沮喪。世界上還有許多地區，人的平均壽命僅有 37 歲，不管男人或女人，他們根本就不必經歷所謂「悲慘的 40 歲生日宴會」！

你曾對柴、米、油、鹽等日常開銷頭疼嗎？請記住，這個世界每天平均有一萬人死於飢餓，此外，還有好幾百萬人苦於營養不良所引起的各種疾病。

房租太貴讓你煩惱嗎？也許你寧願是個生活在印度加爾各答的街頭流浪漢。這些幸運的傢伙從來不必為房租問題煩惱，他們生在街頭，也死在街頭。他們唯一要操心的事情，就是晚上睡覺前能不能找到一塊破布當枕頭。

當我們知道有這麼多慘狀仍在世界上很多地方被默默接受的時候，我們卻因為在某個高雅的餐廳沒占到好座位大發雷霆；因為體重沒有減輕深感懊惱；為了每個月的帳單抱怨不休。

這就是我們的煩惱，我們的問題嗎？到底拿它們來和什麼標準做比較？

第三章　感恩的心

　　長期不間斷的專注於痛苦是一件既不可能又不正常的事。所以，假若我們的手扭傷了還得上場打球，假若我們感冒躺在床上還得擔心辦公室積壓的公事，我們當然會心煩，這一點絕對可以理解。但是我們處事的觀點若只局限於這類芝麻小事，那麼即使是最微不足道的困難也可能變成人生的主要障礙，於是拘泥於這種小節終將耗盡我們寶貴又有限的時間與精力。

　　兩千多年前有一位思想家叫做莊子，他有一段故事對我產生的影響非常深遠。這位道家的宗師所表達的思想讓我悠然神往。在那個古老的時代，人們無須忍受今天我們所面臨的諸多緊張。他們無欲也無爭，所以莊子有的是時間去思考：「從前，我曾夢見自己變成一隻蝴蝶，翩翩飛舞，四處翱翔。當時，我就有此幻化成蝴蝶的感情。雖然是在夢中，我卻意識清醒的自覺是隻蝴蝶，再也感覺不出自己是以『人』的軀體存在。我突然醒轉過來，發現自己躺在床上。在那一瞬間，我再也分不清自己到底是夢見變成蝴蝶的人還是夢見變成人的蝴蝶？」

　　老天，你覺得自己糟透了 —— 一大疊帳單，情人老是和你意見相左，修車的費用是原先估價的兩倍……但這又有什麼好煩惱的？你只不過是隻該死的蝴蝶，剛剛做了個惡夢！

　　有太多人在人生旅途上攜帶了太多的行李 —— 許多行李其實是不必要的。盡可能丟棄那些所謂的問題及煩惱吧！

瞬間的感悟：放慢腳步，輕鬆一下，好好想一想。不要急著用壓力鍋想把所有食物一次煮熟，做菜得一道一道來，你最好一次解決一個障礙。

在途中

我第一次來到這座城市。走出旅館，我叫住了隨便遇到的一個人。

「請問去市場怎麼走？」

「給 30 元。」

「幹嘛要給 30 元？」

「您問路的事呀。」

「您不明白，我步行……」

「給 40 元，我就幫您指路。」

「真有意思！剛才要 30 元，現在要 40 元了？」

「我說，我為您花了一分鐘要很不值錢的 10 元。我們站著，而它在通貨膨脹。」

「您怎麼能這樣？」

「給 50 元，我就回答您的問題。」

「呸，您是個無賴！」

「加 100 元賠償道德損失，您總共付 190 元。」

我非常惱火，取出一塊手帕，擦掉額上的汗珠。

「您在哪裡弄到這塊手帕的？」此人大聲說道。

「給 70 元，我就向您提供所需的資訊。」

「幹嘛要 70 元？」

「那好，80 元，我就回答您的這個問題。」

「您真是個生意人！」

「侮辱人格，賠償 200 元！」

「生意人，侮辱人格？！這是恭維話！」

「那好，說恭維話就給 100 元。」

「我同意，我來結算一下，」此人取出計算機，「您應當付我 190 元，我也付您 190 元！那麼您給 50 元吧？用了我的計算機得付錢。計算機值錢。」

我已經想付錢，但此人突然問道：

「請稍等，您是做什麼工作的？」

「給 50 元才回答。」我立刻說道。

「好，我們算帳，您說。」

「我是作家。」

「那麼，您詳細的寫下了我們的談話內容嗎？給我一半稿費。這是我的名片。不許隱瞞自己的收入。我的律師關心並保護我的權益……」

此人鞠躬告辭。

我將身子靠到排水管上。

「您怎麼啦？身體不舒服？從後面聽到了一種體貼入微的聲音。

「我回答的兩個問題，每個付 100 元。」

「您不要討價還價了。我與您不在市場上！我們在去市場的路途中……」

> 瞬間的感悟：金錢並非無處不在，把它放在市場中吧，其他地方不適合。

外面的路途

「你父親的信，」我朋友托莫科拿著一個薄薄的航空信封對我說。我點點頭，卻並不起身。

「或許你等一下再看。」她建議道。

我大學畢業後到了日本。這次旅行是父親給我的畢業禮物。臨別時父親

再三關照我要準時返家。可兩個月後，我卻寫信給他，說我要留在日本教英語。我心裡明白，這信使他傷心，所以怕他回信。

房間裡擺設簡陋，我坐在那裡，想起了父親年輕時的一段經歷。當年，他和我一樣，滿腦子全是出去闖蕩的念頭。倘若我血管中有流浪者的血液，那是我承襲了他的基因。

那是 1930 年代經濟蕭條時期。父親剛滿 20 歲，他搭上棚車穿越洛磯山脈西部的丘陵地帶。他不願像我那俄國移民的祖父一樣，總是生活在對過去美好時光的回憶之中。

他有自己的鴻鵠大志。他要造橋，放牧牛羊，渡太平洋。他發誓，不混出人樣，絕不返家。他從紐約上棚車，下輪船，一路輾轉，來到了加州。他伐過木，捕過魚，還幫牛烙過印，但他的夢想卻始終沒有實現。

一天，快天黑的時候，父親來到一個地窖裡歇腳。由於長途跋涉，他那薄似紙片的鞋底已經磨穿，腳趾凍得麻木而失去了知覺。他試著摩擦腳趾，可情形並無好轉。

「怎麼啦？」一個溫和的聲音在他身邊響起。他轉過身，見那人年紀不滿30，高個子，骨瘦如柴。

「腳趾凍僵了。」父親沒好氣的說。過後，又指著鞋子：「上面有洞了。」他並無興致和這陌生人說話。因為許多個月來，他東飄西蕩，受盡磨難，漸漸的已失去了對他人的信任。

「我叫厄爾。」陌生人說。他開始對我父親講起他的家。他家世代務農，他也是不滿足於農場的生活而離家出走的。最後他說：「這路我已經走夠了。不管怎麼說，我仍是一個農場孩子，我的根在那裡。」

也許是出於對家的嚮往，父親突然間感到特別孤獨。「這幾天裡，我要

回家。」他喃喃低語。「在我弄到一點錢和一雙可穿著回家的皮鞋的時候。」

　　幾分鐘後，他感到有東西碰他的腳跟。他轉過身來，發現厄爾的那雙厚底黃皮鞋躺在他身邊的地板上。「穿上試試。」厄爾不容推辭的語氣，令父親不得不將冰冷的腳伸進了鞋子。不知不覺中，那種溫暖的感覺使父親進入了從未有過的甜蜜的夢鄉。

　　父親醒來已是黎明。地窖裡只有兩人，沒有厄爾。其中一個告訴我父親：「厄爾讓我轉告，說他未曾去過紐約，希望他的鞋子能到那裡。」

　　父親搖搖頭，不能相信。在窮人中，把自己的皮鞋讓給別人，這個犧牲實在太大了。但他最終意識到厄爾不僅給了他一雙皮鞋，而且給了他對人的信任。當天下午，父親就踏上了一列回家的貨車。

　　神思稍定，我急忙打開信封。這是一封短信，父親寫了一些瑣事，媽媽新買了窗簾，家中的狗看了獸醫。最後，他在信的末尾補充說：「親愛的孩子，你在日本想待多久就待多久，我要你幸福。如果日本是幸福所在，那我能夠理解。但你記住，不管你走得多遠，路多坎坷，你隨時可以回家。」父親的話是一件禮物，對我，就如厄爾的鞋子對他一樣，彌足珍貴。

　　事情並不像我憧憬的那樣。我期望得到的工作落了空。我對日本的迷戀也隨之消退。

　　於是，我啟程返家。這倒並不是作為孩子順從父親的意願，而是作為一個成年人，為自己的心和那陌生人厄爾的禮物所驅使。闖蕩世界，並沒有固定的模式。

　　瞬間的感悟：不管你走得多遠，路多坎坷，你隨時可以回家。

選擇了，就要走下去

父親退休時已有 60 多歲了。在那以前，他做了大約 30 年鄉間郵差，一個星期有 6 天他都跋涉在喬治亞州東北部的山區裡，為人們送信。

在他 80 歲生日時，我送給他一封信，信中特別說了幾句表示孝心的話。我說我們全家人都希望他身體健康，心情愉快，能夠在歡樂中安度晚年。總之，我希望他永遠快樂。在信的最後，我建議他和我母親不要再工作了，應當完全放鬆自己，好好歇息。我認為，父親操勞了一輩子，現在他們終於有了舒適的家和豐厚的退休金，幾乎有了他們想要的一切，應該學學如何享受生活了。

後來，父親回信了。他首先感謝了我的好意，然後筆鋒一轉：「雖然我很感謝你的讚美，但是你讓我完全放鬆自己卻嚇了我一跳。」父親承認沒有人喜歡走坑窪不平的路，就像他走了 30 年的崎嶇山路那樣，「但是假若我們事事都順心如意，從來都碰不到困難的話，那或許是世界上最糟糕的事了。」

父親在信中寫道：「人生的意義不在於馬到成功，而在於不斷求索，奮力求成。每一件有意義的事都需要我們以堅強的信念去完成，這樣，我們的生活才會更加充實，意志更加堅強。」

從他流暢的行文中，我似乎看到了父親寫信時的高興表情：「我們一生中最美好、最愉快的日子，不是還清了所有欠款的時候，也不是我們真正得到這棟靠血汗換來的住所的時候，這些都不是。我記得在很多年前，我們全家擠在一間很小的住宅裡，為了糊口，我們拚命工作，根本分不清白天還是黑夜。你還記得嗎？我最多每天只睡 4 個小時。直到現在，我都不明白當時為什麼不知道什麼叫累，又怎麼會覺得生活是那麼美好。我想大概是因為我們那時是在為生存而奮鬥，為保護和養活我們所愛的人而拚搏吧。」

第三章　感恩的心

「在奮鬥中求成功這方面，我認為最有意義的，不是那些獲得成就的偉大時刻，而是那些小小的勝利，或是那些遇到挫折、僵局甚至失敗的時刻。試想，假如人人都輕而易舉的成功了，那麼我們就不是人生的參與者，而是生活的旁觀者了。要記住，重要的是追求，而不是到達。」

他在信的末尾向我提出了這樣一個要求：「孩子，下次我生日時，你只須告訴我在醒來時就要努力開始一天的追求，因為我能做事的時間又少了一年——而等待著我去做的事還有千千萬萬。」

讀完信，我想起美國小說家史考特‧費茲傑羅有一次寫信給上大學的女兒，祝賀她解決了學習中的重大疑難，接著又告誡她不滿足現狀，說我們每天都要證明自己生存得有價值。記得他引述了英國女詩人羅塞蒂的一句話：「這條路是否都是蜿蜒曲折的上坡的路呢？對，一直到盡頭都是。」

而今，父親仍在自己選擇的路上邁進，儘管它凹凸不平，儘管它永無止境⋯⋯

從父親的言行中，我感悟到了生活的真正意義。

> 瞬間的感悟：堅持自己的選擇，不要輕易放棄。

一粒豆粒

我認識一位視一顆豆粒為自己生存意義的夫人。

她大兒子上小學三年級，二兒子上小學一年級的時候，悲劇降臨她家。丈夫因交通事故身亡。這是一次非常微妙的交通事故，丈夫不僅自己身亡，而且最後還被法庭判成了加害者。為此，他的妻子只得賣掉土地和房子來賠償。

　　母親和兩個孩子離鄉背井，輾轉各地，好不容易得到某一家人的同情，把一個倉庫的一角租借給他們母子三人居住。

　　只有三張榻榻米大小的空間裡，她鋪上一張席子，拉進一個沒有燈罩的燈泡，一個炭爐，一個吃飯兼孩子學習兩用的小木箱，還有幾床破被褥和一些舊衣服，這是他們的全部家當。為了維持生活，媽媽每天早晨 6 點離開家，先去附近的大樓做清掃工作，中午去學校幫助學生發食品，晚上到餐廳洗碟子。結束一天的工作回到家裡已是深夜十一二點鐘了。於是，家務的擔子全都落在了大兒子身上。

　　為了一家人能活下去，母親披星戴月，從沒睡過一個安穩覺，生活還是那麼清苦。他們就這樣生活著，半年、8 個月、10 個月……做母親的哪能忍心讓孩子這樣苦熬下去呢？她想到了死，想和兩個孩子一起離開人間，到丈夫所在的地方去。

　　在一天，母親泡了一鍋豆子，早晨出門時，留下一張紙條給大兒子：「鍋裡泡著豆子，把它煮一下，晚上當菜吃，豆子爛了時稍放點醬油。」

　　這天，母親工作了一天，累得疲憊不堪，實在失去了活下去的勇氣。她偷偷買了一包安眠藥帶回家，打算當天晚上和孩子們一塊死去。她打開房門，見兩個兒子已經鑽進席子上的破被褥裡，並排入睡了。忽然，母親發現當哥哥的枕邊放著一張紙條，便有氣無力的拿了起來。上面這樣寫道：

　　「媽媽，我照您條子上寫的那樣，認真的煮了豆子，豆子爛時放進了醬油。不過，晚上盛出來給弟弟當菜吃時，弟弟說：太鹹了，不能吃。弟弟只吃了點冷水泡飯就睡覺了。媽媽，實在對不起。不過，請媽媽相信我，我的確是認真煮豆的。媽媽，求求妳，嘗一粒我煮的豆子吧。媽媽，明天早晨不管您起得多早，都要在您臨走前叫醒我，再教我一次煮豆子的方法。媽

媽，今天晚上也一定很累吧，我心裡明白，媽媽是在為我們操勞。媽媽，謝謝您。不過請媽媽一定保重身體。我們先睡了。媽媽，晚安！」

淚水從母親的眼裡奪眶而出。「孩子年紀這麼小，都在頑強的伴著我生活……」母親坐在孩子們的枕邊，伴著眼淚一粒一粒的品嘗著孩子煮的鹹豆子。一種必須堅強的活下去的信念從母親的心裡生成出來。摸摸裝豆子的布口袋，裡面正巧剩下倒豆子時殘留的一粒豆子。母親把它撿出來，包進大兒子寫給她的信裡，她決定把它當作護身符帶在身上。十幾年的歲月流逝而去，兄弟倆長大成人。他們性格開朗，為人正直，雙雙畢業於媽媽所憧憬和期望於他們的一流大學，並找到了滿意的工作。

直到如今，那一粒豆子和信，仍時刻不離的帶在這位母親身上。

> 瞬間的感悟：生命有時候需要相互取暖，勇氣是戰勝困苦的希望所在。

把祕密公開

我那時大約二十五歲，在巴黎研究與寫作。許多人都稱讚我發表過的文章，有些我自己也喜歡。但是，我心裡深深感到我還能寫得更好，雖然我不能斷定那癥結的所在。

於是，一個偉大的人給了我一個偉大的啟示。那件彷彿微乎其微的事，竟成為我一生的關鍵。

有一晚，在比利時名作家魏爾哈倫家裡，一位年長的畫家慨嘆著雕塑美術的衰落。我年輕而好饒舌，熱烈的反對他的意見。「就在這城裡，」我說，「不是住著一個與米開朗基羅媲美的雕刻家嗎？羅丹的《沉思者》、《巴爾札克》，不是和他用以雕塑他們的大理石一樣永垂不朽嗎？」

他聽我說完，就要我明天一塊去。

我充滿了喜悅，但第二天魏爾哈倫把我帶到雕刻家那裡的時候，我一句話也說不出。在老朋友暢談之際，我覺得我似乎是一個多餘的不速之客。

但是，最偉大的人是最親切的。我們告別時，羅丹轉向著我。「我想你也許願意看看我的雕刻，」他說，「我恐怕這裡簡直什麼也沒有。可是禮拜天，你到麥東來和我一塊吃飯吧。」

在羅丹樸素的別墅裡，我們在一張小桌前坐下吃便飯。不久，他溫和的眼睛發出的激勵的凝視，他本身的淳樸，寬釋了我的不安。

在他的工作室，有著大窗戶的簡樸的屋子，有完成的雕像，許許多多小塑樣 —— 一隻胳膊，一隻手，有的只是一隻手指或者指節；他已動工而擱下的雕像，堆著草圖的桌子，一生不斷的追求與勞作的地方。

羅丹罩上了粗布工作衫，因而好像就變成了一個工人。他在一個架子前停著。

「這是我的近作，」他說，他揭開溼布，現出一座女性正身像，以黏土美好的塑成的。「這已完工了，我想。」

他退後一步，仔細看著，這身材魁梧、闊肩、白鬍的老人。

但是在審視片刻之後，他低語著，「就是這肩上線條還是太粗。對不起……」

他拿起刮刀、木刀片輕輕滑過軟軟的黏土，給肌肉一種更柔美的光澤。他健壯的手動起來了，他的眼睛閃耀著。「還有那裡……還有那裡……」他又修改了一下，他走回去。他把架子轉過來，含糊的吐著奇異的喉音。時而，他的眼睛高興得發亮；時而，他的雙肩苦惱的蹙著。他捏好小塊的黏土，黏在塑像身上，刮開一些。

這樣過了很久他一直沒有說話，默默的工作。

最後，帶著舒嘆，他扔下刮刀，一個男子把披肩披到他情人肩上那種溫存關懷般的把溼布蒙著女性正身像。於是，他又轉身要走，那身材魁梧的老人。

在他快走到門口之前，他看見了我。他凝視著，就在那時他才記起，他顯然對他的失禮而驚惶。「對不起，先生，我完全把你忘記了，可是你知道……」我握著他的手，感謝的緊握著。也許他已領悟我所感受到的，因為在我們走出屋子時他微笑了，用手攬著我的肩頭。

在麥東那天下午，我學得的比在學校所有的時間都多。從此，我知道凡人類的工作必須怎樣做，假如那是好而又值得的。

再沒有什麼像親見一個人全然忘記時間、地方與世界那樣使我感動。那時，我醒悟到一切藝術與偉業的奧妙 —— 專心，完成或大或小的事情的全力集中，把易於鬆弛的意志貫注在一件事情上的本領。

於是，我察覺我至今在我自己的工作上所缺少的是什麼 —— 那能使人除了追求完整的意志而外把一切都忘掉的熱忱，一個人一定要能夠把他自己完全沉浸在他的工作裡。

> 瞬間的感悟：把你自己沉浸到工作當中吧，你會發現其中的樂趣所在的。

永恆的記憶

托尼・尤克臉漲得通紅，覺得渾身不自在。為什麼老師總是盯著他？她的嘴唇還似乎不滿意的蠕動著。

托尼才 10 歲，非常崇拜他的老師漢森太太，一個臉上總是掛著寧靜微

笑的身材修長的婦女。有一次當著全班同學的面，她撫摸著他的頭，告訴他，他知道這個問題的答案，只須稍微想一想。托尼絞盡腦汁，終於想出了結果。從那時起，取悅她成了他生活中重要的事。現在，出了什麼事？他什麼地方做錯了？

放學後，托尼心事重重的在街上溜達著。他在一家商店的櫥窗前停下來，打量著自己：帶補丁的衣服，露腳趾的網球鞋。這不是他的錯，這是1932年冬天，整個美國都處於大蕭條之中。

托尼的父親生於烏克蘭，原本在一家鋼鐵廠工作，由於大蕭條而被暫時解僱了。托尼的母親替人家糊壁紙，1個房間1美元，這成了6口之家的主要經濟來源。

第二天中午，托尼正準備回家吃午飯，漢森太太突然出現在他身邊。「跟我來，托尼，」她命令道。托尼的心一沉，心想可能是要叫我去校長辦公室。

漢森太太走進了一家舊貨店，托尼跟了進去，命令坐下。

「你能找一雙適合這個男孩穿的舊鞋嗎？」她問。店員讓托尼脫下他那雙網球鞋，量了量他的腳，然後很抱歉的說他們沒有合適的鞋。「那就要一雙黑色的長統襪。」漢森太太說著把手伸進了錢包。托尼憂鬱的低下頭，看了看伸在鞋外的腳趾。走出舊貨店，托尼本想回學校，可是漢森太太一句話也不說就朝另一個方向走去，托尼不得不跟在後面。他們進了一家百貨店。這次店員拿出了一雙嶄新的黑色高筒皮鞋，漢森太太笑著點點頭。托尼瞥了一眼付款 —— 那是一筆他從未看到過的大數目。他們拿著鞋盒子進了一家飲食店，漢森太太替自己要了一塊三明治，替托尼買了一碗湯。

我永遠不會忘記這一切，托尼對自己說。回到學校，他坐在衣帽室的地板上，換上了他的新襪子和新鞋子。

第三章　感恩的心

　　不久，學校被迫關閉了。學生和教師們各奔他鄉。托尼還沒找到合適的機會向他的老師表示謝意，他敬愛的老師就離開了學校。

　　後來，托尼以優異的成績高中畢業，在關島的海軍陸戰隊服役，獲得紫心勳章。再以後，他成了一名工程師，先在北太平洋鐵路公司工作，隨後去了柏林村北方公司。他結了婚，有 4 個孩子。他還建立了一個義務捐血組織，並連續 26 年在學校和醫院裡義務演出。

　　1970 年，托尼患大面積心絞痛。躺在病床上，他又想起了他的老師。他想知道他的老師是否還活著，住在哪裡。他知道他還有一樁心事沒辦完。

　　1984 年 8 月，托尼‧尤克，已經 62 歲了，並且是 3 個孩子的祖父，向明尼波里教師退休基金會寫了封信。幾天後，漢森太太的女兒給他回了電話。她說，她就住在附近，她的母親早在 15 年前就退休了，現移居南加州。

　　「Hello」，他立刻聽出了他老師的聲音。

　　「漢森太太，我是托尼，托尼‧尤克。」他覺得他聲音顫抖，簡直說不出話來。

　　當他解釋完他打這個電話的原因之後，漢森太太說：「托尼，很抱歉，我記不得你了。我接觸過的貧困的孩子太多了。」

　　「沒關係，」他安慰她。他告訴她，說他準備飛往加州去與她共進晚餐。

　　「噢，托尼，那開銷太大了。」漢森太太說。

　　「我不在乎。我想這麼做。」托尼說。

　　9 月 28 日，托尼飛往聖地牙哥。在那裡他租了輛小車，買了一束玫瑰花，沿著海岸線行進，最終找到了漢森太太的家。84 歲的漢森太太穿著盛裝在門口迎接了他。她的白髮剛剛燙過，眼睛裡閃著明亮的光彩。托尼奔過去扶著她的雙臂，輕輕的吻了她。「噢，托尼」，漢森太太興奮的說，「玫瑰是

我最喜歡的花。」

托尼帶著漢森夫婦到了鄉村俱樂部，在那裡他們追憶著 50 年前的往事。托尼講述了怎樣收集血液和在學校和醫院裡為孩子們演出。「當我做這一切的時候，」托尼說，「我常常想起妳和妳買的鞋子。看，是妳決定了我的一生。」

幾個星期後，托尼收到了漢森太太寄來的一張精美的明信片，上面有她的手書：

「在我的一生中，我收到過很多從前的學生寄來的賀詞和感謝信。但這次與你相聚是我一生中最輝煌的時刻。」

瞬間的感悟：付出愛，得到愛。

特殊的禮物：愛心

為人挑選一份稱心如意的禮物不一定是件難事。當你掌握了其中的學問，送禮將成為樂趣。

「芭芭拉，」我丈夫比爾對我說：「妳的聖誕禮物在冰箱裡。」我帶著迷惑走向冰箱，打開一看，不禁笑了起來：冰箱裡放著一個像節日禮品一樣包裝好的容量為 3 加侖的冰淇淋盒。在我們家，我愛吃冰淇淋是出了名的。

接著我打開包裝，笑得就更厲害了。原來冰淇淋盒裡沒有冰淇淋，而是裝的 4 個大大的、手工製作的木頭數字，這些數字是為我們的家門準備的。因為早在幾個月前，比爾就聽我說過想有個醒目的門牌號碼。我甚為感動，也很喜歡他給我送來的雙份驚喜。

比爾的這份禮物使我想起了在一家百貨商店裡偶然聽到的一個對話，一

第三章　感恩的心

位婦女正將丈夫送給她的首飾退還給他，她開玩笑的對丈夫說：「難道你不認為，在一起生活了 20 年之後，喬治應該知道我從不戴金銀珠寶嗎？」她雖然是開玩笑，但從中可以看出妻子受到了一絲傷害。

我不禁比較起這兩種不同的送禮方式，喬治很可能花了好幾百塊錢為妻子買珠寶，但妻子卻不喜歡。而比爾也許只用了 20 塊錢，但他的禮物是精心構思的，而且正合我的心意。這正是送禮的意義所在。一位作家在西元 1873 年寫道：「禮物的好壞在於它是否合宜，而不在它的貴賤。」

想為朋友送上完美的禮物，可使你感到送禮的樂趣。

確保禮物對接受者有特殊意義。1950 年代初，比爾‧伯克哈特在美國密蘇里大學足球隊踢球。25 年後，他兒子馬克加入了它的競爭對手堪薩斯州立大學隊。在一次過耶誕節時，馬克將自己抽空製作的針繡花邊的密蘇里大學隊隊徽作為聖誕禮物送給了父親，想想這會為父親帶來怎樣的驚喜吧！

當你考慮贈送什麼樣的禮物時，首先問問自己：什麼對對方來說最為重要。在這一點上承認並接受對方，這本身就可以說是一份禮物。羅西塔‧佩雷斯夫婦結婚 18 年的紀念日，她丈夫雷送給她一個 4 英尺高、5 英尺寬的玩具屋。雷聽羅西塔常說起她小時候一直想有個玩具小屋，但從未有人送過。羅西塔說：「雷看到我身上童心未減，送了我最滿意的禮物。」

送人所需卻出人意料。一次我在醫院裡動了小手術，回家後我發現我們的餐桌中央擺著一個新換的裝飾品，這是我的兩個兒子歡迎我歸來的禮物。看到這面貌一新的裝飾品，我才意識到原先的那個是多麼的陳舊不堪。原來，這樣的禮物正是我所需要的，也是我想得到的。

要使自己的禮物令人滿意，就得在平時多留心對方的日常閒談。我母親有個筆記本，上面記著家庭成員之間日常交談時提到的一些想得到的禮物。

所以在我們家，最常聽到的歡呼是：「噢！媽！您怎麼會知道這正是我想要的禮物呢？」

有時，你也許比對方本人更了解他的真正需求。羅恩開心的談起父親在他高中畢業時送他的禮物。「一本公開演說教程！」他說：「你能想像出我當時是多麼的不滿足嗎？我想要一輛汽車！」但羅恩現在堅信，正是這本教程給了他成為一名專業演說家所需的技巧。

付出你的時間和智慧。我的朋友黛恩‧沃格爾收到了一件極不尋常的生日禮物，禮物是女兒瓊送的。瓊是她丈夫與前妻所生的孩子。黛恩與她父親結婚時，瓊才 14 歲。她們的關係曾一度緊張，後來漸漸融洽，變得親近起來。瓊 20 歲時，她給媽媽的生日送上一冊合格證書。合格證書證明她能把購買食品雜貨、洗滌熨燙、為床上的病人做早餐之類的家務事做得很好。黛恩解釋道：「這就是她所能夠為我做的事 —— 建立我們之間真正的母女感情。」

一件包含你付出的努力、閃爍你愛心的禮物會使人產生感激之情，其效果即使最昂貴的珠寶也無法比擬。莎拉在母親 65 歲生日時取出一盒母親的零散照片，然後分類整理，並把它們一一貼進一本相冊。她將這本相冊作為禮物獻給了母親。

送得及時。我們知道，年輕的孩子們過生日時，希望人們記得給他們送點禮物。但我們也許意識不到記住祖父的生日是多麼重要。即使你忙得無法脫身，但在一家你喜愛的餐廳安排一桌特別的宴席，或訂一件別致的禮物送上，只須打個電話就能解決，這點時間總該能擠出。

送禮並非要等特殊日子。

自發送禮，關鍵要看到日常生活中可送什麼。也許只是給配偶帶上一份對方喜愛的食品，或是讓一張冰淇淋券發揮作用。一天一位同事在我的辦公

桌上放了張冰淇淋券，記得我當時心情為之一振。

自發的送上一份給予人理解和鼓舞的禮物，總會令人感激不已。珍妮是一位家庭主婦，她開始認真的學起繪畫。不久，她應邀在當地的藝術展覽中展出其作品。珍妮回憶道：「當我的一幅畫被買下時，我非常興奮，興奮之餘心中也感到困惑，因為我沒能查出買主是誰，兩個月後，我經過丈夫的辦公室，看見那幅畫掛在他辦公桌的上方。為了給我鼓勵，他不留姓名的買下了它。」雖然珍妮的畫現在好賣了，但她永遠忘不了在她剛剛起步時，丈夫送給她的這份「默默的忠誠」。

我印象最深的是我自己的一件事。那是夏季的一個假日，我和丈夫比爾逛進一家商店，比爾看中了一條飾有純銀製鷹圖案的帶扣。他想買下，但看到價格標籤後又放下了。後來我來到這家商店，又看到這種帶扣。儘管它確實很昂貴，但我知道比爾喜歡，就毫不猶豫的買下了。比爾收到禮物時十分高興，更令他高興的是我送他這件禮物並不是因為某個特殊的日子 —— 只是出於愛。

> 瞬間的感悟：用心送出一份份珍貴的禮物，來表達你的愛意，你的禮物會是會讓他們感到驚喜的。

偉大的母愛

小強 7 歲的時候死去了母親，10 歲時，繼母走進他家的門，成了他的後母。

鄉親們說：「後母的心是六月的太陽 —— 毒透了。」他們的眼睛似乎告訴小強，更悲慘的生活還在後面，其實，即使鄉親們不說，書籍電影中關於

「繼母」的故事已經太多太多，在母親走進家門的一刹那，小強就把敵意的目光送給了她。

小強的父親在鄉下小學做代課老師，日子過得吃緊，母親來了以後又種了兩畝地。生活漸漸好轉，但依然會為吃穿的事情發愁。一間茅草屋，兩張破床，家裡最值錢的恐怕就是那張傳了幾代的大方桌。每天，他們一家人就圍在上面吃飯。青菜飯、蘿蔔飯是那時常見又有點奢侈的生活，父親通常會問小強一些學習上的事情，而母親的話不多，坐在一張高高的大凳上，手中的碗也舉得高高的，吃得有滋有味。

小強則被安排在一個矮凳上，剛好搆著大方桌。他常常撥弄著碗中的飯粒而無從下嚥，心中無比的委屈：「要是媽媽在世，那大高凳可是屬於我的。可現在……更氣惱的是，我連她吃的什麼都看不見！」

小強終於尋找到了一個機會，一個讓母親知道他也不是好欺負的機會──他找到了一把舊的小鋼鋸。趁母親下田工作的時候，他搬來那張原本屬於他的高凳，選擇一條椅腿，從內側往外鋸，直鋸到剩下一層表皮。從外面看凳子完好無損。但小強知道，稍微有些重量的人坐上去準會摔跟頭。

那天中午，母親燒的是青菜飯，先端上的是小強和他父親的飯碗。小強坐在自己的位置上，埋頭吃飯，心裡有些忐忑不安，卻又希望發生些什麼。母親端著她的大碗，坐在大高凳上，手中的碗照樣舉得高高的，依然吃得有滋有味。小強的計畫落空了，她並沒有從高凳上摔下來。

小強一邊回答父親的提問，一邊偷偷把腳伸到母親的高凳旁，希望把那條斷腿給弄下來，偏偏搆不著，未能如願。聰明的小強故意把筷子掉到地上，趁拾筷子之際，腳用力一蹬，「喀嚓」一下，全神吃飯的母親根本不會想到凳腿會斷，「哎喲」一聲被重重摔在地上。碗沒碎，母親摔下來的時候盡力

保護著它，但碗裡的青菜灑滿一地，母親的衣服、脖子裡都沾上了 —— 母親的碗裡全是青黃的菜，僅是菜葉上沾些米粒！平時被小強認為是難以下嚥的米粒，在那一時刻、在青青菜葉上，卻顯得那麼的生動，又是那麼的珍貴！

小強終於明白，母親坐得那麼高，碗端得那麼高，是害怕他看見她碗裡枯黃的青菜，她把米飯留給了他和他父親！

也就在那天，就在母親從地上爬起來的時候，就在父親舉起手來準備打小強屁股的時候，無比羞愧的他撲在了母親懷裡，喊出了他的第一聲、發自內心最深處的呼喚：「媽媽……」

> 瞬間的感悟：母親的愛是偉大的……

上帝的獎賞

1963 年，一位叫莉娜的女孩寫信給《芝加哥論壇報》，因為她實在搞不明白，為什麼她幫媽媽把烤好的甜餅送到餐桌上，得到的只是一句「好孩子」的誇獎；而那個什麼都不做，只知搗蛋的弟弟傑斯得到的卻是一個甜餅。她想問一問無所不知的菲力浦先生，上帝真的是公平的嗎？為什麼她在家和學校常看到一些像她這樣的好孩子被上帝遺忘了。菲力浦是《芝加哥論壇報》兒童版「你說我說」欄目的主持人，十多年來，孩子們有關「上帝為什麼不獎賞好人，為什麼不懲罰壞人」之類的來信，他收到不下千封。每當拆閱這樣的信件，他心裡就非常沉重，因為他不知該怎樣回答這些提問。

正當他對莉娜小女孩的來信不知如何回答是好時，一位朋友邀請他參加婚禮。也許他一生都該感謝這次婚禮，因為就是在這次婚禮上，他找到了答案，並且這個答案讓他一夜之間名揚天下。

這場婚禮給菲力浦印象最深的一幕是：

牧師主持完儀式後，新娘和新郎互贈戒指，也許是他們正沉浸在幸福之中，也許是兩人過於激動，總之，在他們互贈戒指時，兩人陰差陽錯的把戒指戴在了對方的右手上。牧師看到這一情節，幽默的提醒：「右手已經夠完美的了，我想你們最好還是用它來裝扮左手吧。」

正是牧師的這一幽默，讓菲力浦茅塞頓開。右手本身已經非常完美了，沒有必要再把飾物戴在右手上了。同樣，那些有道德的人，之所以常常被忽略，不就是因為他們已經非常完美了嗎？後來，菲力浦得出結論，上帝讓右手成為右手，就是對右手最高的獎賞，同理，上帝讓善人成為善人，也就是對善人的最高獎賞。

菲力浦發現這一真理後，興奮不已，他以「上帝讓你成為好孩子，就是對你的最高獎賞」為題，立即向莉娜回了一封信，這封信在《芝加哥論壇報》刊登之後，在不長的時間內，被美國及歐洲一千多家報刊轉載，並且每年的兒童節他們都要重新刊載一次。

> 瞬間的感悟：當你成為自己的時候，你就獲得了一份特殊的獎賞。

宏偉志願的領導者

美國西部的一個鄉村，有一位少年。每當閒暇的時間，他總要拿出祖父在他 8 歲那年送他的生日禮物 —— 一幅已被摩挲得捲邊的世界地圖，他年輕的目光一遍遍瀏覽著地圖上標注的城市，飄逸的思緒亦隨之縱橫馳騁渴望抵達的翅膀在幻想的風景中自由翱翔……

15 歲那年，這位少年寫下了他氣勢不凡的計畫 ——《一生的志願》：

第三章　感恩的心

「要到尼羅河、亞馬遜河和剛果河探險；要登上聖母峰、吉力馬札羅山和麥金利峰；駕馭大象、駱駝、鴕鳥和野馬；探訪馬可波羅和亞歷山大一世走過的道路；主演一部《人猿泰山》那樣的電影；駕駛飛行器起飛降落；讀完莎士比亞、柏拉圖和亞里斯多德的著作；譜一部樂曲；寫一本書；擁有一項發明專利；替非洲的孩子籌集 100 萬美元捐款……」

這不是豪言壯語，也不是一腔空想。

他洋洋灑灑的一口氣列舉了 127 項人生的宏偉志願，不要說實現它們，就是看一看，就足夠讓人望而生畏了。難怪許多人看過他設定的這些遠大目標後，都一笑置之。所有人都認為：那不過是一個孩子天真的夢想而已，隨著時光的流逝，很快就會煙消雲散。

然而，少年的心卻被他那龐大的《一生的志願》鼓蕩得風帆勁起，他的腦海裡一次次的浮現出自己漂流在尼羅河上的情景，夢中一次次閃現出他登上吉力馬札羅山頂峰的豪邁，甚至在放牧歸來的路上，他也會沉浸在與那些著名人物交流的遐想之中……沒錯，他的全部心思都被自己《一生的志願》緊緊的牽引著，並讓他從此開始了將夢想轉變為現實的漫漫征程。

毫無疑問，那是一場壯麗的人生跋涉，也是一場異常艱難、簡直無法想像的生命之旅。他一路豪情壯志，一路風霜雪雨，硬是把一個個近乎空想的夙願變成了一個個活生生的現實，他也所以一次次的品味到了成功的喜悅。44 年後，他終於實現了《一生的志願》中的 106 個願望。

他就是上個世紀著名的探險家。

當有人問他，是憑藉著怎樣的力量，把那麼多的艱辛都踩在了腳下！把那麼多的險境都變成了攀登的基石？他微笑著回答：「我總是讓心靈先到這那個地方，隨後，全身就有了一股神奇的力量；接下來，就只需要沿著心靈的

召喚前進。」

> 瞬間的感悟：理想引導我們前進的路，心靈和幸運之神會召喚我們向著理想前行。

人生如旅行

人生如旅行。因為只有旅行的感覺才會時時觸動我們的感情。

在旅行中，我們暫時脫離了平常的事務，而進入了純粹靜觀的狀態。由此，我們才能對習以為常的、在已知事物的軌道中的人生，保持了新鮮的感覺。

旅行使我們咀嚼人生，並把它看作是人生的縮影。旅行中的距離感、時間感和運動感，其實與客觀的遠近、運動並無關係。因為在旅行時，我們只是在觀照自己；即使在大自然中旅行，我們也總是碰到自身、自己。

旅行多少是有些風險的，而即使要擔些風險，人們在旅行時仍然是反覆無常、易於衝動的。旅行時的漂泊感就存在於這種衝動的情緒之中。但反覆無常絕不是真正的自由。在旅行中，憑著衝動的情緒而行事的人，不可能真正的體驗旅行的快樂。旅行使我們的好奇心活躍起來，然而好奇的心理絕不同於真正的研究欲望和求知欲望。好奇心是反覆無常的，不願停留在一個地方認真觀察，而是不斷的轉移。不停止在任何一個地方，不深入到任何一件事物之中，又怎麼可能真正的了解一件事物呢？好奇心的根就是飄忽不定的漂泊感。此外，旅行使人傷感。但假若在旅行時只一味的陷入傷感的情緒中，就不會有任何深刻的見解和獨特的感受。真正的自由是相對來說的自由。這不單單是運動，而是既運動又靜止，既靜止又運動。這就是動即靜，

靜即動的道理。

「人生處處有青山」——這句話似有傷感之嫌，但是，只有真正領悟這句話的意義的人，才可能真正的體味旅行；能夠真正體味旅行的人，才是真正自由的人。旅行使賢者更賢，愚者更愚。平時交際的人是什麼樣的人，只要在一起旅行一次就一清二楚了。人們進行著各自不同的、形形色色的旅行，在旅行中真正自由的人，就是在人生中真正自由的人。

> 瞬間的感悟：人生實際上就是一場旅行，讓你的旅行變得精彩起來吧。

自然之美

一個常在夜晚悠然漫步者的人寫道：「靜坐在小山頂上，似乎在期待著什麼。望著夜空，有時會想到也許天會掉下來，我能抓到什麼東西。」夜晚，當我漫步在童年時的小山村時，也會產生此種怪異的念頭。

城市的夜晚是快樂的。但危險和暴力卻時有發生。陽光被那些令人眼花繚亂的燈光所取代。

影劇院門前的霓虹燈色彩繽紛。城市的歡娛達到狂熱的程度。但與此同時，戲劇、芭蕾舞仍給人帶來美的享受。也有一些人圍著餐桌既享用著美味佳餚，又愉快的交談著。

夜是那樣的靜，一切都按自然規律，大部分人都進入夢鄉，動物也不例外。

夜晚使人的自衛能力降低了。獨處黑暗中，會覺得分外的孤獨。人們從一開始對黑暗就會產生莫名的恐懼。記得孩提時由於居住擁擠，我睡在父親的書房裡，晚上藉著窗外射進的月光，父親掛在門外的黑色傳教服變成了怪

物。桌上的字典也似如妖怪。即使現已長大成人，昔日所聽的那些鬼怪、邪惡還會困擾你。白天繁忙的瑣事會驅散一切，當夜幕降臨時，你會覺得孤立無援，一籌莫展。

人畢竟要睡覺，無論你怎樣設法控制不睡，但最終眼皮還是會不由自主的閉上。這是任何人難以抵禦的。

人一旦睡覺就會做夢，人們幾乎一直想探索出睡眠的奧祕。人為什麼會做夢，夢意味著什麼？

正如一位哲學家所說：「夢是心靈的思想。」

夢有時會激起我們的某種創造力。幾個月前我從沉睡中醒來，我的心被夢境中與一群素不相識的人的旅行所激動。我便立刻動筆，一篇文章的構思躍然紙上。

對於那些夜裡醒來的人來說，夜裡 3 點鐘是最惱人的時刻。大地上的一切光亮幾乎全部消失。不再有人影的晃動。這是最令人恐怖的時候，恐懼和孤獨會使人從心底強烈的渴望溫暖與友愛。

當人們安然度過這最黑暗的時刻，又將進入那黎明前，這是人們酣睡之時，人們不再像夜裡那樣翻身轉動，而是甜甜的睡著，身心是最輕鬆和放鬆之時。對於那些慣於早起的人來說，這是無比快樂的時刻。此時人們確信，地球如一艘巨船在宇宙間航行，而我們就是這艘船上的乘客。

天亮了，一切如昨，太陽從東方升起。

我把頭探出窗外，只有一隻鳥在樹上單調的叫著。世界是那樣的安靜，就像風平浪靜時的池塘。雖然街燈依然亮著，但天已破曉，偶爾有一輛汽車駛過。

太陽終於穿破黑暗而漸漸升起，萬物都沐浴在金色的陽光中。楓樹枝在

陽光的照耀下似一團團的火。瑰麗的雲霞飄動在淡藍色的天空，有的像盛開的鮮花，在天空中輕柔浮動，有的與陽光交映，如同從篝火中飄起的碎片。

　　新的一天開始了，這將是怎樣的一天呢？我為這新的一天而感到歡欣。夜晚的神奇消失了。

> 瞬間的感悟：每一天都是一個幸福快樂的日子。

在海灘上

　　不久之前，我經歷了一段人生的低潮期。大多數人偶爾都會有這樣的經驗，當生活中的一切變得乏味又沉悶的時候，突然間，我們的心情會激烈的往下沉，變得死氣沉沉，熱情盡失。這種情緒低潮在我工作上所造成的影響是很可怕的。每天早晨我都要咬緊牙關對自己說：「今天，我的生活一定會恢復正常。你一定要設法擺脫現在的情緒低潮，你一定要擺脫。」

　　第二天早上，我開車到海邊去。那種感覺有點寂寞，西北風怒吼著，灰暗的海面波濤洶湧。我坐在車子裡，心想著要怎麼度過這空虛的一天。

　　到了海岸邊，我走下車。忽然一陣大風吹來，車門「嘭」的一聲被風吹得關了起來，嚇了我一跳。我問自己：難道它要我仔細聽的就是這些聲音嗎？

　　我爬上一座小沙丘，望著那一片荒涼的海灘。站在這裡，只聽得到極大無比的浪濤聲，其他的聲音都聽不到了。然而，我突然想到，浪濤聲底下一定還隱藏著別的聲音：沙子隨著海水流動的聲音、沙丘上的小草被風吹動的聲音。假若我們靠近一點就可以聽得到了。

　　我忽然產生一種衝動，一種感覺上很荒謬的衝動，我趴到地上，把頭貼在一團海藻上。這個時候，我發現：假若你用心去聆聽，一剎那，你會感覺

到整個世界彷彿靜止了，彷彿在等待什麼。在那靜止的一刹那，所有紛擾的思緒都停止了，心也平靜下來。

我回到車上，靜靜的坐著，仔細聆聽。當我又一次聽著大海低沉的咆哮聲，忽然想起狂風暴雨的情景。那個時候，我忽然明白，大自然是多麼的浩瀚，而自己又是多麼的渺小。想到這裡，我忽然覺得心情輕鬆起來。

儘管如此，那個早上還是過得很慢，我一向習慣讓自己永無止境的忙碌，一旦閒下來，我反而會有一種強烈的失落感。

到了中午，天空裡的雲已經被風掃得一乾二淨。海面上閃閃發光，看起來令人心曠神怡。我打開第二張處方箋，坐在那裡，我心裡覺得又好氣又好笑。這一次，上面寫著四個字「努力回想」。

回想什麼？當然是回想過去。可是，假若我擔心的是現在和未來，我為什麼要回想過去？

我離開車子，沿著沙丘慢慢走，陷入沉思。我到海灘來，是來做什麼的？是因為這裡充滿了許多美好愉快的回憶嗎？也許這就是我應該回想的，那些被自己遺忘了很久的快樂回憶。

我在腦海中搜尋那些漸漸模糊的印象，就像一個畫家一樣，把那些模糊的印象重新塗上美麗的色彩，重新畫上輪廓。我會選擇一些難忘的小事情，盡可能去捕捉每一個細節。我會在腦海中描繪出某些人完整的形象，具體描繪出他們當時穿什麼樣的衣服，做什麼樣的動作。我會仔細回想他們當時說話的聲音，他們的笑容。

這個時候，潮水漸漸退了，可是，浪濤聲依然震耳欲聾。我決定回想一件二十年前發生的事，那是我最後一次和我的弟弟到海灘上釣魚。雖然他在第二次世界大戰的時候陣亡了，可是，每當我感到很疲倦時，一閉上眼睛，

第三章　感恩的心

他的影像就會栩栩如生的浮現在我腦海中，我甚至可以看到他眼中那種幽默而熱情的光芒。

事實上，昔日所有的影像都歷歷在目：我們從前一起去釣魚的海灘，像新月一樣的彎曲，如象牙一樣的白淨，夕陽餘暉染紅了西方的天空，滾滾的巨浪衝向岸邊，莊嚴而又和緩。我彷彿感覺到沖上岸的海水回流到海中時，衝擊膝蓋的那種溫暖。我彷彿看到弟弟釣到魚的時候，拉起釣竿，在空中劃出一道弧線，彷彿聽到他勝利的吶喊。我把昨日的記憶一片片的拼湊起來，即使經過了許多年，它們依然如此清晰，從來不曾改變。接著，這些影像又消失了。

我慢慢的坐起來，努力回想。快樂的人通常都是那些充滿自信的人。那個時候，假若你努力去回想那些快樂的時光，也許快樂會釋放出力量的光芒，即使那種力量只有一點點。

這一天的第二段時間過得更快了。當太陽開始往西邊滑落，我迫切的在過去的記憶裡搜尋，搜尋往日的點點滴滴，搜尋那些被我徹底遺忘的人。我想起過往歲月裡的許多事情，一種溫暖的感覺席捲而來，我終於明白，過去的美好並沒有徹底遺忘。

下午三點的時候，潮水已經完全退了，海浪的聲音越來越微弱，像巨人的呼吸。我站在沙丘上，感到很輕鬆而且心滿意足，還有一點點得意。我心裡想，人在苦悶時到海灘來還真有效。

就這樣我靜靜坐在那裡，坐了很久。退潮的時候，我聽到遠處岸邊細微的浪濤聲，漸漸變成一種空洞的低吼。落日餘暉染紅了整個海平面。我在海灘上的一天已經接近尾聲。

仔細聆聽：撫慰狂亂的心靈，讓心靈緩和下來，暫時忘掉內心的困擾，

先看看外面的世界。

努力回想：由於人類的心靈一次只能想一件事情，當你想著昨日的快樂時，眼前的憂慮就會消失無蹤。

於是我還沒有做好心理準備就打開第三張處方箋。這一次，處方箋上面的指示就沒有那麼輕鬆了。那句話的口氣聽起來有點像命令：「反省你的動機。」

讀完這個句子，我的第一個反應是自我防衛。我對自己說，我的動機沒有什麼問題。我想要做一個成功的人，誰不想呢？我希望得到很多人的認同，每個人不都是這麼希望嗎？我想要得到更多的安全感，這有什麼不對呢？

這個時候，我聽到自己內心有個小小的聲音在說：也許，這些動機還不夠好。也許這些動機就是造成我情緒低落的原因。

我抓起一把沙子讓它們從指縫間慢慢流下去。過去，每當我工作進行得很順利的時候，事情總是自然而然就成功了，不需要刻意去經營。最近，不管我做什麼事情，都要耗費很多心思跟別人競爭，結果還是失敗，為什麼呢？因為我的得失心越來越重，對工作的成果期望太高。工作本身的樂趣已經消失了，它已經成為一種純粹賺錢的手段。那種付出的感覺、幫助別人的感覺和奉獻的感覺，已經被一種追求安全感的渴望淹沒了。

這個時候，我恍然大悟。假若一開始，動機就是錯誤的，那就不可能有好結果。無論你是一個郵差、一個理髮師、一個保險業務員或是一個家庭主婦，不管你從事什麼行業都是一樣的。只要你覺得自己是在服務人群，你就會把工作做得很好。假若你滿腦子想的只有自己，你就會覺得工作是一種負擔，怎麼也做不好。這個道理就像萬有引力定律一樣，放之四海而皆準。

　　這個時候，西方的天空只剩下一抹殘紅，我慢慢走到沙灘上，走到距離海水只有幾公尺的地方。我停下腳步，彎下腰撿起一塊貝殼的碎片。頭上是一望無際的天空。我跪下來在沙灘上寫了幾個字，由下往上寫。然後，我走開了，頭也不回。我已經把自己的煩惱寫在沙灘上，而潮水會把它帶走。

瞬間的感悟：潮水會帶走煩惱，時光會沖刷過去。

不是所有的鮮花都是果實

　　有個年輕人，他時常輕視飽經風霜的老人。

　　一天，父子倆同遊公園。年輕人順手摘一朵鮮花，說道：「爸爸，我們年輕人就像這朵鮮花一樣，洋溢著生命的活力。你們老年人，怎麼能和年輕人相比呢？」

　　父親聽後，在經過小雜貨店的時候，順便買了一包核桃，取了一顆，托在掌心裡，說道：「孩子，你比喻得不錯。假若你是鮮花，我就是這乾皺的果實。不過，事實告訴人們：鮮花，喜歡讓生命顯露在炫目的花瓣上；而果實，卻愛把生命凝結在深藏的種子裡！」

　　年輕人還不服氣：「要是沒有鮮花，哪裡來的果實呢？」

　　父親哈哈大笑：「是啊，所有的果實，都曾經是鮮花；然而，卻不是所有的鮮花都能夠成為果實！」

瞬間的感悟：鮮花雖美麗，果實更迷人。

第四章　智慧箴言

消除怒火的方法

有一個年輕人來問哲學家培根：「有一個人用非常侮辱的話罵我是個瘋子，我該怎麼辦？」

「你可以狠狠的罵他一頓。」培根立即建議這個年輕人寫一封內容尖刻的信回敬那個不懂禮貌的傢伙。

這個年輕人立刻寫了一封措辭強烈的信，然後拿給培根看。

「罵得好！」培根高聲叫好，「要的就是這個效果，好好教訓他一下！」

但是，當年輕人把信疊好裝進信封裡時，培根卻叫住他：「你做什麼去？」

「寄出去呀。」學生說。

「不要寄了。」培根說。

「為什麼啊？」學生更是感到莫名其妙。

培根說：「這封信寫完後，你已經解了氣了，那麼就請你把它燒掉吧！」

瞬間的感悟：發怒反被怒火懲。明智者即使怒火燒心，仍能理智的加以化解。有句諺語：一旦發怒就把皮帶轉到腰後。這句話意思是，把皮帶扣轉腰後的瞬間，就是一種釋怒的過程。

漏斗人生

有個高中生不僅興趣非常廣泛，而且好勝心強。她在音樂、繪畫、運動等方面都想涉獵，非要拿第一才滿意。

可是，事與願違，她的學習成績一落千丈，其他愛好方面也不太理想。為此她十分苦惱。

媽媽知道後，並沒有批評她。

一天晚上，媽媽找來一個小漏斗和一把黃豆，放在桌子上，對她說：「孩子，今晚我們來做一個實驗。」

媽媽讓女兒雙手放在漏斗下面，然後把黃豆一顆顆丟到漏斗裡，黃豆順著漏斗全部掉到女兒的手裡。

然後，媽媽把滿滿的一把黃豆粒放到漏斗裡面，豆粒相互擠著，竟沒有黃豆掉下來。

「這是為什麼呀？」女兒不解的問。

媽媽說：「漏斗好像妳的人生。假如妳每天都能做好一件事，每天妳就會有一粒黃豆的收穫和快樂。可妳想把所有的事情都擠到一起來做，反而一粒黃豆也得不到了！」

此後，這位女生聽從了媽媽的教誨，終於實現了人生的夢想。

> 瞬間的感悟：一個人不可能一口氣吃成個胖子。事事想做，可能會一事無成。不如每天做好一件事，踏踏實實的走好人生的每一步。這樣你就可以體味到成功的樂趣。

幸福鵝卵石

一群虔誠的信徒一直在祈求快樂女神賜給他們數不盡的快樂和財富。

一個盛夏的晚上，信徒剛剛祈禱完畢準備休息，忽然大地被一道耀眼的光芒所籠罩。

「快樂女神就要出現了，期盼已久的願望就要實現了！」信徒們歡呼著。

他們滿懷希望，恭候快樂女神為他們帶來所需要的東西。

終於，神說話了：「聖徒們，你們要多撿一些鵝卵石，把它們放在你們的背囊裡。明天晚上，你們會非常快樂，但也會非常懊悔！」

說完，神就消失了。

「我們原本期盼神能夠帶來無盡的財富和快樂，可沒想到神卻吩咐我們去做這件毫無意義的事！」信徒們失望中嘆息道。

可畢竟是神的旨意，儘管有些不滿，他們還是各自撿拾了一些鵝卵石，放在他們的背囊裡。

第二天，當夜幕降臨，他們忽然發現昨天放進背囊裡的鵝卵石竟然都變成了鑽石。他們高興極了，同時也非常懊悔，為什麼沒有撿更多的鵝卵石呢？

瞬間的感悟：其實生活有太多微不足道的「鵝卵石」，當我們不需要它們時，誰也不會去珍惜，或者被我們丟棄了。而一旦明白它的價值，我們又不得不為我們的短視而懊悔不已。

人生的底線

深山裡有一位武術大師，時常和弟子們到山谷裡挑水。

每次他的兩個木桶裡的水都沒裝滿，可是到了山上，他挑的水最多。

對此，弟子深為不解，就問：「師父，這是什麼道理啊？」

大師說：「徒兒們，桶裡的水並不在於裝得多，關鍵在於裝得恰當。如果你一味貪多，卻適得其反。何苦呢？」

「那麼師父，具體挑多少呢，怎麼估算出來呀？」弟子們又問。

「你們看這個桶，我裡面劃條線。」大師說，「這是條底線，水絕對不能高於這條線，高於這條線就超過了自己的能力。」

「哦，那麼底線應該劃多高呢？」弟子們問。

大師說：「一開始還是越低越好，因為這樣容易實現目標，你也不會輕易受到挫傷，同時還可培養更大的興趣和熱情。以後，你有實力了，自然會挑得更多、挑得更穩了！」

弟子們這才猛然醒悟。

> 瞬間的感悟：其實人生的底線也是如此，凡事要盡力而為，量力而行，循序漸進，才能避免許多無謂的挫折。

獎賞的力量

一天，陶老師看見一個男生用磚頭砸破了同學的頭。

陶老師立即勸阻後，並叫那男生到自己辦公室聽候處理。

等他回到辦公室，男生已在等候。

陶老師沒有發火，掏出一塊糖遞給他說：「這是獎勵你的，因為你比我按時到了！」

接著他又掏出一塊糖給他：「這也是獎勵給你的，我不讓你打同學，你立即住手了，說明很尊重我。」

男生將信將疑的接過糖果。

「你打同學是因為他欺負女生，說明你有正義感。」說完，陶老師又掏出第三塊糖給這男生。

接到這塊糖時，這名男生哭了：「校長，我錯了，同學再不對，我也不能採取這種方式。」

陶老師又拿出第四塊糖說：「你已認錯了，再獎你一塊，我們的談話也該結束了。」

> 瞬間的感悟：有時，獎賞比責罵更有效，遇事不妨冷靜克制自己，先調整自己的心態，用耐心和愛心來征服和化解矛盾。

每一粒種子都是一粒金子

從前有個農夫，十分珍惜每一粒糧食。

夏日的一天，他外出播種。到了正午時分，熾熱的太陽像火爐一樣。

他感到十分困乏和疲倦，於是背著種子，來到一座早已廢棄的破廟裡休息。

剛一坐下，一粒種子從袋子裡漏出來，掉到了寺廟地面的磚縫裡。

農夫十分懊悔和心疼。雖只是一粒種子，可是也寶貴。種到地裡，到了秋天可就是一把糧食了。

於是，他拿來鐵鍬，開始挖掘地面上的磚塊。

天氣越來越熱，汗水浸透他的全身，但他仍在不停的挖尋著。

最後，他終於挖到了那粒種子，發現它掉在一個被埋在地下的陶罐裡。

令人更為驚奇的是：那個陶罐裝滿了金幣，足夠他享用一輩子。

> 瞬間的感悟：得到金幣源於農夫的辛勤勞作和對種子的珍惜。幸福和快樂
> 如同這罐金幣，灑落於人生的某個角落，只要你是個辛勤的耕耘者，你最
> 終會享受到成功的喜悅。

自信的音樂家

小澤征爾是日本著名的指揮家。

一次，他到國外參加音樂大賽。

決賽時他被排在最後一個出場。輪到他上場時，評委交給他一張樂譜，他全神貫注的指揮樂隊。

演奏過程中，他突然聽到樂隊中出現了一點不和諧之音。

「可能是某個樂手演奏錯了。」於是，他果斷的要求樂隊停下。

重新演奏後，他仍感覺不對勁。「難道是樂譜出現了問題？可是，在場的作曲家和評委們可都是權威人士啊！」他心裡想。

又一次演奏後，他堅信自己的判斷是正確的！

於是他大聲的說：「一定是樂譜有問題！」話音剛落，評委們全體起立，向他報以最熱烈的掌聲，小澤征爾是大賽的最終獲勝者！

原來，評委們故意把樂譜上的一個音符弄錯，以考驗他的敏銳力。

瞬間的感悟：自信是成功的第一要素。所以哲人說：除了人格之外，人生最大的損失莫過於失掉自信了。

人格的力量

第一次世界大戰中，一名黑人少校軍官和一名白人士兵在路上相遇。

按軍隊的條令規定，士兵必須向軍官敬禮。

可士兵見對方是黑人，就沒有敬禮。

當這位士兵擦身而過時，背後傳來一個低沉而堅定的聲音：「請等一下！」

「你有事嗎？」士兵問。

黑人軍官對他說：

「你剛才拒絕向我敬禮，我並不介意。但你必須明白，我是美國總統任命的少校，這頂軍帽上的國徽代表美國的光榮和偉大。你可以看低我，但必須尊敬它。現在，我把帽子摘下來，請你向國徽敬禮。」

士兵只得向軍官行了軍禮。

這位黑人少校，就是後來成為美國歷史上第一個黑人將軍。

瞬間的感悟：尊重，是對人格、人的尊嚴的肯定和重視。是對人的品格的了解、認知和讚賞。人不僅要尊重自己，也要讓別人尊重自己。

接受現實

女孩這次將要隨父母，調到距現在所在地千里之遙的一個陌生城市去上

學，這令她非常沮喪。

她很苦惱，這裡的同學朋友多好，可那個陌生的城市、陌生的學校使她產生極大的排斥心理。

爺爺拍了拍她的頭，告訴她：「孩子，太陽雖在同一個生活領域落下，卻又會在另一個生活領域升起。」

最後，女孩只得接受這個改變。

到了新的地方，為了結交新同學和朋友，媽媽讓她參加了繪畫班。

在繪畫班裡，她很快嶄露頭角。

父母從來沒有想到女兒居然有繪畫方面的天賦，女孩自己也十分驚訝，此前，自己從來沒有接觸過繪畫啊。

不久，女孩參加了市裡的青少年書畫展，作品竟然大受歡迎。

從此，許多人向女孩求畫，她很快就成為一位小有名氣的小畫家了。

瞬間的感悟：既然不可改變，我們就應該欣然接受變化，對眼前的種種煩惱泰然處之。一扇窗如果關上了，必定有另一扇窗打開，這邊的風景可能更美呢！

烏鴉和烏龜

從前，一隻烏龜厭倦了自己的家，牠想看看外面精彩的世界。

烏龜把自己的如意打算講給兩隻野鴨聽，鴨子表示可以想辦法使牠如願以償。

「這樣吧，我們帶你飛過這塊沼澤地，然後遠方就是大森林，最後，我們把你帶到一座大城市的上空。那裡可漂亮了！」野鴨對烏龜說。

「太好了，可是，我怎麼能和你們一樣飛上天呢？」烏龜犯愁了。

還是野鴨有主意。為了空運烏龜，鴨子準備了一種工具，就是在烏龜的嘴裡橫放了一根木棍，爾後吩咐烏龜道：「咬緊啊，千萬不要鬆口！」

說罷，兩隻鴨子各架起棍子的一頭，騰空而起，把烏龜送上了天。

人們看到這隻神奇的烏龜遨遊在天空，感到非常驚奇。「神了！」大家喊道，「快看呀！烏龜飛上天了！」

「真美呀，以前都說我只會爬行，現在我飛給你們看看！羨慕了吧。呵呵！」烏龜得意的開口說了一聲。

可惜在他開口說話之際，嘴鬆開了棍子，牠從空中摔了下來。

瞬間的感悟：虛榮心使人多嘴多舌，而虛榮的人被智者所輕視，愚者所傾服，阿諛者所崇拜，而為自己的虛榮所奴役。不謹慎，多嘴饒舌，愚蠢的虛榮心和無謂的好奇心，都是成功和快樂的共同敵人。

嘴饞的烏鴉

烏鴉身單力薄，嘴卻特別饞。

烏鴉看到一隻老鷹輕鬆的叼走了一隻綿羊，心裡非常羨慕。

「原來叼一隻綿羊這麼容易呀，我也要來試試！」烏鴉決定學學老鷹的動作，找頓豐盛的美餐。

於是，牠在羊群的上空盤旋，準備尋找一隻滿意的羊下手。

最後，牠盯上了羊群中那隻最肥美的綿羊。

烏鴉貪婪的注視著這隻綿羊，自言自語的說道：「我雖不知你是吃誰的奶長大的，但你的身體如此的豐腴，我只好選你做我的晚餐了。」

說完，牠張開翅膀，撲向那隻碩大的綿羊。

相對烏鴉來說，綿羊可是太重了，烏鴉不僅沒把綿羊帶到天空，牠的爪子反而被綿羊捲曲的長毛緊緊纏住了。

這隻倒楣烏鴉脫身無術，只好等牧人趕過來逮住並被投進了籠子，結果成了孩子玩物。

> 瞬間的感悟：人生的學問，其實是「量需而行，量力而行」的學問。要想獲得快樂的人生，你要停下人生的腳步，好好想一想，自己需要什麼？需要多少？想一想自己有沒有這樣的能力？不要刻意模仿他人，別人的成功方法有時並不適合你。

異想天開的流浪漢

兩個流浪漢在路上偶然相遇。難兄難弟倆有共同的語言，越聊越投機。

一個流浪漢做起了美夢，說：「我要是能在這裡撿到一個大元寶，那多好啊！」

「是啊，我們不但可以美美的吃上一頓，還有多餘的呢。」另一個流浪漢說。

「對了，那多餘的怎麼分呀？」第一個流浪漢問。

「這還用問嗎？一人一半唄！」另一個流浪漢說。

「那可不行！」第一個流浪漢說，「元寶是我撿到的，請你吃飯就不錯了，憑什麼要分給你一半啊？」

「咱們是一起趕路的，難道你想獨吞不成？」另外一個流浪漢急了。

「獨吞又怎麼樣？」第一個流浪漢更火了，「我警告你，你別妄想！」

兩個流浪漢越吵越凶。最後，你一拳我一腳，相互打得鼻青臉腫。

> 瞬間的感悟：好逸惡勞、異想天開，不可取；為此而大打出手，更是可笑。人生的基本哲學是要腳踏實地，拋棄不切實際的幻想，保持積極進取的精神。這樣，才能真正獲得事業的成功，實現自己的人生追求。

人生的尊嚴

蕭伯納是英國著名的戲劇家、諾貝爾獎獲得者。

一次，他隨團訪問蘇聯，受到客人們的熱烈歡迎。

黃昏，他在莫斯科的街頭散步，遇到一個聰明活潑的小女孩。

他和小女孩一起玩了很長時間，感到非常的開心和愉快。

臨分手前，蕭伯納問小女孩：「孩子，妳知道我是誰嗎？」

小女孩望了蕭伯納一眼，實話實說，「不知道啊！」

蕭伯納輕輕拍著小女孩的頭說：「回去告訴妳媽媽，今天和妳玩的是世界名人蕭伯納。」

小女孩也學著他的口氣說：「回去告訴你媽媽，今天和你玩的是我媽媽的寶貝塔尼娜。」

蕭伯納聽了頓時一驚，他立刻感到自己太傲慢了。以後，他把這件事牢牢的記在了心裡。

> 瞬間的感悟：哲人們說：「有人向你鞠躬，你要向他還禮，因為他不是你的奴隸。」一個人無論有多大成就，都應該平等對待任何人。即使是一個不諳世事的孩子，也有受到尊重的權利！

身邊的，遠處的

國外一家動物園裡有一個養猴人，他餵養動物的經驗非常豐富。

其他養猴人餵養的猴子，要麼缺乏動物的生氣，要麼失去了動物的野性，要麼整天好吃懶動。

可他餵養的猴子一個個生龍活虎的，也不失猴子的活潑可愛的本性。

他餵食猴子的方法有些特別。

不是將食物好好的擺在那裡，而是將食物放在山洞或樹洞裡，如果猴子不費盡心思便很難吃到。

正因為吃不到，猴子反而想盡了辦法要去吃。

猴子整天為吃而琢磨，後來終於學會了用樹枝把東西從山洞、樹洞裡掏出來。

別人都很奇怪，對養猴子的人說：「你不該如此餵養猴子啊，你簡直是在折騰牠們。」

養猴子的人說：「你經常把食物擺在猴子面前，牠連看都懶得看，也沒有胃口去吃。用這種辦法去餵牠，讓牠很費勁的掏著吃，牠活得才會有滋有味的。」

> 瞬間的感悟：對容易得到的東西，人們往往不會很好的珍惜；而對不容易得到的東西，人們才覺得它寶貴，同時，還可以激發人的好奇心和創造力。

貢獻

秋天到了，田頭地角的果樹和莊稼全部長成熟了。

石榴樹和山芋是鄰居。

樹上的石榴笑得裂開了嘴，而山芋藤卻乾巴巴的。

一天，石榴樹對山芋藤說：「你呀，整天伏在地上，只長莖葉而不結果。你看我，果實壓彎了枝頭。」

山芋藤只是微微一笑，一聲也沒吭。

正巧，這時有一個老農扛著鐵鍬走進山芋地。

沒多久，他從山芋藤下面挖出了許多山芋。

哇，這麼大的山芋！一個有好幾斤重。

石榴樹一看，這時才傻了眼，一句話也沒有了。

> 瞬間的感悟：有的人做了一點貢獻，就覺得自己了不起了，就到處誇耀自己的本事；而有的人做了貢獻卻一聲不響，仍然踏踏實實的做好本職工作，後者才是真正值得敬佩的。

猴子大夫

古時候，有一國王的女兒得了一種莫名其妙的病，整日愁眉不展，茶飯不下。

國王請了御醫，開了很多種藥，可是，吃了後，也沒有什麼起色。

眼看著女兒一天天瘦弱下去，國王悲痛欲絕。

最後，國王向全國發了個御旨，誰能治好公主的病，有重賞。

不久，一個耍猴人來到王宮，聲稱能治好公主的病。

國王氣道：「膽大的耍猴人，竟敢來耍弄本王，要是治不好公主的病，我把你拉出來斬首！」

耍猴人不慌不忙的說：「小人不敢。請公主出來，我現在就開始替她治病。」

公主剛走進大廳，耍猴人的猴子滑稽的戴了紅色方帽，穿上了袍子，在大廳裡學著耍猴人的樣子走路，並不時為公主祈禱。

愁眉不展的公主看了突然哈哈大笑，病情頓時減輕了一半。猴子一連表演了幾天，居然挽救了公主的性命。

> 瞬間的感悟：憂愁悲傷會為各種疾病打開方便之門，而愉快的歡笑卻能使你肉體上和精神上同時獲得享受。

人生的真諦

幾個學生向蘇格拉底請教：「老師，人生這東西真難捉摸啊，你能告訴我們人生的真諦是什麼嗎？」

蘇格拉底沒有回答，只是把他們帶到蘋果園邊上。

「這樣吧，你們各順著一行蘋果樹，從林子這頭走到那頭，每人摘一個自己認為最大、最好的蘋果。」蘇格拉底說，「不過，你們要記住，不許走回頭路，不許做第二次選擇！」

聽了蘇格拉底的話後，學生們都沿著自己的那行蘋果樹，十分認真的進行著選擇。

等他們都到達果園的另一端時，蘇格拉底已站在那裡等候著他們。

蘇格拉底問：「你們選擇到自己滿意的蘋果了嗎？」

「我沒有找到。」一個學生說，「當我剛走進果園時，就發現一個很大的蘋果。可是，我想前面可能還有更大更好的，當我走到林子的盡頭後，才發

現第一次看見的蘋果，是我最滿意的。」

另外幾個學生也是兩手空空的，他們向蘇格拉底請求：「老師，讓我們再選擇一次吧！」

蘇格拉底搖了搖頭：「孩子們，沒有第二次選擇的機會了，人生真諦就是如此啊！」

> 瞬間的感悟：對於人生，你不能選擇重新來過。你必須從現在開始，就得認真的把握和珍惜。

跑三圈

有一個外號叫「跑三圈」的老人，為人厚道，家境殷實，是方圓幾百里內知名的紳士。

年輕時，他就有一個習慣，遇到不順心的事就跑回家，圍著自己的房子和土地轉個三圈。

後來，他的房子越來越大，土地也越來越多。

但生氣時，他仍繞著房子和土地跑三圈，儘管累得氣喘吁吁，汗流浹背。

一天，一位朋友問：「為什麼一生氣時，你就繞著房子和土地跑三圈呢？」

「跑三圈」對朋友說：「其實，只是為了消消氣。」

「年輕時，只要遇到不順心的事，我就繞著自己的房子和土地跑三圈。邊跑邊想：自己的房子這麼破，土地這麼少，哪有時間和精力去生氣呢？」老人解釋說。

朋友又問：「可是你現在已經成為富人了，為什麼還要繞著房子和土地跑呢？」

「跑三圈」笑著說：「現在生氣時，我邊跑邊想：自己的房子這麼大，土地這麼多，又何必和人計較呢？一想到這裡，我的氣也就消了。」

> 瞬間的感悟：有句古話：「暴躁之人跳著叫，有智之人坐著笑。」當遇到不愉快的事時，明智者會努力把不快的思緒轉移到其他方面去，盡量釋放內心的壓力，從而擁有快樂的心情。而愚者反而會引起怒火燒身，心情越弄越糟糕。

快樂之門

快樂女神一到人間，前來訴苦的人絡繹不絕，快樂女神逐一為他們解答。

一個男人訴苦：「老闆不賞識我，氣得我幾天沒睡好覺！」

「你把快樂的鑰匙塞到老闆的手裡。你能快樂嗎？」女神微笑著說。

一位女士抱怨道：「女神啊，我很不快樂，因為先生常出差不在家。」

「妳呀，把快樂的鑰匙一直放在先生手裡，哪能快樂啊！」女神說。

一位母親說：「我的孩子不聽話，讓我很生氣！」

「妳把快樂的鑰匙放在孩子手中，所以妳煩惱。」女神說。

一個剛從餐廳裡出來的年輕人說：「這餐廳的服務態度惡劣，把我肺都氣炸了！」

「哦，看來你們不快樂的原因都差不多。」女神說，「你們這些人都是讓別人來控制自己的情緒，讓別人來掌管著快樂鑰匙！」

瞬間的感悟：其實，我們每人心中都有把快樂的鑰匙，但我們在不知不覺中，把它讓給別人掌管了，這樣，哪能打開快樂之門呢？

真英雄

據說，有一位士兵為排除部隊前進道路上的障礙，不惜用自己的血肉之軀，引爆了腳下的地雷而身負重傷。

將軍很受感動，決定把一枚特等勳章授給他。

到了醫院，士兵剛甦醒。將軍握住他的手：「年輕人，你真棒。我要把這枚勳章為你戴上！」

「將軍，我不要！」士兵搖搖頭說。

「年輕人，這可是最高級別的獎賞啊！難道你還不滿足？」將軍感到納悶。

「將軍，不是這個意思。我不配這枚勳章，請您把它授給真正的英雄吧！」士兵說。

「這種壯舉，證明你是公認的英雄呀。」將軍說。

「將軍，實話告訴您，是我不小心觸動了身邊的地雷，你應該給我處分！」士兵說。

「這更印證了你是一位英雄，這枚勳章是當之無愧的屬於你的！」將軍說。

瞬間的感悟：誠實是人生的支點，亦是為人的準則。在我們的人生旅途中，我們也可能會由於誠實而暫時錯過一些東西。也可能會付出一定的代價，但日後你得到的，遠比付出的多得多。

除了幸運，更重要的是勇氣和熱心

一位女生從小成績就很優秀，常代表學校參加英文演講比賽，後來家裡拿不出學費，被迫休學打工。

一位親戚認為，學習這麼好的孩子休學太可惜，於是資助她繼續完成學業。

考大學時，也是因為錢的關係，她放棄了上大學，選擇有公費補助的師範院校。

大學畢業後沒過多久，一天，她走在馬路上，遇到一位不會說中文的伊朗籍男士，她主動上前幫忙解圍。

她這個小小的善意使這位男士非常感激。

原來這伊朗男子是皇族後裔。透過他幫忙，使得這位女生後來在貿易中暢通無阻。

即使兩伊戰爭打了8年，為了生意，她還是去了伊朗十幾次。

後來，她成為一家國際貿易公司的董事長。

別人問她成功的經驗，她說：「都說我幸運，連走在路上也被天上掉下的餡餅砸著了！可是，我的傳奇故事，除了幸運之外，還有幾個缺一不可的條件：勇氣、熱心和我的英文能力。」

瞬間的感悟：幸運的「餡餅」只會降臨在有足夠行動力和準備充分的人身上。

人生貴在堅持

相傳，有一個師傅教兩個徒弟如何釀酒。

「你們把調好的米和水密封於陶罐中，七七四十九天後，一定要等雞鳴三遍後方可啟封！」師傅一再交代。

按照師父的要求，兩徒弟在陶罐中加米注水，並進行了密封。然後，他倆就開始了漫長的等待。

等啊等啊，終於，第四十九天到了，兩人整夜未眠。

第一聲雞鳴傳來了，他倆懷著急迫的心情，等到了第二聲。

「時間過得真慢！怎麼第三聲還沒叫啊？」一個徒弟再也忍不住了，「不就相差這幾分鐘嗎？」

他急不可待的打開陶罐，可是，他失望了：裡面全是令人嘔吐的餿水。

而另外一個徒弟咬著牙堅持到了三遍雞鳴後才開啟。

就差這幾分鐘的時間，他的陶罐裡是甘甜清澈的美酒！

瞬間的感悟：人生貴在堅持，這話說起來容易，做起來難！誰能堅持到底，誰就能取勝，誰就能釀得芳香醉人的人生美酒。

狗的價值

一個法國富翁的一條愛犬丟失了。他在報紙上發了一則配有狗照片的啟事：撿到者送還原主人，酬金 1 萬法郎。

消息登出後，知情者絡繹不絕，但都不是富翁真正丟失的那條狗。

為了找到心愛的狗，富翁不惜把酬金改為 2 萬法郎。

原來，這條狗被一個乞丐撿到了。

晚上，乞丐看到報紙上播出的啟事後，情不自禁的大叫一聲：「媽呀，我不是做夢吧？！」

第二天一早，乞丐抱著狗出門，準備領取 2 萬法郎酬金。當他看到那則啟事時，酬金已變成 3 萬法郎了。

「可能還要漲呢！我等一等。」乞丐心裡想。又過了一天，懸賞額果然漲到 4 萬法郎。

這樣，乞丐耐心的等待更高的酬金。當酬金漲到 10 萬法郎時，乞丐才高興的返回他的草棚去牽狗。

可萬萬想不到的是，這條狗吃慣了精美的食物，根本吃不下乞丐從垃圾筒裡撿來的東西，已活活餓死了。乞丐的發財夢也落空了。

> 瞬間的感悟：貪婪是一種頑疾，是一切罪惡之源，人們極易成為它的奴隸。人的欲念是無止境的，得到時，仍指望得到更多。一個貪求厚利、永不知足的人，等於是在愚弄自己。

思維定式

科學家曾經做過一個實驗。

他們把五隻猴子關在一個鐵籠子裡，籠子上頭放一串香蕉。

實驗人員還裝了一套機關，若有一隻猴子來摘取香蕉，籠子裡就會立即自動通電，所有猴子都會遭到一次猛烈的電擊。

五隻猴子都嘗試過摘取香蕉的後果後，牠們已經形成一個共識：只要其中有一隻猴子拿香蕉，全部猴子都會遭殃。

實驗人員漸漸把猴子換掉。新來的猴子甲加入後，馬上想要摘香蕉，其他四隻吃過虧的舊猴子馬上一起上來，把牠痛打一頓。新猴子甲試了幾次，終於不敢了。

又有新猴子乙加入，換走了一隻猴子。乙看到香蕉後，馬上就想拿，結果也被其他四隻猴子猛打一頓。

後來，每隻曾被電擊過的猴子都被換掉了，自動通電的機關也被撤掉了，但還是沒有哪個猴子敢動那串香蕉。

猴子們都不知道其緣故，只知道，一拿香蕉就被打得鼻青眼腫。

科學家做這個實驗的目的，只是為了說明「傳統」的由來。

> 瞬間的感悟：思維定式一旦形成後，要想跨出這道門檻是一件非常艱難的事。需要很大的毅力和勇氣。而只有勇於擺脫精神束縛和傳統思維束縛的人，才能獲得人生的成功。

你就是自己的上帝

傳說，有一位貧窮的年輕人不小心把博物館裡的一個古董打破了。

「要麼你把這個古董補好，要麼送你上法庭，判你坐三年的監獄！你選擇吧。」博物館管理人員對他說。

無奈之下，年輕人去請禪師幫忙。禪師告訴他，「有一種技術可以把破碎的古董黏得完好如初。」

年輕人不相信，禪師就指點他去問上帝。年輕人說：「上帝，禪師說有一

種技術能將破碎的古董黏得完好無損，可我覺得這是不可能的。」話音未落，上帝就回答了：「是不可能的！」

年輕人非常失望的走了。他又找到禪師，禪師讓他再求求上帝。年輕人：「可是上帝已經說了，這是不可能的啊。」

禪師：「只有你對自己有信心，上帝才會幫助你呀！」

年輕人覺得有道理，又去問上帝。他說：「上帝，祢若能幫助我，我就一定能把古董黏好。」上帝回答：「可能，你能把古董黏好！」

果然，不到三年的時間，年輕人把那件價值連城的古董補好了。他也因此大名遠揚，成為非常知名的修補古董專家。

一天，年輕人去感謝禪師。禪師說：「你應該感謝的是你自己，你所聽到的聲音，其實是你自己的聲音。你就是你自己的上帝！」

> 瞬間的感悟：命運完全掌握在你自己手中，你就是自己的上帝，只要你有信心，就會創造人生的奇蹟。

第五章　人性的弱點

瑪丹娜的減歲哲學

當年驚世駭俗的瑪丹娜轉眼已經 40 歲，進入了生命的成熟期。但是她一樣有驚人之論。她表示說雖然生理年齡 40 歲了，但是她卻認為自己必須減五歲，實際上是 35 歲才對！

她的理由有四個：當年與西恩潘的婚姻，可說是有一整年是浪費掉的，因此必須減去一歲。她與女喜劇演員為爭女兒而翻臉，因此兩年的友情算是空白，又要減兩歲。接下來是她曾經演出過大爛片《肉體證據》，所以這一年也不能算。最後是演出《狄克崔西》時與華倫比提的戀愛謠傳，那一年等於是浪費她的生命，因此必須要減掉那一年。

如此推算下來，果然她又多了五歲！真的可以理直氣壯的再年輕一次了，想想看，你是否也有些歲月是浪費掉，需要重過的？花了一年時間愛錯了一個男人？減掉五歲吧，因為失戀而消沉了一年？減掉一歲！花了兩年時間做了一個不喜歡的工作，減掉一歲！這樣算下來，你是不是又年輕了幾歲？時間對你再也不是壓力了！你是不是又可以重新開始嘗試嶄新的生活？你是不是又有勇氣另起爐灶了？

其實時間是供我們垂釣的溪流，在這條溪流中，我們想要抓住星星、月亮或魚群、水草，完全掌握在我們的手中。汩汩的河水流逝了，年輕的心境卻永遠不會磨損。

法國思想家蒙田說：「我寧願有一個短促的老年，也不願在我尚未進入老年期就老了。」

瞬間的感悟：好好掌握自己的生命，運用減歲哲學將使你的心情永遠不會衰老，永遠有機會重新開始，永遠敢另起爐灶！

別被不必要的「包袱」壓垮

一對靠撿破爛為生的夫妻，每天一早出門，拖著一部破車到處撿拾破銅爛鐵，等到太陽下山時才回家。他們回到家的時候，就在門口的院子裡擺了一臉盆的水，然後搬了一張凳子坐在上面，雙腳浸在盆中，一面拉著弦一面唱著歌；唱到月正當空，渾身涼爽的時候他們才進房睡覺，日子過得非常逍遙自在。

他們對面住了一位很有錢的員外，他每天都坐在桌前打算盤，算算看哪家的租金還沒收，哪個地方還欠帳，每天總是算錢算得很煩。他看對面的夫妻每天快快樂樂的出門，晚上輕輕鬆鬆的唱著歌，心中非常的羨慕也感到奇怪，於是問他的夥計說：「為什麼我這麼有錢卻不快樂，而對面那對窮夫妻卻會如此的快樂呢？」

夥計聽了就問員外說：「員外，你要看他們憂愁嗎？」

員外回道：「我看他們不會憂愁的。」

夥計說：「只要你給我一貫錢，我把錢送到他家，保證他們明天不會拉弦唱歌。」

員外說：「給他錢他一定會很快樂，怎麼說不會再唱歌了呢？」

夥計說：「你儘管給他錢就是了。」

員外果真把錢交給夥計，當夥計把錢送到窮人家時，這對夫妻拿到錢真的很煩惱，那天晚上竟然睡不著覺了。想要把錢放在家中，門又沒有關；要藏在牆壁裡面，牆又是用手一扒就會開；要把它放在枕頭下又怕丟掉；要……一整晚就是為這貫錢操心，一下子躺上床，一下子又爬起來，整晚就是這樣起起落落，無法成眠。

他太太看他坐立不安，也被惹煩了，就說：「現在你已經有錢了，你又在煩惱什麼呢？」

先生說：「我有這些錢，明天到底要做什麼生意？要把錢放在家中又怕丟了。現在我滿腦子都是煩惱。」

隔天一早他把錢帶出門，整條街繞來繞去不知要做什麼好，繞到太陽下山，月亮上來了，他又把錢帶回家，垂頭喪氣的不知如何是好，想做小生意不甘願，要做大生意錢又不夠，他向太太說：「這些錢說少，卻是我一輩子也沒有這麼多，說多又做不了大生意，真正是傷腦筋啊！」

那天晚上員外站在對面看，果然聽不到拉弦和唱歌了，因此就到他家去問他怎麼了？這對夫妻說：「員外啊！我看我把錢還給你好了。我寧可每天一大早出去撿破爛，總比背著這些錢還輕鬆啊！」那時候員外突然恍然大悟，原來，「有錢卻不知布施」，是一種負擔。

人生如果沒有負擔，就是最快樂的人生。什麼樣的人生才沒有負擔呢？

放下沉重的包袱，不為貪婪所誘惑，擇精而擔，量力而行。

人生之旅前頭就是機會，希望正在前行的過程中和平常心一樣能成大事。

面對帶槍的強盜，反抗或立即逃跑必然是無濟於事的。一天深夜，卓別林帶了一筆錢回家。在經過一段小路時，樹後突然閃出一個彪形大漢，拿著

手槍逼他交出所有財物。

　　卓別林看著黑洞洞的槍口，裝作渾身發抖，戰戰兢兢的說：「我是有點錢，可全是老闆的，幫個小忙吧，在我帽子上打兩槍，我回去好交代。」強盜沒有說話，但把他的帽子接了過去，「砰砰」的打了兩槍。卓別林又央求再朝他的褲腳打兩槍，「這樣不更逼真了，主人就不會不相信了。」強盜不耐煩的拉起褲腳打了幾槍。卓別林又說：「請再朝衣襟上打幾個洞吧。」強盜罵著：「你這個膽小鬼，他媽的……」強盜扣著扳機，但不見槍響。結果可想而知，卓別林一看，知道子彈沒了，便飛也似的跑了。

　　情緒是自己的，控制好它，在某些時候，會為你帶來無窮益處。

　　你是不是經常環顧周圍的人，認為「只要有機會讓我做任何他們的工作，我一定做得比他們更好」，卻忽略了，為了獲取這份工作，保有這樣的職位，他們所付出的代價和累積的知識。在別人事成之後才大發厥辭當然容易，但更具建設性的方法，是認清別人的貢獻，讚揚別人的成就。如果你希望別人能對你有更高的肯定，那麼，你應該把你的能力展示出來，讓你的上司和同僚知道，你足以擔負大任。世間最大的獎賞是歸於能永遠信守諾言的人。

> 瞬間的感悟：「誠」，以最誠懇的心來待人最沒有負擔。因為沒有人與他結怨，也沒有心機來和人計較。這種日子最好過，這樣的人生最快樂。

懂得放棄

　　作家吳淡如談了對放棄的理解，以下是她個人的經歷：

　　最近不知道為什麼，忽然有很多人來問我這個問題：「哪有時間寫稿？」

真的有啊。（因為真的還是有很多時間寫稿和睡覺，所以用很心虛的口氣肯定的回答）習慣於探索「How To」捷徑的現代人，還是會問：為什麼有呢？什麼時間？

起床後和睡覺前都可以。只要我感覺這件事必須完成。而我還有力氣可以把它完成。不過，我發現自己並沒有以前勤快了，唯一能解釋的是「年華老大，氣力漸衰」，現在碰到「妳還是一天寫三千字嗎？」的問題，總是有點汗顏。我不想拿什麼「重質不重量」來安慰自己，過去有一段很長的時間，我確實有每天想寫、而平均也可以寫二千字的本事（問題裡面多出來的一千字是以訛傳訛的結果），現在，當我感覺體力不濟時，我會選擇睡覺，當我覺得坐得四體不勤時，我會選擇游泳，當我感到自己應該放鬆時，我會出去鬼混 —— 鬼混的意思是在人群中享受無所事事的快感，逛逛街，看看喜劇片和動作片，和朋友喝下午茶言不及義都可以，儘管覺得有東西要寫，仍然有一股熱在心中冒了出來，在煽動著我……我還是會放棄，選擇做其他的事情。

我變得比較懶了。我想，我比較知道什麼時候該節制一下。儘管連節制本身都得有節制。「以前像一隻牛，仰著頭一直往前耕田，卻不知道自己為的是什麼，也沒有時間嚼一嚼自己的血汗耕耘出的稻子啊。」一個早早進人中年、事業有成的朋友對我說：「好像很有成就感但是心裡空空的，好像擁有很多，又好像什麼都沒有……副作用倒是不少，沒注意自己的身體，搞得一身都是病……以前以為退休後可以坐豪華郵輪去環遊世界，現在我發現，即使退休後環遊世界，也要帶著醫生、護士同行，一邊打點滴，一邊看風景……」

我缺德的笑了笑：「如果你願意付足夠的錢，那一天你可以找到貌美如花的女護士……」

第五章　人性的弱點

「到那一天，找到貌美如花的女護士又能怎麼樣呢？」他說。

好像要到某種年紀，在得到擁有某些東西之後，你才能夠悟到，你建構的人生像一棟華美的大廈，但只有硬體，裡面水管失修，配備不足，牆壁剝落，又很難找出原因來整修，除非你把整棟房子拆掉。

你又捨不得拆掉。那是一生的心血，拆掉了，所有的人會不知道你是誰，你也很可能會不知道自己是誰。

很多事業有成的人在這些年來開始看到，他們的房子出了問題，很多人半皈依了佛門，很多人打禪（打的時候精神很享受，回來不久又是愛惡欲貪嗔痴了），但我知道，離開真正的生活，所有想迅速解決痛惱的方式，只是一帖麻醉劑。

一位心靈運動的領導者說，這世界上有八成的人太彷徨太猶豫太懶惰，但有兩成的人人生過得太努力，太努力也是會彷徨的，但是，你還是得努力，到了最後，再來放棄你的努力。

不曾努力得過什麼，什麼都沒有的人，「放棄」對他們來說是容易的，因為他們沒什麼好放棄。許多路即使錯誤，還是要走過一遍，就好像釋迦牟尼，如果他的出身不是一位王子，看盡天下繁華，他不會看透，在酒池肉林和昇平歌舞的背後那麼空虛。一個乞丐什麼都沒有，沒什麼好放棄，但他們也沒辦法放棄貪婪。

我一直在咀嚼其中的味道。我想，很幸運的，我是屬於那些太努力的人。有夢就追，不願意讓生命有空白和遺憾，但仍有遺憾。

除了生命不能放棄。夠成熟的人，才懂得在該放棄時放棄。不夠成熟的人，像我，到底還是在害怕，放棄之後，空白讓我恐懼。我還在用奧修的話安慰自己：

「如果世界仍吸引著你，如果你覺得有一些事必須被達成，那麼你就要去歷盡那個挫折。你將會感到挫折，那意味著你還需要到處多逛逛，你還需要誤入歧途。」

> 瞬間的感悟：除了生命之外，你可以選擇放棄的東西很多。

五毛錢和一元錢

有一個乞丐小孩，大家都說他傻，因為他永遠選擇 5 毛，而不選 1 元。有個人不相信，就拿出兩個硬幣，一個 1 元，一個 5 毛，叫那個小孩任選其中一個，結果那個小孩真的挑了 5 毛的硬幣。圍觀的人看得哈哈大笑。那個人覺得非常奇怪，便問那個孩子：「難道你不會分辨硬幣的價值嗎？」

孩子小聲說：「如果我選擇了 1 塊錢，下次他們就不會讓我玩這種遊戲了！」

你難道不認為那個小孩其實才是最聰明的人嗎？

的確，如果他選擇了 1 塊錢，很明顯，就沒有人願意繼續跟他玩下去了，而他得到的，也只有 1 塊錢！但他拿 5 毛錢，自己裝成傻子，於是傻子當得越久，他就拿得越多，最終他得到的，比當聰明的人拿得還多！

因此，我建議你，在現實生活中，不如向那傻子看齊 —— 不要 1 塊錢，寧取 5 毛錢！

而更多的人在社會上，卻常有一種不拿白不拿，不吃白不吃的貪婪！殊不知自己所貪圖的利益背後還有個人，你的貪不只損害了他的利益，還會使他對你的貪反感。或許他可以容忍你的行為，不在乎你的貪，但如果你只要 5 毛錢，他會對你有更好的印象與評價，因此願意延續他和你的關係。

　　而貪呢？這種機會很可能只有一次！而你一旦給人貪的印象，雖然還不至於影響你的事業，但對你的形象卻是不利的。因為人在社會中，口碑是很重要的。

　　可嘆的是，現代社會充斥著下列現象：人際關係一次用完，做生意一次賺足！以為自己這樣做是聰明，殊不知這都是在斷自己的路！我不希望你有這種聰明，而希望你能一直擁有那個小孩一樣的「傻」，因為這會讓你得到更多。

　　10 個 5 毛錢多！還是一個 1 塊錢多？

　　你自己算算看吧！

瞬間的感悟：真正的聰明是大智若愚。

捨大取小的釣魚人

　　高處不勝寒。欲望的永不滿足不停的誘惑著人們追求物欲的最高享受，然而過度的追逐利潤往往會使人們迷失生活的方向，因此，凡事適可而止，才能在緊湊的節奏中獲得片刻的歡愉。

　　幾個人在岸邊垂釣，旁邊幾名遊客在欣賞海景，只見一名垂釣者竿子一揚，釣上了一條大魚，足有三尺長，落在岸上後，仍騰跳不止。可是釣者卻用腳踩著大魚，解下魚嘴內的釣鉤，順手將魚丟進海裡。

　　周圍圍觀的人響起一陣驚呼，這麼大的魚還不能令他滿意，可見垂釣者雄心之大。

　　就在眾人屏息以待之際，釣者魚竿又是一揚，這次釣上的是一條兩尺長的魚，釣者仍是不看一眼，順手扔進海裡。

第三次，釣者的釣竿再次揚起，只見釣線末端鉤著一條不到一尺長的小魚。圍觀眾人以為這條魚也肯定會被放回，不料釣者卻將魚解下，小心的放回自己的魚簍中。

遊客百思不得其解，就問釣者為何捨大而取小。

想不到釣者的回答是：「喔，因為我家裡最大的盤子只不過有一尺長，太大的魚釣回去，盤子也裝不下。」

> 瞬間的感悟：一定要量力而行。

守財奴

在經濟發達的今天，能正視金錢，對你的人生觀價值觀的修養，很有幫助。錢本來就應當使生活變得更美好，不是嗎？

有個守財奴用自己的全部家當換成了一塊金子，把它埋在牆角下的一個洞裡，而且每天都要看一次。由於他總要去那裡，漸漸的引起了別人的注意，發現了這個祕密，終於趁他不備偷走了金子。守財奴再去時，金子已經不在，於是他放聲大哭。鄰居見他如此難過，就安慰他說：「金子埋在那裡不用，和石頭有什麼分別，這樣吧，你再埋一塊石頭在那裡，拿它當金子不就行了嗎？」

人面對金錢，就應當有一個正常、豁達的態度，既不要像一毛不拔的鐵公雞那樣當個守財奴，也不要胡亂揮霍成為敗家子。

貪心圖發財，短命多禍災。心地善良、胸襟開闊等良好的心情，則是健康長壽之本。貪圖小便宜，終究是要中頭號大虧的。

法俄戰爭期間，法國人從莫斯科撤走了。農夫和商人在街上尋找財物。

他們發現了一大堆未被燒焦的羊毛，兩個人就各分了一半捆在自己的背上。

　　歸途中，他們又發現了一些布匹，農夫將身上沉重的羊毛扔掉，選些自己扛得動的較好的布匹，貪婪的商人將農夫所丟下的羊毛和剩餘的布匹統統撿起來，重負讓他氣喘吁吁、緩慢前行。

　　走了不遠，他們又發現了一些銀質的餐具，農夫將布匹扔掉，撿了些較好的銀器背上，商人卻因沉重的羊毛和布匹壓得他無法彎腰而作罷。

　　突降大雨，飢寒交迫的商人身上的羊毛和布匹被雨水淋溼了，他踉蹌著摔倒在泥濘當中；而農夫卻一身輕鬆的迎著涼爽的雨回家了，他變賣了銀餐具，生活富足起來。

> 瞬間的感悟：大千世界，萬種誘惑，什麼都想要，會拖累你的，該放就放，集中精力抓住最重要的。

聰明的鳥

　　貪婪的人往往還容易被所好事物迷惑，甚至難以自拔，事過境遷，後悔晚矣！

　　一次，一個獵人捕獲了一隻能說七十種語言的鳥。

　　「放了我，」這隻鳥說，「我將給你三條忠告。」

　　「先告訴我，」獵人回答道，「我發誓我會放了你。」

　　「第一條忠告是，」鳥說道，「做事後不要懊悔。」

　　「第二條忠告是：如果有人告訴你一件事，你自己認為是不可能的就別相信。」

　　「第三條忠告是：當你爬不上去時，別費力去爬。」

然後鳥對獵人說：「該放我走了吧。」獵人依言將鳥放了。

這隻鳥飛起後落在一棵大樹上，並向獵人大聲喊道：「你真愚蠢。你放了我，但你並不知道在我的嘴中有一顆價值連城的大珍珠。正是這顆珍珠使我這樣聰明。」

這個獵人很想再捕獲這隻放飛的鳥。他跑到樹跟前並開始爬樹。但是當他爬到一半的時候，他掉了下來並摔斷了雙腿。

鳥嘲笑他並向他喊道：「笨蛋！我剛才告訴你的忠告你全忘記了。我告訴你一旦做了一件事情就別後悔，而你卻後悔放了我。我告訴你如果有人對你講你認為是不可能的事，就別相信，而你卻相信像我這樣一隻小鳥的嘴中會有一顆很大的珍珠。我告訴你如果你爬不上去，就別強迫自己去爬，而你卻追趕我並試圖爬上這棵大樹，結果掉下去摔斷了雙腿。這句箴言說的就是你：『對聰明人來說，一次教訓比蠢人受一百次鞭撻還深刻。』」

說完。鳥飛走了。

人因貪婪偶爾會犯起傻來，什麼蠢事也會做出來。所以任何時候要有自己的主見和辨別是非的能力，不要被假象所迷惑。

> 瞬間的感悟：貪婪是一切罪惡之源。貪婪能令人忘卻一切，甚至自己的人格。貪婪令人喪失理智，做出愚昧不堪的行為。具有一雙貪婪眼睛的人，很難讓他的心變得誠實。人之所以貪婪，並不完全因為貧困，只是他永不滿足，希望獲得更多。

天下沒有不勞而獲的東西

從前，有一位愛民如子的國王，在他的英明領導下，人民豐衣足食，安

第五章　人性的弱點

居樂業。深謀遠慮的國王卻擔心當他死後，人民是不是也能過著幸福的日子，於是他招集了國內的有識之士。命令他們找了一個能確保人民生活幸福的永世法則。

三個月後，這位學者把三本六寸厚的帛書呈上給國王說：「國王陛下，天下的知識都匯集在這三本書內，只要人民讀完它，就能確保他們的生活無憂了。」國王不以為然，因為他認為人民都不會花那麼多時間來看書。所以他再命令這位學者繼續鑽研。二個月內，學者們把三本簡化成一本。國王還是不滿意。再一個月後，學者們把一張紙呈上給國王。國王看後非常滿意的說：「很好，只要我的人民都真正日後有奉行這寶貴的智慧，我相信他們一定能過上富裕幸福的生活。」說完後便重重的獎賞了這位學者。

原來這張紙上只寫了一句話：天下沒有不勞而獲的東西。

大多數的人都想快速發達，但是卻不明白做一切事都必須老老實實的努力才能有所成就。只要能夠放棄投機取巧的心態，實實在在的建立顧客網及組織，成功必定離你不遠了。只要還存有一點取巧、碰運氣的心態，你就很難全力以赴。不要夢想中彩券，或把時間花在賭桌上。這些一夜之間發達的夢想，都是人們努力的絆腳石。

自從傳言有人在河畔散步時無意發現金子後，這裡便常有來自四面八方的淘金者。他們都想成為富翁，於是尋遍了整個河床，還在河床上挖出很多大坑，希望借助它找到更多的金子。的確，有一些人找到了，但另外一些人因為一無所得而只好掃興歸去。

也有不甘心落空的，便駐紮在這裡，繼續尋找。彼得就是其中的一員。他在河床附近買了一塊沒人要的土地，一個人默默的工作。他為了找金子，已把所有的錢都押在這塊土地上。他埋頭苦幹了幾個月，直到土地全變成坑

坑窪窪，他失望了 —— 他翻遍了整塊土地，但連一丁點金子都沒看見。

六個月以後，他連買麵包的錢都快沒有了。於是他準備離開這裡到別處去謀生。

就在他即將離去的前一個晚上，天下起了傾盆大雨，並且一下就是三天三夜。雨終於停了，彼得走出小木屋，發現眼前的土地看上去好像和以前不一樣：坑坑窪窪已被大水沖刷平整，鬆軟的土地上長出一層綠茸茸的小草。

「這裡沒找到金子，」彼得忽有所悟的說，「但這土地很肥沃，我可以用來種花，並且拿到鎮上去賣給那些富人。他們一定會買些花裝扮他們華麗的住所。如果真這樣的話，那麼我一定會賺許多錢，有朝一日我也會成為富人……」

彼得彷彿看到了將來，美美的撒了一下嘴說：「對，不走了，我就種花！」

於是，他留了下來。彼得花了不少精力培育花苗，不久田地裡長滿了美麗嬌豔的各色鮮花。

他拿到鎮上去賣，那些富人一個勁的稱讚：「嗅，多美的花，我們從沒見過這麼美麗鮮豔的花！」他們很樂意付少量的錢來買彼得的花，以便使他們的家裡變得更富麗堂皇。

五年後，彼得終於實現了他的夢想 —— 成了一個富翁。

只有用勤勞才能採集到真正的「金子」，用你的勞動去獲得你想要的，比幻想你想得到的更重要。

認為怠惰是一種幸福，勤勞是懲罰真是一種奇妙的錯誤，而且是有害的錯誤。

對於飽食終日無所事事的人，我們必須讓他們醒悟，讓他們接受下面的

第五章　人性的弱點

想法：人生幸福的必要條件並非怠惰而是勤勞。人是不能不勞動的。螞蟻，或馬，或者其他動物不勞動便會鬱鬱寡歡，不知所措，人亦是如此。

幸福的不可置疑的條件是勞動，第一必須是由自己來進行的自由的勞動，第二必須是能增進我們的食欲和給予我們深沉睡眠的肉體勞動。

勞動是人所欲求的，當它被剝奪的時候，人便會引起苦惱。但勞動並不是道德，若把勞動當做功績或道德，就和把吃東西當做功績或道德一樣的畸形。

> 瞬間的感悟：沒有痛苦的付出，便沒有收穫可言。世上收穫最大的東西，往往是付出最大、壓力最大的事情。

原來我也很富有

有一位青年，老是埋怨自己時運不濟，發不了財，終日愁眉不展。這一天，走過來一個鬚髮俱白的老人，問：「年輕人，幹嘛不快樂？」

「我不明白，為什麼我總是這麼窮。」

「窮？你很富有嘛！」老人由衷的說。

「這從何說起？」年輕人問。

老人不正面回答，反問道：「假如今天斬掉你一個手指頭，給你一千元，你做不做？」

「不做。」年輕人回答。

「假如斬掉你一隻手，給你一萬元，你做不做？」

「不做。」

「假如使你雙眼都瞎掉，給你十萬元，你做不做？」

「不做。」

「假如讓你馬上變成八十歲的老人，給你一百萬，你做不做？」

「不做。」

「假如讓你馬上死掉，給你一千萬，你做不做？」

「不做。」

「這就對了，你已經擁有超過一千萬的財富，為什麼還哀嘆自己貧窮呢？」

老人笑吟吟的問道。青年愕然無言，但看得出他心有所思的樣子。

親愛的朋友，如果你早上醒來發現自己還能自由呼吸，你就比在這個星期中離開人世的 100 萬人更有福氣了。

如果你從來沒有經歷過戰爭的危險、被囚禁的孤寂、受折磨的痛苦和忍飢挨餓的難受……你已經好過世界上 5 億人了。如果你能夠參加一個宗教聚會而沒有侵擾、拘捕、施刑或死亡的恐懼，你已經比 30 億人更幸福了。如果你的冰箱裡有食物，身上有足夠的衣服，有屋棲身，你已經比世界上 70% 的人更富足了。

聯合國「世界糧食日」資料顯示，全球有 36 個國家目前正陷於糧食危機當中；全球仍有 8 億人處於飢餓狀態，第三世界的糧食短缺問題尤為嚴重。在發展中國家，有兩成人口無法獲得足夠的糧食，而在非洲大陸，有三分之一的兒童長期營養不良。全球每年有 600 萬學齡前兒童因飢餓而夭折！

如果你的銀行戶口有存款，錢包裡有現金，你已經身居於世界上最富有的 8% 之列！如果你的雙親仍然在世，並且沒有分居或離婚，你已屬於稀少的一群。如果你能抬起頭，面上帶著笑容，並且內心充滿感恩的心情，你是真的幸福了 —— 因為世界上大部分的人都可以這樣做，但是他們卻沒有。如

第五章　人性的弱點

果你能握著一個人的手，擁抱他，或者只是在他的肩膀上拍一下……你的確有福氣了 —— 因為你所做的，已經等同上帝才能做到的治療了。

如果你能讀到這段文字，那麼你更是擁有了雙份的福氣，你比 20 億不能閱讀的人不是更幸福嗎？

看到這裡，請你暫且放下書，然後非常認真的對自己說一句話：「哇！原來我是這麼富有的人！」

是的，想想這些，你還有什麼不快樂的呢？

人的一生總會遇到各式各樣的不幸，但快樂的人卻不會將這些裝在心中，他們沒有憂慮。所以，快樂是什麼？快樂就是珍惜已擁有的一切。

瞎爺的左眼是在他 9 歲那年瞎的。一場高燒之後，他忽然對他的爹娘說：「我的左眼看不見東西了！」兩位老人一驚，忙過來用手在他左眼前晃，而那隻左眼果然像壞了的鐘擺一樣一動不動。他爹娘頓時淚流滿面，一個獨生的兒子瞎了一隻眼睛可怎麼辦呀！沒料到爹娘哭得傷心的時候，他卻慢慢的說：「爹娘，你們哭啥，應該笑才對！這場病不是只弄壞了我一隻眼嗎？左眼瞎了，右眼還能看得見呢！總比兩隻眼都弄壞了要好嘛！你們想一想，我比起世界上的那些雙目失明的人，不是要強多了嗎？」兒子的一番話，先是把兩位老人驚住了，後來想想也有理，於是停止了流淚。

他的家境不好，爹娘無力供他讀書，只好讓他去私塾裡旁聽。他的爹娘為此十分傷心，瞎爺當時卻勸道：「我如今也已識了些字，雖然不多，但總比那些一天書沒念，一個字不識的孩子強多了吧！」爹娘一聽也覺得安然了許多。

瞎爺娶了個嘴巴很大的媳婦。爹娘又覺得對不起兒子，瞎爺勸他們說：「能娶到這樣的一個媳婦已經很不錯了，和世界上的許多光棍漢比起來，簡真

可以說是好到天上去了！」這個媳婦勤快、能幹，可脾氣不好，不溫柔、不馴服，把婆婆氣得心口作疼。兒子勸道：「娘，妳這個媳婦是有些不大稱妳的心意，可是妳想想，天底下比她差得多的媳婦還有不少。妳的兒媳婦脾氣雖是暴躁了些，不過還是很勤快，又不罵人。」爹娘一聽真有些道理，嘔的氣也少了。

瞎爺的孩子都是閨女，於是媳婦總覺得對不起他們家，瞎爺又勸他的媳婦道：「這有什麼值得愧疚的呢？我認為妳還是個很有能耐的女人哩！世界上有好多結了婚的女人，根本就沒有孩子，別說 5 個女兒，她們連一個女兒都生不出來。咱們這 5 個女兒，等到長大之後就會有 5 個女婿，日後等咱們老了，逢年過節的時候，5 個女兒女婿一起提了酒、拎了肉回來孝敬咱們兩個老人，那該多熱鬧！那些雖有兒子幾個，卻妯娌不和，婆媳之間爭得不得安寧，我們與這樣的家相比，不知要強多少倍！」

可是，瞎爺家確實貧寒得很，妻子實在熬不下去了，便不斷抱怨。瞎爺說：「妳只跟那些住進深宅大院、家有萬貫資財、頓頓吃肉喝酒的人家相比，妳自然是越比越覺得咱這日子是沒法過了，但是妳只要瞧瞧那些拖兒帶女四處討飯的人家，白天飽一頓餓一頓，晚上睡在別人家的屋簷下，弄不好還會被狗咬一口，妳就會覺得咱家這日子還真是不賴。雖然咱沒有饅吃，可是咱們還有稀飯可以喝；雖然咱們家買不起新衣服，可是總還有舊的衣裳穿，我們家這房子雖然有些漏雨的地方，可總還是住在屋子裡邊，和那些討飯維持生活的人相比，我們家的日子可以算是天堂了……」

瞎爺老了，想在闔眼前把棺材做好，然後安安心心的走。可做的棺材屬於非常寒酸的那一種，妻子愧疚不已，瞎爺勸說：「這棺材比起富豪大家們的上等柏木是差遠了，可是比起那些窮得連棺材都買不起，屍體用草席捲的

人，不是要強多了嗎？」

　　瞎爺活到 72 歲，無疾而終。在他臨死之前，對哭泣的老伴說：「有啥好哭的，我已經活到 72 歲，比起那些活到八九十歲的人，不算高壽，可是比起那些四五十歲就死了的人，我不是好多了嗎？」

　　瞎爺死的時候，面孔安詳，兩個眼角還留有笑容⋯⋯

　　瞎爺的人生觀，正是一種樂天知足的人生觀，一種只和那些境況不如自己的人相比，而永遠不和那些比自己強的人攀比，並以此而找到了快樂的人生哲學。

> 瞬間的感悟：沒有人會說自己袋中的錢已足夠。就算一個人擁有點石成金的異能，他也不見得會感到滿足。不滿足是進步的前提，滿足是快樂的泉源。

怎樣擁有人生的光彩

　　人生的光彩在哪裡呢？

　　有一個人去應徵工作，隨手將走廊上的紙屑撿起來，放進了垃圾桶，被路過的口試官看到了，因此他得到了這份工作。

　　原來獲得賞識很簡單，養成好習慣就可以了。

　　有個小弟在腳踏車店當學徒，有人送來一部故障的腳踏車，小弟除了將車修好，還把車子整理得漂亮如新，其它學徒笑他多此一舉，後來雇主將腳踏車領回去的第二天，小弟被挖角到那位雇主的公司上班。

　　原來出人頭地很簡單，吃點虧就可以了。

　　有個小孩對母親說：「媽媽妳今天好漂亮。」母親回答：「為什麼。」小孩

說：「因為媽媽今天都沒有生氣。」

原來要擁有漂亮很簡單，只要不生氣就可以了。

有個牧場主人，叫他孩子每天在牧場上辛勤的工作，朋友對他說：「你不需要讓孩子如此辛苦，農作物一樣會長得很好的。」牧場主人回答說：「我不是在培養農作物，我是在培養我的孩子。」原來培養孩子很簡單，讓他吃點苦頭就可以了。

有一個網球教練對學生說：「如果一個網球掉進草堆裡，應該如何找？」有人答：「從草堆中心線開始找。」有人答：「從草堆的最凹處開始找。」有人答：「從草最長的地方開始找。」教練宣布正確答案：「按部就班的從草地的一頭，搜尋到草地的另一頭。」

原來尋找成功的方法很簡單，從一數到十不要跳過就可以了。

有一家商店經常燈火通明，有人問：「你們店裡到底是用什麼牌子的燈管？那麼耐用。」店家回答說：「我們的燈管也常常壞，只是我們壞了就換而已。」

原來保持明亮的方法很簡單，只要常常更換就可以了。

住在田邊的青蛙對住在路邊的青蛙說：「你這裡太危險，搬來跟我住吧！」路邊的青蛙說：「我已經習慣了，懶得搬了。」幾天後，田邊的青蛙去探望路邊的青蛙，卻發現牠已被車子壓死，暴屍在馬路上。

原來掌握命運的方法很簡單，遠離懶惰就可以了。

有一隻小雞破殼而出的時候，剛好有隻烏龜經過，從此以後小雞就背著蛋殼過一生。

原來脫離沉重的負荷很簡單，放棄固執成見就可以了。

有幾個小孩很想當天使，上帝給他們一人一個燭臺，叫他們要保持光

亮，結果一天兩天過去了，上帝都沒來，所有小孩已不再擦拭那燭臺，有一天上帝突然造訪，每個人的燭臺都蒙上厚厚的灰塵，只有一個小孩大家都叫他笨小孩，因為上帝沒來，他也每天都擦拭，結果這個笨小孩成了天使。

原來當天使很簡單，只要實實在在去做就可以了。

有隻小豬，向神請求做祂的門徒，神欣然答應，剛好有一頭小牛由泥沼裡爬出來，渾身都是泥濘，神對小豬說：「去幫牠洗洗身子吧！」小豬訝異的答道：「我是神的門徒，怎麼能去侍候那髒兮兮的小牛呢！」神說：「你不去侍候別人，別人怎會知道，你是我的門徒呢！」

原來要變成神很簡單，只要真心付出就可以了。

有一支淘金隊伍在沙漠中行走，大家都步伐沉重，痛苦不堪，只有一人快樂的走著，別人問：「你為何如此愜意？」他笑著：「因為我帶的東西最少。」

原來快樂很簡單，擁有少一點就可以了。

人生的光彩在哪裡？早上醒來，光彩在臉上，充滿笑容的迎接未來。到了中午，光彩在腰上，挺直腰桿的活在當下。到了晚上，光彩在腳上，腳踏實地的做好自己。

> 瞬間的感悟：原來人生也很簡單，只要能懂得「珍惜、知足、感恩」你就擁有了生命的光彩。

心中有個寧靜

在紐約市中心辦公大樓裡有一個掌管貨梯的人，與別人不同的是，他的左手腕被砍斷了。一天，有人問他少了那隻手會不會覺得難過，他說：「不會，我根本就不會想到它。只有在要穿針引線的時候，才會想起這件事

情來。」

在阿姆斯特丹有一家 15 世紀的老教堂，在它的廢墟上留有一行字：事情既然如此，就不會另有他樣。

在漫長的歲月中，你一定會碰到一些令人不愉快的情況，它們既是這樣，就不可能是他樣。你也可以有所選擇，你可以把它們當作一種不可避免的情況加以接受，並且適應它，或者可以用憂慮毀了自己的生活，甚至可能最後弄得精神崩潰。

在這裡要給你提出一個忠告：要樂於接受必然發生的情況，接受所發生的事實，這是克服隨之而來的任何不幸的第一步。唯有學習坦然面對失敗和痛苦才能擁有真正的幸福，讓生命中無可避免的困境、失敗、障礙、疾病與痛苦都轉變成創造成功、奇蹟與完美的力量。

很顯然，環境本身並不能使我們快樂或不快樂，我們對周遭環境的反應才能決定我們的感受。必要的時候，我們都能忍受得住災難和悲劇，甚至戰勝它們。我們也許以為自己辦不到，但我們內在的力量卻堅強得驚人，只要肯加以利用，就能幫助我們克服一切。

要是我們遇到一些不可改變的事實就一味退縮，或是消極否認，為它難過，我們也不可能改變這些事實，我們只能改變自己。

有一次，我拒絕接受我碰到的一個不可避免的情況。我做了一件傻事，想反抗它，結果我失眠了好幾夜，疲憊不堪。我想起了所有不願意想的事情，經過了一年的自我虐待，我終於說服自己接受了這些不可能改變的事實。

但這並不是說，在碰到任何挫折的時候，都應該極力忍耐接受，那樣就成為宿命論者了。不論哪一種情況，只要還有一點挽救的機會，我們就要奮

鬥。可是普通常識告訴我們，當事情是不可避免的 —— 也不可能再有任何轉機時 —— 為了保持我們的理智，就請不要再「左顧右盼，無事自憂」了。

沒有人能有足夠的情感和精力，既抗拒不可避免的事實，又能利用這些情感和精力去創造新的生活。你只能在這兩者中間選擇其一，你可以面對生活中那些不可避免的暴風雨，彎下自己的身子，你也可以自不量力的去抵抗而被摧折。

一位牧師有句至理名言，他說：「仔細觀察周圍，你會發現你身邊的每個人都背負著十字架，備嘗痛苦。」我們經常會忽略這個事實，只看到別人臉上的笑容，羨慕別人的幸福，殊不知笑容和幸福的背後是要付出代價的。

其實人生中的危機和痛苦不正是這種景象嗎？痛苦在我們靈魂上深深的劃下傷痕，逆境更不斷動搖我們的信心。但是新生命的種子卻也受到滋養而日益茁壯，痛苦的犁痕越深，生命的歷練也就越豐富。幸運的是，經過痛苦，流過淚之後，人與人之間的關懷和愛更是我們新生的力量。

能在一切環境中保持寧靜心態的人，都具有高貴的品格修養。我們要努力培養自己心理上的抗干擾能力，冷靜的應對世間的千變萬化。「任憑風浪起，穩坐釣魚臺」。這「臺」就是寧靜的心靈。

> 瞬間的感悟：每個人內心的寧靜，是別人無法改變的，能改變這種寧靜的只有你自己。

坦然面對得失

遠古時期，賢明的唐堯擔任部落首領幾十年，人老了想找個接班人。於是，聰明賢能的虞舜成為被考核的對象。虞舜有個後母所生的弟弟象，幾次

挑唆父親和後母加害虞舜，虞舜一點不記仇，仍然孝順父親，愛護弟弟。虞舜和氣謙讓，人們樂意與他和睦相處，他居住的地方也由偏僻的鄉村變成了熱鬧的城鎮。唐堯賞給虞舜一架名貴的琴、許多衣料，又為虞舜修建了糧倉。象看見舜家富裕了，十分妒忌，多次想加害他，虞舜仍然和原來一樣對弟弟十分友好。唐堯經過考察認為虞舜品德高尚，又有才能，便把部落首領的位置讓給了虞舜。這就是歷史上有名的禪讓。

虞舜能夠坦然面對即將發生的一切，面對任何人對自己的態度，保持自己的真誠與善良，也正是因為他做到了這些，才獲得了人們的愛戴和至上的權力。

許多的人我們都無法了解，許多的事我們都不能作主，許多的喜怒哀樂我們無所適從，許多的幸福苦難我們不敢接納。我們唯一能做的，就是奉獻我們的真誠，當豐碑躺倒而小草重生時，我們這些芸芸眾生生活得實在平凡，但我們絕不遺憾，因為，我們坦蕩。

> 瞬間的感悟：坦蕩生活，快樂會如期而至；坦蕩生活，便是享受人生本身。

神的啟示

北歐一座教堂裡，有一尊耶穌被釘在十字架上的苦像，大小和一般人差不多。因為有求必應，因此專程前來這裡祈禱，膜拜的人特別多，幾乎可以用門庭若市來形容。

教堂裡有位看門的人，看十字架上的耶穌每天要應付這麼多人的要求，覺得於心不忍，他希望能分擔耶穌的辛苦。有一天他祈禱時，向耶穌表明這份心。意外的，他聽到一個聲音，說：「好啊！我下來為你看門，你上來釘在

十字架上。但是，不論你看到什麼、聽到什麼，都不可以說一句話。」這位先生覺得，這個要求很簡單。於是耶穌下來，看門的先生上去，像耶穌被釘在十字架般的伸張雙臂，本來苦像就雕刻得和真人差不多，所以來膜拜的群眾不疑有他，這位先生也依照先前的約定，靜默不語，聆聽信友的心聲。

來往的人潮絡繹不絕，他們的祈求，有合理的，有不合理的，千奇百怪不一而足。但無論如何，他都強忍下來而沒有說話，因為他必須信守先前的承諾。

有一天來了一位富商，當富商祈禱完後，竟然忘記手邊的錢便離去。他看在眼裡，真想叫這位富商回來，但是，他憋著不能說。接著來了一位三餐不繼的窮人，他祈禱耶穌能幫助它度過生活的難關。當要離去時，發現先前那位富商留下的袋子，打開裡面全是錢。窮人高興得不得了，耶穌真好，有求必應，萬分感謝的離去。

十字架上偽裝的耶穌看在眼裡，想告訴他，這不是你的。但是，約定在先，他仍然憋著不能說。接下來有一位要出海遠行的年輕人來到，他是來祈求耶穌降福他平安。正當要離去時，富商衝進來，抓住年輕人的衣襟，要年輕人還錢，年輕人不明究理，兩人吵了起來。

這個時候，十字架上偽裝的耶穌終於忍不住，遂開口說話了。既然事情清楚了，富商便去找冒牌耶穌所形容的窮人，而年輕人則匆匆離去，生怕搭不上船。化裝成看門的耶穌出現了，指著十字架上的人說：「你下來吧！那個位置你沒有資格了。」

看門人說：「我把真相說出來，主持公道，難道不對嗎？」

耶穌說：「你懂得什麼？那位富商並不缺錢，他那袋錢不過用來嫖妓，可是對那窮人，卻是可以挽回一家大小生計；最可憐的是那位年輕人，如果富

商一直纏下去，延誤了他出海的時間，他還能保住一條命，而現在，他所搭乘的船正沉入海中。」

這是一個聽起來像笑話的寓言故事，卻透露出：「在現實生活中，我們常自認為怎麼樣才是最好的，但事與願違，使我們意不能平。我們必須相信：目前我們所擁有的，不論順境、逆境，都是對我們最好的安排。若能如此，我們才能在順境中感恩，在逆境中依舊心存喜樂。」

人生的事，沒有十全十美。但是，我們應認真活在當下。

有人曾說：「心若改變，你的態度跟著改變；態度改變，你的習慣跟著改變；習慣改變，你的性格跟著改變；性格改變，你的人生跟著改變。在順境中感恩，在逆境中依舊心存喜樂，認真的活在當下。」

願一切生命都勇於去尋求最艱苦的環境。生命正是要在最困厄的境遇中，才能發現自己、認識自己，從而才能錘鍊自己、彰顯自己，最後完成自己、昇華自己。

瞬間的感悟：「對必然之事，且輕快的加以承受。」這句話從耶穌基督出生前 399 年就流傳開去了。在這個充滿憂慮的世界，今天的你比以往更需要這句話。

不以物喜，不以己悲

一位留學美國的學生和朋友談起了自己看問題視野的變化。

由於成績優秀，他考上了知名的高中。他發現自己再不能像在小學時那樣穩拿第一了，於是產生了嫉妒：比自己好的同學原來都有六角好鉛筆，自己卻沒有，天道不公啊！經過幾年的苦讀，他居然又成為當地高中的第一

第五章　人性的弱點

了。而他又覺得：人與人之間還是不平等的，為什麼自己沒有好鋼筆呢？

高中畢業後，他考上了北京的某所大學，可好景不長，他的學習成績連中等也保不住了。看到城裡的同學是好鉛筆成堆，好鋼筆成把，早上蛋糕牛奶，晚上香茶水果，想想自己，早上一個饅頭還捨不得吃完，還要給晚上留一半。「合理」又從何談起呢？

五年後，他留學到美國，親眼看到了五光十色的西方世界，所有的嫉妒、自卑、怨恨卻忽然一掃而光了。原來自己選擇的比較標準發生了變化，看到的不再是自己的同學、同事和鄰居，而是整個世界。

有的人在蝸牛角上打架，有的人攜手在太空漫步。坐井觀天的爭鬥只有一個結果，就是固步自封。當你轉換一個視角再看問題時，你有可能發現一個全新的世界。

這個世界上只有一件事是最重要的，那就是自己得瞧得起自己，至於別人怎麼說怎麼認為反而是一件無足輕重的瑣事。

生活中如此，工作上也一樣，只要好好做，是金子總會發光的。可是，當我們面對生活的挫折和不平坦的路程的時候，我們卻常常把自身貶低。

小亮原來在某公司的行銷部當經理。一天他突然接到人事部門的調令，調他去供應部當經理。在公司，供應部的地位哪裡會比得上行銷部呢？小亮心想如此一調，不就是明擺著對自己不滿意嘛，看來前途不妙。以前小亮從事銷售工作，整天往外跑，很合乎他的個性，如今，要他整天待在辦公室裡處理物資調動，和那些器材報表打交道，實在是有些受不了。開始的時候，小亮一直悶悶不樂，心灰意冷。後來他自己忽然想到一個問題：為什麼我以前對自己信心十足，當上了供應部經理後就沒有了呢？他思之再三，突然領悟過來：「這是因為我自己的期待值無形中隨著部門的調動而降低了，我失去

了自我上進的動力。」於是，他開始把精力投入新的工作，慢慢的發現供應部也有自己的用武之地。而且，供應部對整個公司來說，起著舉足輕重的作用，只是大家平時把它忽略了而已。小亮重新找到了「工作的意義」，一改以往消極拖沓的作風，變得充滿自信，工作起來如魚得水，得心應手。他的積極態度也感染了下屬。

由於他出色的工作成績，供應部獲得總公司頒發的兩次特別獎金。不久，小亮收到一張人事調令，他被提升為公司的副總經理。

從這個故事中，我們看到了：其實在生活中，我們應該抱持一種適應環境、改造環境的積極心態，而不要一味的在自己的消極意志中沉寂下去。

當然，有些時候我們不可能完全如意的挑選那些又重要又體面的工作，很可能要被動的接受一些工作安排。這時候要心中清楚：不要讓自己降低標準去適應工作，而應按自己的才華提升工作標準，不要做削足適履的傻事。

和諧難得，和諧又從何而來？往往是我們以一種好的心態去待人接物，無論是生活還是工作，和諧便至。我們更應好好珍惜這難得的和諧。

戰國時代，在長城外住了一位老翁。有一天，老翁家裡養的一匹馬無緣無故走失了。在塞外，馬是負重的主要工具，所以，鄰居都來安慰他，這位老翁卻很不在乎的說：「這件事未必不是福氣！」過了幾個月，走失的那匹馬居然帶了一匹胡人的駿馬回家，這真正是賺到了，鄰居都來慶賀。這位老翁卻說：「這未必不是禍！」幾個月後，老翁的兒子騎這匹胡馬摔斷了大腿骨，鄰居們佩服老翁的料事如神之餘也趕來慰問，而這位老翁卻毫不在意的說：「這倒未必不是福！」事隔半年，胡人入侵，壯丁統統被徵調當兵，戰死沙場者十之八九，而老翁的兒子卻因為摔斷了一條腿免役而保住一命。

塞上老翁這種透過長遠時空、利弊並重的思考問題的方式，自然產生

「不以物喜，不以己悲」的平常心，遂成為傳統文化中睿智的典型。這種平常心帶來了生活中的和諧，寬容心不也是如此嗎？

良好的人生境界確已至高，當一個人的事業、品行、心境都達到良好時，誰說那人生不夠優秀。

一位老和尚，他身邊聚集著一幫虔誠的弟子。這一天，他囑咐弟子每人去南山打一擔柴回來。弟子們匆匆行至離山不遠的河邊，人人目瞪口呆。只見洪水從山上奔洩而下，無論如何也休想渡河打柴了。無功而返，弟子們都有些垂頭喪氣。唯獨一個小和尚與師父坦然相對。師父問其故，小和尚從懷中掏出一個蘋果，遞給師父說，過不了河，打不了柴，見河邊有棵蘋果樹，我就順手把樹上唯一的一個蘋果摘來了。後來，這位小和尚成了師父的衣缽傳人。

世上有走不完的路，也有過不了的河。遇到過不了的河掉頭而回，這也是一種智慧。但真正的智慧還要在河邊做一件事情：放飛思想的風箏，摘下一個「蘋果」。

> 瞬間的感悟：歷覽古今，抱定這樣一種生活信念的人，最終都實現了人生的突圍和超越。要想事業的成功，似乎仍需更多釋然與智慧。

如果有顆檸檬，就做檸檬水

當一位快樂的農夫買下那片農場時，也不免會覺得非常沮喪。那塊地壞得既不能種水果，也不能養豬，能生長的只有白楊樹及響尾蛇。但他想到了一個好主意，他要利用那些響尾蛇。他的做法使每一個人都很吃驚，他開始做響尾蛇肉罐頭。每年來參觀響尾蛇農場的遊客差不多有兩萬人。不久，他

的生意就已經做得非常大了。

這個村子現在已改名為響尾蛇村，是為了紀念這位把有毒的檸檬做成了甜美檸檬水的先生。

有一次芝加哥大學校長羅吉斯在談到如何獲得快樂時說：「我一直試著遵照一個小的忠告去做，這是已故的西爾斯公司董事長告訴我的。他說：『如果有顆檸檬，就做檸檬水』。」

這是聰明人的做法，而傻子的做法正好相反。傻子會發現生命給他的只是一個檸檬，他就會自暴自棄的說：「我垮了。這就是命運。我連一點機會也沒有。」然後他就開始詛咒這個世界，讓自己沉溺在自憐自憫之中。可是當聰明人拿到一個檸檬的時候，他就會說：「從這件不幸的事情中，我可以學到什麼呢？我怎樣才能改善我的情況，怎樣才能把這個檸檬做成一杯檸檬水呢？」

一位偉大的心理學家說，人類最奇妙的特性之一就是「把負變為正的力量」。

有人把這句話又重說了一遍：「快樂大部分並不是享受，而是勝利。」沒錯，這種勝利來自於一種成就感，一種得意，也來自於我們能把檸檬做成檸檬水。

20世紀最偉大的人物之一，提出相對論的愛因斯坦，在接受美國普林斯頓大學的教授聘書之後，欣然前往報到。普林斯頓大學對於愛因斯坦這樣一位偉大的人物，自然是禮遇非凡。愛因斯坦報到的第一天，就有專人為他服務，引導他去參觀他的辦公室。愛因斯坦看到寬大的辦公室，像小孩子一樣，十分高興，服務人員周到的問他，辦公室內還缺少什麼設備，如有需求，可以馬上補齊。愛因斯坦仔細檢視了一下辦公室內的設備，深感滿意，

第五章　人性的弱點

他轉向服務人員：「一切都很齊全啊！我還需要大量的紙張以及粉筆，方便我的演算。對了，還要一個加大的垃圾桶。」服務人員一一記下愛因斯坦所需的物品，對於最後一樣，服務人員納悶的問：「加大的垃圾桶？有什麼特別的用處嗎？」愛因斯坦笑了笑；「是的，垃圾桶越大越好，因為只有這樣，我才能把我所有的錯誤，丟到那裡面去！」

無論是凡人或偉大的人都會犯錯誤。偉人之所以偉大，是因為他知道自己也會犯錯誤，他時刻注意修正自己的缺點，致使自己的優點日益增添。另外，正視人本身的某些東西於人也大有益處。

我們越研究那些有成就者的事業，就越加深刻的感覺到，他們之中有非常多的人之所以成功，是因為他們開始的時候有一些會阻礙到他們的缺陷，正在促使他們加倍的努力而得到更多的報償。正如一些殘障者所說的：「我們的缺陷對我們有意外的幫助。」

不錯，很可能密爾頓就是因為瞎了眼，才能寫出更好的詩篇來，而貝多芬可能正是因為聾了，才能作出更好的曲子。

海倫凱勒之所以能有光輝的成就，也就是因為她的瞎和聾。

如果柴可夫斯基不是那麼痛苦 —— 而且他那個悲劇性的婚姻幾乎使他瀕臨自殺的邊緣 —— 如果他自己的生活不是那麼的悲慘，他也許永遠不能寫出他那首不朽的《悲愴交響曲》。

如果杜思妥也夫斯基和托爾斯泰的生活不是那樣的充滿折磨，他們可能也永遠寫不出那些不朽的小說。

「如果我不是有這樣的殘疾，我也許不會做到我所完成的這麼多工作。」達爾文坦白承認他的殘疾對他有意想不到的幫助。

用肯定的思想來替代否定的。思想，能激發你的創造力，能刺激我們忙

得根本沒有時間，也沒有興趣去憂慮那些已經過去和已經完成的事情。

有一次，世界最有名的小提琴家在巴黎舉行一次音樂會，他小提琴上的A弦突然斷了。可是他就用另外的那三根弦演奏完了那支曲子。「這就是生活，」「有人說，如果你的A弦斷了，就在其他三根弦上把曲子演奏完。」

這不僅是生活，這比生活更可貴——這是一次生命上的勝利。

如果我們能夠做到，我們應該把只有一條腿的威廉·波里索的這句話刻在銅版上，掛在每一所學校裡：「生命中最重要的一件事，就是不要把你的收入拿來做資本。任何傻子都會這樣做，但真正重要的事是要從你的損失裡獲利。這就需要有才智才行，而這一點也正是一個聰明人和一個傻子之間的根本區別。」

> 瞬間的感悟：用肯定的思想替代否定的思想，能有效阻止你為那些已經過去和已經完成的事情的憂慮。

學會容忍

世界上多少悲劇，多少恐怖，皆因人與人之間的不能容忍而發生！不能容忍，實和愚昧同一意義，而且這種愚昧，還是野蠻人和暴徒的愚昧；因為他們對於世間的事物認知不清，由隔膜而誤會，由誤會而發怒。法國人有句話：「能夠了解一切事物，便能寬恕一切事物。」所以我們如果要做一個文明的人，非首先了解世間的事物不可。我們現在以心理學的眼光，來分析不能容忍的特性：

心理學告訴我們：每一種特性，都有它的原因和目的。譬如，在家庭之中，小瑪莉在母親宴客的席面上忽然在她的一件新衣上潑了一點菜湯。瑪莉

對於這件掃興的事自覺很羞愧，然而她的母親認為這是在教養上對於社會的一種過失，不能容忍，便要當客人的面大聲責罵小瑪莉。可憐的小瑪莉被母親責罵之後，又被喝斥離開席面，使她在客人面前失去體面，覺得非常痛苦。然而，母親卻自以為已經安慰了自己的良心了。

舉一個例子：約翰旅行到了法國，在法國一個鄉村的小客棧裡開了房間。棧主領他來到最清潔的一間房裡，然後很抱歉的告訴約翰說，這房裡沒有自來水和浴室的設備。因此，約翰便罵法國人是退化的、不講衛生的野蠻民族。接著他便得意的向那主人誇口道：在他本國，無論大小旅館，每一間房都有冷熱自來水和浴室的設備，又說這並非是奢侈，乃是必需品。然而，約翰的話，並不是全對的。這且不必說，那個老實的客棧主人，本想討好客人，現在卻適得其反，覺得很痛心。可是，約翰所得的優勝，實在也不過是虛偽的說謊罷了。

再來舉一個例子：有一位夫人去赴一個宴會，主人邀請了一位年輕女音樂家來彈琴，以娛來賓。演奏之後，主人問某夫人琴奏得好不好？某夫人答道：「琴是奏得很好的，可是，親愛的，你沒看見她所穿的衣服是多麼不體面呀！」在某夫人的心中，那位年輕女音樂家的地位和身分早已因為衣服的不得體而降低了。

以上三例可以證明不能容忍的原因是根據下面的四點：(1) 愚昧 (2) 低劣的感情 (3) 缺乏同情心 (4) 犧牲他人而獲得一種虛偽的主觀的優勝。

所以越是愚昧的人，越不能忍耐。野蠻民族，不了解現代的機器，便不能容忍它，當它是魔術，降低它的價值。有知識的人旅行到異國，目的是在開闊眼界，增加同情，他不但應該仔細觀察該地的風俗以及該地人的生活方式，而且應該同情和了解人類的各種品性。至於愚昧的人，無論他旅行到什

麼地方，他的思想和見解，永遠還是在他自己的殼裡，在新的環境裡，他學不到什麼，見不到什麼；他只會拿他自己的舊殼去比那新環境，若有不同，他便認為不對。

善於破壞為自己所不了解的東西，這與野蠻人和小孩一樣。野蠻人洗劫羅馬的時候破壞了著名的圖書館，這是因為他們自己不會讀書之故。有精神疾病的人，就是那不肯好好補救低劣心理的人，對於為他所不了解的事物，他認為不對，並且從事破壞活動。

我們對於新的環境、新的事物，要努力研究，以求達到能夠了解的目的；倘是好的、對的，我們便應該吸取、學習。這是最正當最科學的方法，也正是容忍的方法。不能容忍的人，因為他是愚昧的，只曉得向來如此，現在也應該如此，所以他拚命反抗和破壞一切新的環境、新的事物、新的思想和新的人物。

凡人想到生活的真正愉快和優勝，只有努力提高他的見識，努力求知；因為他所知道的越多，他在生活上的幫助也越多、越加快樂；同時，他於事物的了解越多，即對於人類社會越有用，也就越優勝。

見識越廣，思想越開闊，人格越健全，他的生活越能安定，而種族、國籍、主義、思想、風俗、習慣乃至大小顏色等等所給他的印象，也分別越少。他是用對人類社會的有利的標準，來檢驗一切不認識的新環境和新事物的，對的、有利的，努力採取學習，不對的、無益的，置之高閣。隨著睿智的深化，人的度量將越發寬大。我們要容忍他人，如同容忍自己。

瞬間的感悟：人要控制好自己的情緒，讓心胸更開闊些。

第五章　人性的弱點

克制自己的情緒

在法庭上，律師拿出一封信問洛克菲勒：「先生，你收到我寄給你的信了嗎？你回信了嗎？」

「收到了！」洛克菲勒回答他，「沒有回信！」

律師又拿出二十幾封信，一一的詢問洛克菲勒，而洛克菲勒都以相同的表情，一一給予相同的回答。

律師控制不住自己的情緒，暴跳如雷不斷咒罵。

最後，庭上宣布洛克菲勒勝訴！因為律師因情緒的失控讓自己亂了章法。

你也許會說：「大名鼎鼎的洛克菲勒為什麼用如此的手段取勝？」好吧，我們不討論這些，也不管洛克菲勒的方法是否正確，但最終的結果是，那個律師因為情緒失控而敗下陣來。

生活中，面對不同的環境，不同的對手，有時候採用何種手段已不太關鍵，而保持好自己的情緒才是至關重要。

每個人都有自己的情緒，而情緒是一種很滑溜的東西，有時滑溜得讓人捉摸不到，但是，不管怎麼滑溜，你都要想辦法將它捏得緊緊的。因為這關係到你能否在社會上遊刃有餘的生存。

有許多人能把情緒收放自如，這個時候，情緒已不僅是一種感情上的表達，而且成了攻防中使用的武器。

有時候，掌控不住情緒，不管三七二十一發洩一通，結果搞得場面十分難堪。生活中，每個人都難免會碰到這種擦槍走火的狀況。但是，聰明人有將情緒馬上收回來的本事。

自古以來，評價人的標準，只看一個人的涵養和行事的風格，就知是否

可以成為可塑之才，是否有大將之風，因此你要成為人上人，除了常識與能力之外，全視其能否將情緒操控得當。

一個人的涵養來源於他的修養，學會控制情緒。遇事不能冷靜，並且以某種極端手段處之的人，絕不是一個高貴的人。

羅爾在夢中見到了上帝。上帝問道：「你想採訪我嗎？」

羅爾說：「我很想採訪祢，但不知道祢是否有時間。」

上帝笑道：「我的時間是永恆的。你有什麼問題嗎？」

「祢感到人類最奇怪的是什麼？」

上帝答道：「他們厭倦童年生活，急於長大，而後又渴望返老還童。他們犧牲自己的健康來換取金錢，然後又犧牲金錢來恢復健康。他們對未來充滿憂慮，但卻忘記了現在；於是，他們既不生活於現在此之中，也不生活於未來之中。他們活著的時候好像從不會死去，但是死去以後又好像從未活過⋯⋯」

上帝握住羅爾的手，他們沉默了片刻。

羅爾問道：「作為長輩，祢有什麼生活經驗想要告訴子女的？」

上帝笑著回答道：「他們應該知道不可能取悅於所有人。他們所能做的只是讓自己被人所愛。他們應該知道，一生中最有價值的不是擁有什麼東西，而是擁有什麼人。他們應該知道，與他人攀比是不好的。他們應該知道，富的人並不擁有最多，而是需求最少。他們應該知道，要在所愛的人身上造成創傷只要幾秒鐘，但是治療創傷則要花幾年的時間，甚至更長。他們應該學會寬恕別人。他們應該知道，有些人在深深的愛著他們，但卻不知道如何表達自己的感情。他們應該知道，金錢可以買到任何東西，但卻買不到幸福。他們應該知道，兩個人看同一個事物，會看出不同的東西。他們應該知

道，得到別人寬恕是不夠的，他們也應當寬恕自己。他們應該知道，我始終存在。」

造物主在把那麼多美德賦予了人類的同時，還把虛榮、貪婪、憂鬱、恐懼、嫉妒、憤怒、自卑、孤獨等種種弱點同時嵌入了人的身體。於是這些固有的弱點便成了桎梏與羈絆，成了懸崖與深淵，它們將許許多多的人擋在了成功的大門之外。並且於人於己均有很大的影響。

> 瞬間的感悟：不要讓壞情緒影響自己。

學會忍讓

情緒處理得好，可以將阻力化為助力，幫你解危化險、政通人和。情緒若處理得不好，便容易激怒，產生一些非理性的言行舉止，輕則誤事受挫，重則違法亂紀。

隋朝的時候，隋煬帝十分殘暴，各地農民起義風起雲湧，隋朝的許多官員也紛紛倒戈，轉向農民起義軍，因此，隋煬帝的疑心很重，對朝中大臣，尤其是外藩重臣，更是易起疑心。唐國公李淵（即唐太祖）曾多次擔任中央和地方官，所到之處，悉心結納當地的英雄豪傑，多方樹立恩德，因而聲望很高，許多人都來歸附。這樣，大家都替他擔心，怕遭到隋煬帝的猜忌。正在這時，隋煬帝下詔讓李淵到他的行宮去晉見。李淵因病未能前往，隋煬帝很不高興，多少有點猜疑之心。當時，李淵的外甥女王氏是隋煬帝的妃子，隋煬帝向她問起李淵未來朝見的原因，王氏回答說是因為病了，隋煬帝又問道：「會死嗎？」

王氏把這消息傳給了李淵，李淵更加謹慎起來，他知道遲早為隋煬帝

所不容，但過早起事又力量不足，只好隱忍等待。於是，他故意廣納賄賂，敗壞自己的名聲，整天沉湎於聲色犬馬之中，而且大肆張揚。隋煬帝聽到這些，果然放鬆了對他的警惕。這樣，才有後來的太原起兵和大唐帝國的建立。

假如李淵當初聽了隋煬帝的話，怒火中燒馬上與之理論或採取兵變，很可能會因為準備不足，時機不成熟而失敗。一旦失敗，則永無機會從頭再來了。

我們這裡講的忍，是一種等待，為圖大業等待時機成熟，忍之有道。這種忍，不是性格軟弱，忍氣吞聲、含淚度日之舉，而是高明人的一種謀略，是為人處世的上上之策。

許多時候，目標與現實之間，往往具有一定的距離，我們必須學會隨時去調整。無論如何，人不應該為不切實際的誓言和願望活著。並能在行事時以良好心待之。

在美國，有位軍官接到命令，要他前往靠近沙漠的地方駐防。那裡的生活條件很差，這位軍官不想讓新婚的嬌妻跟他一起吃苦。但是妻子一定要跟去。他們在靠近印第安人村落的地方找了一間棲身的小木屋，這裡白天酷熱難耐，風一年到頭吹個不停；更要命的是旁邊住的都是不懂英語的印第安人，雙方無法交流。日子一長，妻子覺得極其無聊。她就給母親寫了信，訴說苦處。

母親很快回信了，意味深長的告訴女兒：「有兩個囚犯從獄中望窗外，一個看到的是泥巴，一個看到的是星星。」新娘想了想，便對自己說：「那我就去尋找那些星星吧。」從此她改變了以往的生活方式，走出屋外，與周圍的印第安人交朋友，並請他們教她怎樣織東西和製陶。一開始印第安人對她並

不友好，可一段時間後發現她的確待人和善，他們也以誠相待。她開始研究起沙漠，並最終成了一名沙漠專家，寫了一本有關沙漠的專著。

> 瞬間的感悟：控制好情緒需要理性的克制，需要雅量。雅量，將使你面對攻擊者保有最完美的自尊和最充分的人格主動權；雅量，還將最終迫使攻擊者情願或不情願的走向道德法庭的被告地位。

忍得了屈辱，才能成就大事

漫漫人生路，有太多的不如意，退一步是海闊天空，只要不忘記自己最終使命，你還是你。要能承受別人的嘲笑，這是一種雅量，同時也是能忍的標誌。

守端禪師的師父是茶陵鬱山主，有一天騎驢子過橋，驢子的腳陷入橋的裂縫，禪師摔下驢背，忽然感悟，吟了一首詩唱：「我有神珠一顆，久被巨勞羈鎖。今朝塵盡光生，照見山河萬朵。」

守端很喜歡這首詩，牢牢的背下來。有一天，他去拜訪楊歧方會禪師。

方會問他：「你的師父過橋時跌下驢背突然開悟，我聽說他做了一首詩很奇妙，你記得嗎？」

守端就不假思索，開心的背誦出來。等他背完了，方會大笑一陣，就起身走了。守端愕然，想不出什麼原因。第二天一大早，他就趕去見方會，問他為什麼大笑。

方會問：「你見到昨天那個為了驅邪演出的小丑了嗎？」

「我見到了。」

方會說：「你連他們的一點點都比不上呀。」

守端聽了嚇了一跳說：「師父什麼意思？」方會說：「他們喜歡人家笑，你卻怕人家笑。」守端聽了，當場就開竅了。

如果你不能接受一次嘲笑，將會受到別人更多的挑剔和攻擊。人生中如果你不能忍一時之痛，那麼你的痛苦將是長久的。

其實，人生的各種境遇，都是我們學習的功課；有人能處逆境，卻未必能處順境。一個人會用什麼樣的心態，面對自己所處的環境？這就要看他「忍辱」的工夫做得夠不夠。聽說在監牢裡一關十幾、二十年的囚犯，很多是帶著滿腔恨意出獄的；所以，出獄以後往往變本加厲，犯下更大的罪案。

在佛經裡，「忍辱」的意涵是很豐富的；挫折、打擊固然要忍，成功與歡樂也要忍；逆來受，順來也要受。但是，所謂「受」，並不是被動的接受認可，而是以積極主動的態度，把境遇轉化超越，讓自己從中得到學習成長的機會。一般人受到冤屈挫折，心理上總是忿忿不平；然而，正因為憤恨難消，痛苦煎熬也如影隨形、揮之不去。如果藉著面對打擊來鍛鍊自己的心性品格，甚至把打擊你的人看成來度化你的菩薩，謝謝他給你試煉自己、提升自己的機會，心裡沒有怨恨，自然不會感到痛苦。

有幾位智障兒的家長說，經過漫長的歲月，他們已經能在照顧孩子的艱苦和磨難當中，慢慢體會到自己的心都被打開來了。他們能用接受考驗的心情歡喜承受，所以，即使外人看來，他們的處境是苦不堪言，他們卻甘之如飴。在逆境中忍辱負重、蹣跚前行，這個道理大家能接受；在事事順利、飛黃騰達的時候也要「忍辱」，恐怕就不容易理解了。

「春風得意馬蹄疾，一日看盡長安花」，許多人在失意的時候還能刻苦自勵，一旦春風得意，就放蕩起來了，得意忘形，言行舉止失了分寸，災難禍害很快就隨之而至。所以要居安思危，成功要忍，歡樂也要忍。

屈辱，可以成為泯滅一個人理想之火的冰水，也可以成為鞭策一個人發憤成功的動力。要知道受屈辱是壞事，但也能變成好事。

記得一位先哲說過，無論怎樣學習，都不如他在受到屈辱時學得迅速、深刻、持久。

善於從屈辱中學習，實在是成就業績的一個重要方法。

> 瞬間的感悟：屈辱使人學會思考，體驗到順境中無法體會到的東西；它使人更深入的去接觸實際，去了解社會，促使人的思想得以昇華，並由此開闢出一條寬廣的成功之路。朋友，當你受到屈辱時，憤則興，興則進。請記住但丁《神曲》中的一句名言：「不要怕，定定心！我們已在更好的路上了；不要後退，發揮你的力量吧！」

簡簡單單的生活

在市集上，有人看見蘇格拉底正興致勃勃的看著那些華麗俗氣的奢侈品。他不解的問：「先生，您也對這些東西感興趣嗎？」蘇格拉底說：「是啊，我感興趣的是 —— 這市場上有多少東西是我不需要的啊！」

是的，簡單樸實的生活是偉大的。過這種生活的人灑脫超然，不為任何繁複瑣碎和吹毛求疵的羈絆束縛。

簡單應該成為我們每一個人的準則。因為在人生道路上，唯有奉行簡單的準則，才有可能避免誤入阻礙我們成熟的岔路，陷入歧途。

就目前的潮流來看，無論是人際關係、社會結構或家庭關係，都同樣有複雜化的趨勢。然而，人們又不約而同的用一種簡化的公式來處理這些關係。所以用「簡單」的態度來處理事務，不僅能得到事半功倍的效果，同時

也能將生活帶入一種節奏明快的規律之中。

　　其實，使事物變得複雜是很容易的，但若想將事物簡化成有條不紊的情況就要動動腦筋了！

　　把複雜的問題看得很簡單，把簡單的問題看得很複雜，這兩者誰笨？有一個朋友幾乎沒有考慮就回答說，兩個人都笨得厲害，因為簡單的問題就應該看得簡單，複雜的問題就應該看得複雜。

　　《唐吉訶德》裡有一個片段：桑丘問作家表弟說世界上第一個翻跟頭的是誰？表弟回答說這個問題我一時回答不上，等我以後回書房去翻翻書，考證一番，下次見面，再把答案告訴你吧。桑丘過了一下子對他說，剛剛問的這個問題，我現在已經想到答案了：世界上第一個翻跟頭的是魔鬼，因為他從天上摔下來，就一直翻著跟頭，跌到了地獄。

　　看到這裡你也許會忍俊不禁，原因是桑丘的回答非常簡單的同時包含著一種極其樸素的智慧，大智若愚。他的主人則表揚他說，桑丘，你說出來的話，往往超過你的智慧呢，有些人煞費苦心，進行考證，但得出的結論往往既不能增長見識，也不能增添常識，真是毫無意義。

　　其實生活、學習、工作的中的很多事情都很簡單，大可不必費九牛二虎之力去傷透腦筋，人生、愛情、理想也是如此，很多時候都只是相當於一年級的數學一樣，或者根本就沒有上過學、一字不識的人看待雞兔同籠這一問題時的思維一樣 —— 打開籠子數數不就知道了？幹嘛費那麼大力氣列那許多方程式來計算！更重要的是幹嘛把雞和兔一起關在籠子裡呢 —— 只不過有的時候人們走了太多太遠太辛苦的路，卻意識不到有些路是根本就不必走的。有些人看到別人走，自己也就拚命的趕路，認為在走了很多辛苦路之後就會有天堂，可是誰知道天堂就在他原來所在的地方，就在他一路行走的過程

第五章　人性的弱點

中，或者根本就哪裡都沒有天堂。

有個打魚的人，他每天只打一尾魚，那尾魚剛好可以換他一天的食物、水和菸。然後他就躺在沙灘上晒太陽，望著藍天白雲抽菸，悠遊自在。這時來了一個商人，對他說：「老兄，我覺得你應該打更多的魚，然後把牠們賣掉，等存到一定數量的錢後就買一艘船，再開著船到處做買賣……」「然後呢？」那人問商人。「然後就賺很多很多的錢，然後就每天到海邊晒太陽，聽海……」「可是我現在不正在晒太陽、聽海嗎？」那人回答說，「更重要的是等我做夠了那些事，賺到了足夠的錢，也許我已經沒有時間來晒太陽聽海了……」

可見世界上沒有複雜的事情，只有複雜的心靈和黑洞般沒有邊際不知深淺的欲望。這就像一棵樹，細看來是許多的枝，再看是無數的葉，再看，是數不清的細胞。其實，它只是一棵樹，一棵樹而已。一切問題都是可以化為簡單的，正如電腦裡所有問題都只是兩個問題：是，或者不是。

簡單是一種積極、樂觀、向上的生活態度。對就對了，錯就錯了；愛就愛了，恨就恨了；笑就笑了，哭就哭了。哪有那麼多麻煩、計較和周折，又哪容你翻來覆去反覆無常的隨意更改。生命太短暫，一生不過短短數十年，哪耗得起那許多無謂的折騰。

簡單就是要學會捨棄。這也要那也撿，須知我們的雙肩載不動那許多的金錢、名譽、地位、情感、哀愁和怨恨。乾乾脆脆的捨棄吧，趕在被拋棄之前，輕輕鬆鬆的上路，多一些時間來聽花開花謝，多一些時間來關照日升月落，多一些時間來走向你心中的遠方。

簡單是一種速度。丟開一切束縛我們心靈和思維的桎梏，更不要讓世俗的網於無形中把你拉扯得身心俱憊，憔悴不堪。以一種快刀斬亂麻的方式，

勇敢的去做吧！

簡單其實就有這麼簡單。

> 瞬間的感悟：簡單要求我們對待生活像你每天親眼目睹的那樣樸實無華，而不是夢幻生活該有怎樣的色彩。簡單意味著心緒寧靜，安寧應在你自己身上，而不是在數千里以外某個陽光燦爛的世外桃源中。

妙用讚美

艾絲太太想聘用一位女傭，便打電話給那位女傭的前任雇主，詢問了一些情況，得到的評語卻是貶多於褒。女傭到任的那一天，艾絲說：「我打電話請教了妳的前任雇主，她說妳為人老實可靠，而且煮得一手好菜，唯一的缺點就是理家比較外行，老是把屋子弄得髒兮兮的，我想她的話並非完全可信，我相信妳一定會把家裡整理得井井有條。」

事實上她們果然相處得很愉快，女傭真的把家裡打掃得乾乾淨淨，而且工作非常勤奮。

只要肯定對方的特殊能力，高度的給予評價並提出要求，任何人都會樂於將其優點表現得淋漓盡致。

莎士比亞曾說：「誇獎他事實上並不擁有的美德。」要想矯正某人的缺點，不妨反過來先讚美對方的其他優點，他才會樂於迎合你的期望，自我矯正。

天底下，不論是窮人、富人、小偷，或是神父，只要他們聽到別人讚美自己的某一優點，他一定會全心全力去維護這份美譽，生怕辜負了自己和別人。

讚美不但讓別人高興，也可以讓自己獲得無數的友誼和協助，希望你能

夠培養起這種習慣。

其實喜歡別人的讚美是一般人的心理，不只是成人，小孩子也需要大人的讚美，不信你向小女孩稱讚她長得漂亮可愛，或是她的洋娃娃很好看，看看她的反應如何？

大人看似心智成熟了，其實需要讚美的心理並未消失，所以女孩子買了新衣服，總要問問朋友好不好看。說好看，她便樂了。男人呢？對年輕人說他長得英俊瀟灑，他一定高興，對中年人說他性格有味道，他也一定開懷！

所以，在社會上行走，你一定要善用讚美的魔力，它可以提高、潤滑你的人際關係，讓你到處受歡迎。

美國商界年薪最先超過 100 萬美元的人之中有一位是查爾斯·史考伯。他在 1921 年由安德魯·卡內基選拔為新組成的美國鋼鐵公司的第一任總裁，而當時他只有 38 歲。

為什麼鋼鐵大王安德魯·卡內基要付給史考伯一年 100 萬美元，即一天 3,000 多美元呢？為什麼？

因為史考伯是一名天才嗎？不是。因為他對鋼鐵的製造，知道得比其他人多嗎？胡扯。史考伯親口說過，他的手下有許多人，他們對鋼鐵的製造，知道得比他還多。

史考伯說，他得到這麼多的薪金，主要是因為他那跟人相處的本領。我問他如何跟人相處。這是他以自己的話語說出的祕訣 —— 這些話語應該鐫刻在不朽的銅牌上，掛在全球每個家裡和學校裡、每個商店和辦公室裡 —— 這些話語，孩童們應該背誦下來，而不要浪費時間去背誦拉丁動詞的變化，或背誦巴西每年的雨量 —— 這些話語將會改變你我的生活，如果我們能夠確實去實行的話：

「我認為，我那能夠使員工鼓舞起來的能力，」史考伯說，「是我所擁有的最大資產。而使一個人發揮最大能力的方法，是讚賞和鼓勵。」

「再也沒有比上司的批評更能抹殺一個人的雄心。我從來不批評任何人。我贊成鼓勵別人工作。因此我急於稱讚，而討厭挑錯。如果我喜歡什麼的話，就是我誠於嘉許，寬於稱道。」

這就是史考伯的做法。但一般人怎麼做呢？正好相反。如果他不喜歡做什麼事，他就一心挑錯；如果他喜歡的話，他就什麼也不說。正如一句老話所說的：「一次我做錯了，我馬上就聽到指責的聲音；第二次我做對了，但是我從來沒有聽到有人誇獎。」「我在世界各地見到了許多大人物，」史考伯說，「還沒有發現任何人 —— 不論他多麼偉大，地位多麼崇高 —— 不是在被讚許的情況下，比在被批評的情況下工作成績更佳、更賣力。」

他坦白的說，這就是安德魯・卡內基之所以有這種驚人成就的特殊理由之一。卡內基不論是在公開或私下裡，都稱讚他的員工。

卡內基甚至在他的基碑上都要稱讚他的員工。他為自己寫了一句碑文：「這裡躺著的是一個知道怎樣跟他那些比他更聰明的屬下相處的人。」

真誠的稱讚也是洛克菲勒待人的成功祕訣。當他的合夥人艾德華・貝佛處置失當，在南美做錯一宗買賣，使公司損失 100 萬美元的時候，洛克菲勒原本大可指責一番；但他知道貝佛已盡了力 —— 何況事情已經發生了。因此洛克菲勒就找些可稱讚的話題；他恭賀貝佛保全了他所投資金額的 60%。「棒極啦，」洛克菲勒說，「我們沒法每次都這麼幸運。」

有一次，維克在紐約的第 33 街和第 8 街交叉的那家郵局排隊寄一封掛號信。他發現那位負責掛號的職員，對自己的工作感到很不耐煩 —— 稱信件、賣郵票、找零錢、發收據，年復一年重複工作。因此維克對自己說：「我

179

第五章　人性的弱點

要使這位仁兄喜歡我。顯然，要使他喜歡我，我必須說一些好聽的話，不是關於我自己，而是關於他。」所以維克就問自己：「他真有什麼值得我欣賞的嗎？」有時候這是個不容易回答的問題，尤其是當對方是陌生人的時候。但這一次碰巧是個容易回答的問題，維克立即就看到了他相當欣賞的一點。

因此，當他在稱維克的信件的時候，維克很熱情的說：「我真希望有你這種頭髮。」

他抬起頭，有點驚訝，面孔露出微笑。

「嗯，不像以前那麼好看了！」他謙虛的說。維克對他說，雖然他的頭髮失去了一點原有的光澤，但仍然很好看。他高興極了，他們愉快的談了起來，而他對談的最後一句話是：「相當多的人稱讚過我的頭髮。」這位仁兄當天出去吃午飯的時候，走起路來一定是飄飄欲仙的。他會對著鏡子說：「這的確是一頭美麗的頭髮。」

維克曾公開說過這段經歷。事後有人問他：「你想從他那裡得到什麼呢？」

維克從他那裡得到什麼？維克想從他那裡得到什麼？

如果我們是如此自私，一心想從別人那裡得到什麼回報的話，我們就不會給予別人一點快樂、一點真誠的讚揚 —— 如果我們的氣度如此狹小，我們就會罪有應得的失敗。

呵！是的，維克是想從那位仁兄那裡得到什麼，他想要一件無價的東西，而他得到了，他得到了這種感覺，就是他為他做了一件事，而他又無須回報維克。這是一種當事情過去很久，還會在你的記憶中閃耀的感覺。

人類的舉止，有一條最重要的法則。如果我們遵循這條法則，我們幾乎永遠不會出問題。事實上，如果遵循這條法則的話，就會為我們帶來無數的

朋友，以致無限的幸福。但是一旦違反了這條法則，我們就會惹上無盡的麻煩。這條法則就是：永遠使對方覺得重要。

幾千年來，哲學家一直在推測人性關係的規則，而從推測中，只得出了一條重要的箴言。這條箴言並不是創新的。瑣羅亞斯德早在三千年前就把它教給拜火教徒了。孔夫子也於二千五百年前在中國就宣揚它了。道教始祖老子，也把它教給了他的門生。釋迦牟尼於耶穌誕生前五百年，在聖迦河岸宣傳過它。印度教的經文典籍，在這之前一千年，就傳播過它了。耶穌在二十個世紀之前，在崎嶇的巨狄亞石山上，就這樣教導過了。耶穌把它歸納成一句話 ——「己所欲，施於人」。

你希望那些跟你來往的人都讚賞你，你希望人家讚賞你真正的價值，你要你的朋友和同事「誠於嘉許，寬於稱讚」。我們許多人都希望這樣。

因此，我們就要遵守這條金科玉律，以希望別人怎樣待我之心去對待別人。

何時做？何處做？答案是：隨時隨地。

瞬間的感悟：其實人都需要肯定，尤其是他人的肯定。有他人的肯定，自己的存在便有了充實感，而讚美就是肯定的一種形式。讚美不用花錢，又可鼓舞別人，讓人快樂，也為你爭取友誼，你又何樂而不為呢？

第五章　人性的弱點

第六章　歷史的智慧

趙奢秉公辦事

趙奢年輕的時候，曾擔任趙國徵收田稅的小官。官職雖小，可趙奢忠於職守，秉公辦事，不畏權勢。

一次，趙奢帶著幾名手下到平原君家去徵收田稅。這平原君名叫趙勝，是趙國的相王，又是趙王的弟弟，位尊一時。平原君的管家見趙奢前來收稅，根本就不把他放在眼裡。管家態度十分驕橫，蠻不講理。他召來一群家丁，把趙奢和幾個手下人圍了起來，不但拒交田稅，還無理取鬧。趙奢十分氣憤，他大喝道：「誰敢聚眾鬧事，拒交國家稅收，我就按國法從事，不論他是誰！」管家仗著自己是平原君家的要人，對趙奢的話不以為然，結果，趙奢真的依照當時的國家法律，嚴肅的處理了這件事，殺了平原君家包括管家在內的 9 個參與鬧事的人。

平原君知道這件事後，大發雷霆，揚言要殺掉趙奢。有很多人都勸趙奢趕快逃到別國去躲一躲，免遭殺身之禍。

可是趙奢一點也不害怕，他說：「我以國家利益為重，依法辦事，為什麼要逃避？」他主動上門到平原君家去，用道理規勸平原君說：

「您是趙國的王公貴族，不應該放縱家人違反國家法令。如果大家都不遵守國家法律，都拒不交納國家田稅，那國家的力量就會遭到削弱。國家一削弱，就會遭到別國的侵犯，甚至還會把我們趙國滅掉。如果到了那一天，

您平原君還能保住現在這樣的富貴嗎？像您這樣身處高位的人，如果能帶頭遵守國家各項法令制度，帶頭交納田稅，那麼上上下下的事情就可以得到公平合理的解決，天下人也會心悅誠服的交租納稅，那麼，國家也就會強盛起來。國家強盛，這其實也是平原君您所希望的呀。您身為王族貴公子，又擔當相國重任，怎麼可以帶頭輕視國家法令呢？」

一席話，說得平原君心服口服，也對趙奢以國家利益為重、秉公辦事的態度十分讚賞。他認定趙奢是個賢能的人才，就把趙奢推薦給趙王，趙王命趙奢統管全國賦稅。

從這以後，趙國的稅賦公正合理，適時按量收繳，誰也不徇私情，國庫得到充實，老百姓也富裕起來。

> 瞬間的感悟：趙奢不畏權勢，奉公執法，人人都這樣，何愁國家不強盛！

負荊請罪

戰國時期，趙國的藺相如幾次出使秦國，又隨同趙王會見秦王，每次都憑著自己的大智大勇，挫敗驕橫的秦王，因此趙王很是器重藺相如，一下子將他提拔為上卿，職位在老將軍廉頗之上。

戰功卓著的將軍廉頗見藺相如官位比自己還高，很不服氣，他到處揚言說：「我為趙國出生入死，有攻城奪地的大功。而這個藺相如，出身低微，只是憑著鼓動三寸不爛之舌，就能位在我之上，這實在是讓我難堪！以後我再見到藺相如，一定要當著眾人的面羞辱他。」

藺相如聽說後，就總是處處躲開廉頗。有一次，藺相如坐車在大街上走，忽然看見廉頗的馬車正迎面馳來，便趕緊命人將自己的車拐進一條小

巷，待廉頗的車馬走過，才從小巷出來繼續前行。

藺相如的隨從們見主人對廉頗一讓再讓，好像十分懼怕廉頗似的，他們都覺得很丟面子，便議論紛紛，還商量著要離開藺相如而去。

藺相如知道後，把他們找來，問他們道：「你們看，是秦王厲害還是廉頗厲害？」

隨從們齊聲說：「廉頗哪能跟秦王相比！」

藺相如說：「這就是了。人們都知道秦王厲害，可是我連威震天下的秦王都不怕，怎麼會怕廉將軍呢？我之所以不跟廉將軍發生衝突，是以國家利益為重啊！你們想，秦國之所以不敢侵犯趙國，不就是因為趙國有我和廉將軍兩個人嗎？如果我們兩個人互相爭鬥，那就好比兩虎相鬥，結果必有一傷，趙國的力量被削弱，趙國就危險了。所以我不計較廉將軍，是為了趙國啊！」

後來這些話傳到廉頗那裡，廉頗大受感動。他想到自己對藺相如不恭的言語和行為，深感自己錯了，真是又羞又愧。好一個襟懷坦白的廉頗老將軍，他光了上身，背著荊條，親自到藺相如府上請罪。藺相如趕緊挽起老將軍。從此後，廉頗和藺相如兩個人，將相團結，一心為國，建立了生死不渝的友情。當時一些諸侯國聽說了以後，都不敢侵犯趙國。

瞬間的感悟：藺相如不計個人恩怨，以國家利益為重的高風亮節和廉頗知錯即改的坦誠襟懷，都在啟發人們，在任何時候都要顧全大局，把國家民族利益放在第一位。

孟賁言勇

　　孟賁是戰國時代著名的勇士，他在戰場上出生入死，從無畏懼，總是勇往直前，所向披靡，因而常常使敵人聞風喪膽，望風而逃。

　　於是，有人問孟賁：「生命與勇敢相比，您認為哪一個更重要呢？」

　　孟賁不假思索的回答：「勇敢！」

　　「那麼，拿顯赫的官位與勇敢做比較呢？」

　　「還是勇敢！」孟賁的回答斬釘截鐵。

　　「若用萬貫家財與勇敢相比，您認為什麼更重要呢？」

　　孟賁的回答仍是無庸置疑：「勇敢！」

　　要知道，對於每一個人來說，生命、升官、發財，這三者都是極其寶貴而且難以得到的東西呀！可是，在孟賁看來，它們都不可能取代人的勇敢的品格。在那個諸侯紛爭的年代裡，孟賁之所以能威鎮三軍，降伏猛獸，英名遠播，這實在是與他在任何情況下都能勇敢面對各色各樣的挑戰與誘惑所分不開的啊！

> 瞬間的感悟：凡是想有所作為的人，都要能不受虛名浮利的干擾，執著的追求自己所迷戀的事業，並做到勇敢的為之獻身，這才是獲取成功的一個最重要的前提。

張良拾鞋

　　張良是漢高祖劉邦的重要謀臣，在他年輕時，曾有過這麼一段故事。

　　那時的張良還只是一名很普通的青年。一天，他漫步來到一座橋上，對

面走過來一個衣衫破舊的老頭。那老頭走到張良身邊時，忽然脫下腳上的破鞋子丟到橋下，還對張良說：「去，把鞋給我撿回來！」張良當時感到很奇怪又很生氣，覺得老頭是在侮辱自己，真想上去揍他幾下。可是他又看到老頭年歲很大，便只好忍著氣下橋替老頭撿回了鞋子。誰知這老頭得寸進尺，竟然把腳一伸，吩咐說：「幫我穿上！」張良更覺得奇怪，簡直是莫名其妙。儘管張良已很有些生氣，但他想了想，還是決定乾脆幫忙就幫到底，他還是跪下身來幫老頭將鞋子穿上了。

老頭穿好鞋，跺跺腳，哈哈笑著揚長而去。張良看著頭也不回、連一聲道謝都沒有的老頭的背影，正在納悶，忽見老頭轉身又回來了。他對張良說：「年輕人，我看你有深造的價值。這樣吧，5天後的早上，你到這裡來等我。」張良深感玄妙，就誠懇的跪拜說：「謝謝老先生，願聽先生指教。」

第5天一大早，張良就來到橋頭，只見老頭已經先在橋頭等候。他見到張良，很生氣的責備張良說：「和老年人約會還遲到，這像什麼話呢？」說完他就起身走了。走出幾步，又回頭對張良說：「過5天早上再會吧。」

張良有些懊悔，可也只有等5天後再來。

到第5天，天剛濛濛亮，張良就來到了橋上，可沒料到，老人又先他而到。看見張良，老頭這回可是聲色俱厲的責罵道：「為什麼又遲到呢？實在是太不像話了！」說完，十分生氣的一甩手就走了。臨了依然丟下一句話，「還是再過5天，你早早就來吧。」

張良慚愧不已。又過了5天，張良剛剛躺下睡了一下，還不到半夜，就摸黑趕到橋頭，他不能再讓老頭生氣了。過了一下子，老頭來了，見張良早已在橋頭等候，他滿臉高興的說：「就應該這樣啊！」然後，老頭從懷中掏出一本書來，交給張良說：「讀了這部書，就可以幫助君王治國平天下了。」說

完，老頭飄然而去，還沒等張良回過神來，老頭已沒了蹤影。

等到天亮，張良打開手中的書，他驚奇的發現自己得到的是《太公兵法》，這可是天下早已失傳的極其珍貴的書呀，張良驚異不已。

從此之後，張良捧著《太公兵法》日夜攻讀，勤奮鑽研。後來真的成了大軍事家，做了劉邦的得力助手，為漢王朝的建立，立下了卓著功勳，名噪一時，功蓋天下。

> 瞬間的感悟：張良能寬容待人，至誠守信，做事勤勉，所以才能成就一番大事業。這也告訴我們，一個人加強自我修養是多麼重要。

楚王的寬容

一次，楚莊王因為打了大勝仗，十分高興，便在宮中設盛大晚宴，招待群臣，宮中一片熱火朝天。楚王也興致高昂，叫出自己最寵愛的妃子許姬，輪流著替群臣斟酒助興。

忽然一陣大風吹進宮中，蠟燭被風吹滅，宮中立刻漆黑一片。黑暗中，有人扯住許姬的衣袖想要親近她。許姬便順手拔下那人的帽纓並趕快掙脫離開，然後許姬來到莊王身邊告訴莊王說：「有人想趁黑暗調戲我，我已拔下了他的帽纓，請大王快吩咐點燈，看誰沒有帽纓就把他抓起來處置。」

莊王說：「且慢！今天我請大家來喝酒，酒後失禮是常有的事，不宜怪罪。再說，眾位將士為國效力，我怎麼能為了顯示你的貞潔而辱沒我的將士呢？」說完，莊王不動聲色的對眾人喊道：「各位，今天寡人請大家喝酒，大家一定要盡興，請大家都把帽纓拔掉，不拔掉帽纓不足以盡歡！」

於是群臣都拔掉自己的帽纓，莊王再命人重又點亮蠟燭，宮中一片歡

笑，眾人盡歡而散。

3 年後，晉國侵犯楚國，楚莊王親自帶兵迎戰。交戰中，莊王發現自己軍中有一員將官，總是奮不顧身，衝殺在前，所向無敵。眾將士也在他的影響和帶動下，奮勇殺敵，鬥志高昂。這次交戰，晉軍大敗，楚軍大勝回朝。

戰後，楚莊王把那位將官找來，問他：「寡人見你此次戰鬥奮勇異常，寡人平日好像並未對你有過什麼特殊好處，你是為什麼如此冒死奮戰呢？」

那將官跪在莊王階前，低著頭回答說：「3 年前，臣在大王宮中酒後失禮，本該處死，可是大王不僅沒有追究、問罪，反而還設法保全我的面子，臣深深感動，對大王的恩德牢記在心。從那時起，我就時刻準備用自己的生命來報答大王的恩德。這次上戰場，正是我立功報恩的機會，所以我才不惜生命，奮勇殺敵，就是戰死疆場也在所不辭。大王，臣就是 3 年前那個被王妃拔掉帽纓的罪人啊！」

一番話使楚莊王和在場將士大受感動。楚莊王走下臺階將那位將官扶起，那位將官已是泣不成聲。

> 瞬間的感悟：如果我們都能正確分析問題，以寬容的心胸從大處著眼，不以眼前小事來干擾我們的心智，有時，壞事能變成好事。

齊桓公廣納賢才

管仲是古代有名的治國賢才，齊桓公不避前嫌重用管仲，把齊國治理得強盛起來，管仲還輔佐齊桓公成就了一代霸業。這一切，使得齊桓公十分關注有才幹的人，他深知人才對於一個國家、一個國君來說是多麼重要。他想，光有一個管仲還不行，還需要有更多的像管仲這樣的人才行。於是齊桓

第六章　歷史的智慧

公決心廣納賢才，他命人在宮廷外面燃起火炬，照得宮廷內外一片紅通通，一方面造成聲勢，一方面也便於日夜接待前來晉見的八方英才。然而，火炬燃了整整一年，人們經過這裡時，除了發些議論或看看熱鬧外，並無人進宮求見。大臣們只是面面相覷，也不知是什麼原因。

有一天，竟然來了一個鄉下人在宮門口請求進去見齊桓公。

門官問鄉下人：「你有何才幹求見大王？」

鄉下人回答說：「我能熟練的背誦算術口訣，我希望大王接見我。」

門官報告了齊桓公。齊桓公覺得十分好笑，背誦算術口訣算什麼才能？於是讓門官回覆鄉下人說：「念算術口訣的才能太淺陋了，怎麼可以接受國君的召見呢？回去吧。」

鄉下人不卑不亢的說：「聽人們說，這裡的火炬燃燒了整整一年了，卻一直沒有人前來求見，我想，這是因為大王雄才大略名揚天下，各地賢才敬重大王希望為大王出力，又深恐自己的才幹遠不及大王而不被接納，因此不敢前來求見。今天我以念算術口訣的才能來求見大王，我這點本事的確算不了什麼，可是如果大王能對我以禮相待，天下人知道了大王真心求才、禮賢下士的一片誠意，何愁那些有真才實學的能人不來呢？泰山就是因為不排斥一石一土，才有它的高大；江海也因為不拒絕涓涓細流、廣納百川，才有它的深邃。古代那些聖明的君王，也要經常去向農夫樵夫請教，集思廣益，才會使自己更加英明起來啊！」

齊桓公聽了鄉下人的這一番話，被深深打動，認為鄉下人說得太有道理了，於是馬上以隆重的禮節接見了他。這件事很快傳開了，不到一個月時間，各地賢才紛紛前來，絡繹不絕。齊桓公大為高興。

瞬間的感悟：人才是制勝之本。一個管理者若真心求賢，就必須有誠意、禮賢下士，以寬廣的胸懷接納人才。

蔡邕救琴

東漢靈帝在位的時候，有個大臣名叫蔡邕。蔡邕為人正直，性格耿直誠實，眼裡容不下沙子，對於一些不好的現象，他總是敢於對靈帝直言相諫。這樣，他頂撞靈帝的次數多了，靈帝漸漸討厭起他來。再加上靈帝身邊的宦官也對他的正直又恨又怕，常常在靈帝面前進讒言說他目無皇上，驕傲自大，早晚會有謀反的可能，蔡邕的處境越來越危險。他自知已成了靈帝的眼中釘、肉中刺，隨時有被加害的危險，於是就打點行李，從水路逃出了京城，遠遠來到吳地，隱居了起來。

蔡邕愛好音樂，他本人也通曉音律，精通古典，在彈奏中如有一點小小的差錯，也逃不過他的耳朵。蔡邕尤擅彈琴，對琴很有研究，關於琴的選材、製作、調音，他都有一套精闢獨到的見解。從京城逃出來的時候，他捨棄了很多財物，就是一直捨不得丟下家中那把心愛的琴，將它帶在身邊，時時細加呵護。

在隱居吳地的那些日子裡，蔡邕常常撫琴，借用琴聲來抒發自己壯志難酬反遭迫害的悲憤和感嘆前途渺茫的悵惘。

有一天，蔡邕坐在房裡撫琴長嘆，女房東在隔壁的灶間燒火做飯，她將木柴塞進灶膛裡，火星亂蹦，木柴被燒得「劈哩啪啦」的響。

忽然，蔡邕聽到隔壁傳來一陣清脆的爆裂聲，不由得心中一驚，抬頭豎起耳朵細細聽了幾秒鐘，大叫一聲「不好」，跳起來就往灶間跑。來到爐火

邊，蔡邕也顧不得火勢的人，伸手就將那塊剛塞進灶膛當柴燒的桐木拽了出來，大聲喊道：「快別燒了，別燒了，這可是一塊做琴的難得一見的好材料啊！」蔡邕的手被燒傷了，他也不覺得疼，驚喜的在桐木上又吹又摸。好在搶救及時，桐木還很完整，蔡邕就將它買了下來。然後精雕細刻，一絲不苟，費盡心血，終於將這塊桐木做成了一張琴。這張琴彈奏起來，音色美妙絕倫，蓋世無雙。

　　這把琴流傳下來，成了世間罕有的珍寶，因為它的琴尾被燒焦了，人們叫它「焦尾琴」。

> 瞬間的感悟：靈帝不識人才，使蔡邕落魄他鄉，而焦尾琴又何其有幸，遇到了蔡邕這樣慧眼識良材的音樂專家，終於使一身英華得以展現。這兩件事情形成了鮮明對比，告訴我們的道理卻是一樣的：要愛惜人才、尊重人才，要善於發現別人的才能並合理的使用，做到人盡其才。

望梅止渴

　　東漢末年，曹操帶兵去攻打張繡，一路行軍，走得非常辛苦。時值盛夏，太陽火辣辣的掛在空中，散發著極大的熱量，大地都快被烤焦了。曹操的軍隊已經走了很多天了，十分疲乏。這一路上又都是荒山禿嶺，沒有人煙，方圓數十里都沒有水源。將士們想盡了辦法，始終都弄不到一滴水喝。頭頂烈日，戰士們一個個被晒得頭昏眼花，大汗淋漓，可是又找不到水喝，大家都口乾舌燥，感覺喉嚨裡好像著了火，許多人的嘴唇都乾裂得不成樣子，鮮血直淌。每走幾里路，就有人倒下中暑死去，就是身體強壯的士兵，也漸漸的快支持不住了。

曹操目睹這樣的情景，心裡非常焦急。他策馬奔向旁邊一個山崗，在山崗上極目遠眺，想找個有水的地方。可是他失望的發現，龜裂的土地一望無際，乾旱的地區大得很。再回頭看看士兵，一個個東倒西歪，早就渴得受不了，看上去怕是難得再走多遠了。

曹操是個聰明的人，他在心裡盤算道：這一下可糟糕了，找不到水，這麼耗下去，不但會貽誤戰機，還會有不少的人馬要損失在這裡，想個什麼辦法來鼓舞士氣，激勵大家走出乾旱地帶呢？

曹操想了又想，突然靈機一動，腦子裡蹦出個好點子。他就在山崗上，抽出令旗指向前方，大聲喊道：「前面不遠的地方有一大片梅林，結滿了又大又酸又甜的梅子，大家再堅持一下，走到那裡吃到梅子就能解渴了！」

戰士們聽了曹操的話，想起梅子的酸味，就好像真的吃到了梅子一樣，口裡頓時生出了不少口水，精神也振作起來，鼓足力氣加緊向前趕去。就這樣，曹操終於率領軍隊走到了有水的地方。

> 瞬間的感悟：曹操利用人們對梅子酸味的條件反射，成功的克服了乾渴的困難。可見人們在遇到困難時，不要一味畏懼不前，應該時時用對成功的渴望來激勵自己，就會有足夠的勇氣去戰勝困難，到達成功的彼岸。

鐵棒磨成針

唐代大詩人李白，幼年時便讀那些經書、史書，那些書都十分深奧，他一時讀不懂，便覺枯燥無味，於是他丟下書，翹課出去玩。

他一邊閒遊閒逛，一邊東瞧西看。他看見一位老媽媽坐在磨刀石上的矮凳上，手裡拿著一根粗大的鐵棒子，在磨刀石上一下一下的磨著，神情專

注，以至於李白在她跟前蹲下她都沒有察覺。

李白不知道老媽媽在做什麼，便好奇的問：「老媽媽，您這是在做什麼呀？」

「磨針。」老媽媽頭也沒抬，簡單的回答了李白，依然認真的磨著手裡的鐵棒。

「磨針？」李白覺得很不明白，老媽媽手裡磨著的明明是一根粗鐵棒，怎麼是針呢？李白忍不住又問：「老媽媽，針是非常非常細小的，而您磨的是一根粗大的鐵棒呀！」

老媽媽邊磨邊說：「我正是要把這根鐵棒磨成細小的針。」

「什麼？」李白有些意想不到，他脫口又問道：「這麼粗大的鐵棒能磨成針嗎？」

這時候，老媽媽才抬起頭來，慈祥的望望小李白，說：「是的，鐵棒子又粗又大，要把它磨成針是很困難的。可是我每天不停的磨呀磨，總有一天，我會把它磨成針的。孩子，只要功夫下得深，鐵棒也能磨成針呀！」

幼年的李白是個悟性很高的孩子，他聽了老媽媽的話，一下子明白了許多，心想：「對呀！做事情只要有恆心，天天堅持去做，什麼事也能做成的。讀書也是這樣，雖然有不懂的地方，但只要堅持多讀，天天讀，總會讀懂的。」想到這裡，李白深感慚愧，臉都發燒了。於是他拔腿便往家跑，重新回到書房，翻開原來讀不懂的書，繼續讀起來。

> 瞬間的感悟：只要功夫深，鐵棒磨成針。因為李白明白了這個道理，所以，他下功夫刻苦讀書，成為了一代偉大的詩人。這個道理我們許多人也懂，只是刻苦的功夫還不夠他。

讓地三尺又何妨 ── 「仁讓街」的故事

明朝嘉靖年間，王堯日以吏治清明，榮升京官，妻小仍住在老家 ── 河南鹿邑縣城，由大兒子王自修主持家政。

一年冬天，王家翻修圍牆時，王自修損人利己，擅自把牆角向外移了一尺，鄰居張祥上門評理說：「你這樣一搬，胡同變得更狹小了，不只有礙你我兩家進出，街坊鄰居眾鄉親也不方便了。」

王自修強詞奪理：「牆又沒有砌到你家地基上去，關你什麼事？」

張祥實在氣不過，一張狀紙送到縣衙門。縣令知道王家勢大，不敢升堂公斷，將王自修請來開導了幾句，勸他不要與平民百姓一般見識。把牆角移回原處。

王自修哪裡聽得進？令泥匠只管往上砌。張祥忍無可忍，出口罵道：「你這是依仗老子的權勢欺人，我就是不買你的帳。」說著吆喝幾個兒子一起上陣，將牆頭推倒了。

王自修好不氣惱，連夜趕去京城。一見父親的面，就說鄰居張祥欺辱了他，隨即將事情的經過說了一遍。

王堯日聽了，搖頭長嘆：「竟有這樣的事，可恨呀可恨，真正氣死人也！」

這讓王自修暗暗高興。忙不迭的接口道：「確是可恨之至，就請父親修書一封，令縣令捕辦張祥，出出這口惡氣。」

「可恨的是你！」王堯日瞪了兒子一眼，「向外移牆本來就是你的不對，不聽縣令規勸是錯上加錯，還要我出面干預，這還不是仗勢欺人？」

滿懷希望而來，不料遭父親嚴厲斥責，王自修好不掃興，呆若木雞。

王堯日緊接著說：「我王家祖上向來以寬厚待人，樂做善事，由此贏得左

鄰右舍尊敬。你也曾讀過幾年聖賢書，想不到竟然做出這種醜事，敗壞王家的名聲。」

經父親一番教訓，王自修終於知道錯了，痛切自責，表示回去後立即把牆角移回原處。

「移回原處還不夠。」王堯日提筆寫了一首七絕，遞給兒子。詩云：

千里入京只為牆，

讓地三尺又何妨。

萬里長城依然在，

不見當年秦始皇。

王自修點頭道：「孩兒明白父親的意思，一定照辦。」

他回到家後的第一件事，就是登門向張祥賠禮道歉，繼而把圍牆向裡搬了三尺。

王自修的舉動，張祥始料不及。感動之餘，深感不安，招呼兒子一起動手，跟著將自家的圍牆也內移了三尺。

原本狹小的胡同，一下子寬變丈餘，連車馬都可通行無阻了。人們美稱這條胡同為「仁讓街」，以頌揚王堯日讓地三尺、和諧鄰里的美德。至今，鹿邑縣城的「仁讓街」仍保存完好，成為先人和諧鄰里、和諧相處的見證。

> 瞬間的感悟：一首小詩，化解了兩家利益矛盾，成就了一樁美談。這展現了王堯日的大胸懷和大智慧。今天，我們要建設和諧社會，如果人人都能容讓他人，和諧社會何愁不早日來到？

磚塊與石頭

　　傳說老子騎青牛過函谷關，在函谷府衙為府尹留下洋洋五千言《道德經》時，一年逾百歲、鶴髮童顏的老翁招招搖搖到府衙找他。老子在府衙前遇見老翁。

　　老翁對老子略略施了個禮說：「聽說先生博學多才，老朽願向您討教個明白。」

　　老翁得意的說：「我今年已經一百零六歲了。說實在話，我從年少時直到現在，一直是遊手好閒的輕鬆度日。與我同齡的人都紛紛作古，他們開墾百畝沃田卻沒有一席之地，修了萬里長城而未享轔轔華蓋，建了樓舍屋宇卻落身於荒野郊外的孤墳。而我呢，雖一生不稼不穡，卻還吃著五穀；雖沒置過片磚隻瓦，卻仍然居住在避風擋雨的房舍中。先生，是不是我現在可以嘲笑他們忙忙碌碌勞作一生，只是給自己換來一個早逝呢？」

　　老子聽了，微然一笑，吩咐府尹說：「請找一塊磚頭和一塊石頭來。」

　　老子將磚頭和石頭放在老翁面前說：「如果只能擇其一，仙翁您是要磚頭還是願取石頭？」

　　老翁得意的將磚頭取來放在自己的面前說：「我當然擇取磚頭。」

　　老子撫須笑著問老翁：「為什麼呢？」

　　老翁指著石頭說：「這石頭沒稜沒角，取它何用？而磚頭卻用得著呢。」

　　老子又招呼圍觀的眾人問：「大家要石頭還是要磚頭？」眾人都紛紛說要磚而不取石。

　　老子又回過頭來問老翁：「是石頭壽命長呢，還是磚頭壽命長？」老翁說：「當然石頭了。」

　　老子釋然而笑說：「石頭壽命長人們卻不擇它，磚頭壽命短，人們卻擇

它，不過是有用和沒用罷了。天地萬物莫不如此。壽雖短，於人於天有益，天人皆擇之，皆念之，短亦不短；壽雖長，於人於天無用，天人皆摒棄，倏忽忘之，長亦是短啊。」

老翁頓然大慚。

> 瞬間的感悟：人生價值不在於生命長短，而在於奉獻。老子的比喻形象、傳神、睿智。做一個有益於他人和社會的人，你的價值才能展現出來。

濮水垂釣

莊子在河南濮水悠閒的垂釣。楚威王聞訊後，認為莊子到了自己的國境內，真是機會難得，於是速派兩位官員趕赴濮水。來者向莊子傳達了楚威王的旨意，邀請莊子進宮，願將楚國的治理大業拜託給莊子。

莊子手持釣竿聽畢楚王的意圖後，頭也不回，他眼望著水面沉思片刻，說：「楚國有神龜，死去已有三千年。楚王將牠的骨甲裝在竹箱裡，蒙上罩中，珍藏在太廟的明堂之上供奉。請問：對這隻神龜來講，牠是願意死去遺下骨甲以顯示珍貴呢，還是寧願活著，哪怕是在泥塘裡拖著尾巴爬行呢？」

兩位來使聽完莊子的一番發問，不假思索的回答：「當然是選擇活著，寧願在泥塘生存。」

莊子見他們回答肯定，回過頭悠然的告訴兩位官員：「有勞兩位大夫，請回稟楚王吧，我選擇活著！」

> 瞬間的感悟：這篇寓言表現了莊子的人格高潔，不為徒有其表的名聲、權勢而放棄生命自由。人生最可貴的是生命，生命最可貴的是自由。

割席斷交

　　管寧和華歆在年輕的時候，是一對非常要好的朋友。他倆成天形影不離，同桌吃飯、同榻讀書、同床睡覺，相處得很和諧。

　　有一次，他倆一起去下田，在菜地裡鋤草。兩個人努力工作，顧不得停下來休息，一下子就鋤好了一大片。

　　只見管寧抬起鋤頭，一鋤下去，「噹」一下，碰到了一個硬東西。管寧好生奇怪，將鋤到的一大片泥土翻了過來。黑黝黝的泥土中，有一個黃澄澄的東西閃閃發光。管寧定睛一看，是塊黃金，他就自言自語的說了句：「我當是什麼硬東西呢，原來是錠金子。」接著，他不再理會了，繼續鋤他的草。

　　「什麼？金子！」不遠處的華歆聽到這話，不由得心裡一動，趕緊丟下鋤頭奔了過來，拾起金塊捧在手裡仔細端詳。

　　管寧見狀，一邊揮舞著手裡的鋤頭工作，一邊責備華歆說：「錢財應該是靠自己的辛勤勞動去獲得，一個有道德的人是不可以貪圖不勞而獲的財物的。」

　　華歆聽了，口裡說：「這個道理我也懂。」手裡卻還捧著金子左看看、右看看，怎麼也捨不得放下。後來，他實在被管寧的目光盯得受不了了，才不情願的丟下金子回去工作。可是他心裡還在惦記金子，工作也沒有先前努力，還不住的唉聲嘆氣。管寧見他這個樣子，不再說什麼，只是暗暗的搖頭。

　　又有一次，他們兩人坐在一張席子上讀書。正看得入神，忽然外面沸騰起來，一片鼓樂之聲，中間夾雜著鳴鑼開道的吆喝聲和人們看熱鬧吵吵嚷嚷的聲音。於是管寧和華歆就起身走到窗前去看究竟發生了什麼事。

　　原來是一位達官顯貴乘車從這裡經過。一大隊隨從佩帶著武器、穿著統

一的服裝前呼後擁的保衛著車子，威風凜凜。再看那車飾更是豪華：車身雕刻著精巧美麗的圖案，車上蒙著的車簾是用五彩綢緞製成，四周裝飾著金線，車頂還鑲了一大塊翡翠，顯得富貴逼人。

管寧對於這些很不以為然，又回到原處捧起書專心致志的讀起來，對外面的喧鬧完全充耳不聞，就好像什麼都沒有發生一樣。

華歆卻不是這樣，他完全被這種張揚的聲勢和豪華的排場吸引住了。他嫌在屋裡看不清楚，乾脆連書也不讀了，急急忙忙的跑到街上去跟著人群尾隨車隊細看。

管寧目睹了華歆的所作所為，再也抑制不住心中的嘆惋和失望。等到華歆回來以後，管寧就拿出刀子當著華歆的面，把席子從中間割成兩半，痛心而決絕的宣布：「我們兩人的志向和情趣太不一樣了。從今以後，我們就像這被割開的草席一樣，再也不是朋友了。」

> 瞬間的感悟：真正的朋友，應該建立在共同的思想基礎和奮鬥目標上，一起追求、一起進步。如果沒有內在精神的默契，只有表面上的親熱，這樣的朋友是無法真正溝通和理解的，也就失去了做朋友的意義了。

西門豹罷官

西門豹初任鄴地的縣官時，終日勤勉，為官清廉，嫉惡如仇，剛正不阿，深得民心，不過他對魏文侯的左右親信從不去巴結討好，所以這夥人懷恨在心，便勾結起來，說了西門豹的許多壞話。年底，西門豹向魏文侯做述職報告後，政績突出的他本應受嘉獎，卻被收去了官印，魏文侯罷了他的官。

西門豹心裡明白自己被罷官的原因，便向魏文侯請求說：「過去的一年裡，我缺乏做官的經驗，現在我已經開竅了，請允許我再做一年，如治理不當，甘願受死。」魏文侯答應了西門豹，又將官印給了他。

西門豹回到任所後，開始疏於實事，而去極力巴結魏文侯的左右。又一年過去了，他照例去述職，雖然政績比上年大為下降，可魏文侯卻稱讚有加，獎賞豐厚。這時，西門豹嚴肅的對魏文侯說：「去年我為您和百姓為官有政績，您卻收繳了我的官印。如今我因為注重親近您的左右，所以印象好，您就對我大加禮遇，可實際功勞大不如過去。這種賞罰不明的官我不想再做下去了。」說完，西門豹把官印交給魏文侯便走。魏文侯省悟過來，連忙對西門豹表示歉意說：「過去我對你不了解，有偏見。今天我對你加深了認識，希望你繼續做官，為國效力。」

> 瞬間的感悟：西門豹的故事說明：正直的人，如果遇上心術不正的上級，就會受壓制，容易被誤解，以致造成人妖顛倒、是非不分的反常現象。賢明的領導者，只有遠小人、近君子，才能減少賞罰不明的失誤，留住真正的人才。

晏子使楚

春秋時代，齊國的晏嬰是一位很有才幹的國相。他第一次出使楚國的消息傳出後，楚王對身旁的謀士們說：「晏嬰在齊國是有名的能言善辯之人。現在要來楚國，我想當眾羞辱他一番，你們看有什麼好辦法呢？」於是他們商議出了一個壞主意。

這天，晏子如期而至，楚王設宴款待。當酒興正濃時，忽見兩個差役押

第六章　歷史的智慧

著一個被縛之人來見楚王，楚王假裝不知的問道：「這人犯了什麼罪？」差役趕緊回答：「他是齊國人，到我們楚國來偷東西。」楚王於是回過頭去看著晏嬰，故作驚訝的說：「你們齊國人都喜歡偷東西嗎？」

晏嬰早已看出了楚王是在演戲，這時便站了起來，極其鄭重而嚴肅的對楚王說：「我聽說橘樹生長在淮河以南時就結橘，如果將其移栽到淮河以北，結的果實就變成又酸又苦的枳了。它們只是葉子長得十分相似而已，所結果實的味道卻大不相同。這是什麼原因呢？原來是水土不同的緣故啊！眼下這個人在齊國時不偷盜，到了楚國後卻學會了偷盜，莫非是楚國的水土會使人變成盜賊嗎？」一席話噎得楚王尷尬極了，只好賠笑收場。

時隔不久，晏嬰又被派往楚國。楚王沒有忘記上次宴會上的難堪，總想伺機報復。他知道晏嬰的身材十分矮小，於是就吩咐在城門旁邊另外鑿開一扇小門。當晏嬰到來之後，侍衛便讓他從小門進去，晏嬰見狀，立刻正色道：「只有出使狗國的人，才會從狗洞中爬進爬出。我今天是奉命出使楚國，難道也要從這狗洞中進去嗎？」侍衛們理屈詞窮，只好眼睜睜看著晏嬰從大門正中昂首闊步的進了城。

接著，晏嬰在拜見楚王時，楚王又用嘲諷的語調說：「齊國大概沒有多少人吧？」

晏嬰聞言，迅速予以糾正：「我們齊國僅都城臨淄就有居民七八千戶，街上行人摩肩接踵，人人揮袖就可遮住太陽，個個灑汗即如空中落物，您怎麼能說齊國無人呢？」

楚王聽罷，進一步用挑釁的口吻發問：「既然齊國人多，為什麼總是派遣你這般矮小的角色作使臣呢？」

晏嬰對楚王的無禮早有心理準備，他冷笑了一下應道：「我們齊國派遣使

臣的原則是視出使國的情況而定，對友好的國家就派好人去，如果出使國的國王粗野無禮，就派醜陋無才的人去。我在齊國是最醜陋無才的人，所以總是被派作出使楚國的使臣。」一席話再次使楚王無言以對，從此他再也不敢小看晏嬰和齊國了。

> 瞬間的感悟：晏子使楚的故事說明：許多自以為聰明的人，其實是愚蠢透頂；一心想侮辱他人的人，到頭來必然會使自己的尊嚴掃地。

吳裕與公孫穆

公孫穆生活在東漢時期，他非常熱愛學習，總是想盡辦法，抓住一切機會來學習，當時的許多人都因為他好學而對他交口稱讚。

公孫穆讀了不少書以後，還想進一步擴大知識面，完善自己，但是靠自學又覺得力不從心。那時候設有太學，太學裡的老師知識淵博、見識很廣，公孫穆就想進太學去繼續學習。可是上太學需要交一大筆學費，另外還有平時食宿的花銷，數額高得驚人，而公孫穆家裡很窮，根本出不起這筆錢。怎麼辦呢？公孫穆一下子也想不出什麼主意來，只好先暫時停止了學習。為此，他苦惱極了。

有個富商名叫吳裕，十分通情達理，對人總是很誠懇。有一次，他要招僱一批舂米的工人，派人把消息放了出去。有人把這事告訴了公孫穆，公孫穆高興極了。他想：這下可有機會賺些錢繼續求學了！那時候，去幫人舂米被認為是低賤的工作，但公孫穆已經顧不得這些了，他把自己打扮成那種做重體力活的樣子，穿一套短衫短褲，就去應徵了。

一天，吳裕打算去舂米的地方轉一轉，巡視一番。他信步一路走來，東

瞧瞧，西看看，最後在公孫穆身邊站住了。公孫穆正做得滿頭大汗，也沒有注意吳裕在他旁邊，還是一個勁的舂他的米。

過了好一下子，吳裕越看越覺得公孫穆的動作不很熟練，體力也不怎麼好，不太像一個舂米工人，就問他道：「年輕人，你為什麼會到我這裡來工作呢？」公孫穆隨口答道：「為了賺些錢作學費。」吳裕說：「哦，原來你是個讀書人啊，怪不得我看你斯斯文文的，不太像工人。別做了，休息一下吧，咱們倆聊聊！」

他倆談得十分投機，相見恨晚。後來，這兩個人就結成了莫逆之交。

> 瞬間的感悟：求學路的困境，只有靠自己去克服，才更能激勵你的成長。另外，我們交朋友，不應以貴賤、貧富為標準，而要更看重一個人的才識和品行。

田忌賽馬

齊國的將軍田忌經常與齊威王賽馬。他們賽馬的規矩是：雙方各下賭注，比賽共設 3 局，兩勝以上為贏家。然而每次比賽，田忌總是輸家。

這一天，田忌賽馬又輸給了齊威王。回家後，田忌把賽馬的事告訴了自己的高參孫臏。這孫臏是軍事家孫武的後代，飽讀兵書，深諳兵法，足智多謀，被龐涓謀害殘了雙腿。來到齊國後，很受田忌器重，被田忌尊為上賓。孫臏聽了田忌談他賽馬總是失利的情況後，說：「下次賽馬你讓我前去觀戰。」田忌非常高興。

又一次賽馬開始了。孫臏坐在賽馬場邊上，很有興趣的看田忌與齊威王賽馬。第一局，齊威王牽出自己的上馬，田忌也牽出了自己的上馬，結果跑

下來，田忌的馬稍遜一籌。第二局，齊威王牽出了中馬，田忌也以自己的中馬與之相對。第二局跑完，田忌的中馬也慢了幾步而落後。第三局，兩邊都以下馬參賽，田忌的下馬又未能跑贏齊威王的馬。看完比賽回到家裡，孫臏對田忌說：「我看你們雙方的馬，若以上、中、下三等對等的比賽，你的馬都相應的差一點，但懸殊並不太大。下次賽馬你按我的意見辦，我保證你必勝無疑，你只管多下賭注就是了。」

這一天到了，田忌與齊威王的賽馬又開始了。第一局，齊威王出那頭健步如飛的上馬，孫臏卻讓田忌出下馬，一局比完，自然是田忌的馬落在後面。可是到第二局形勢就變了，齊威王出以中馬，田忌這邊對以上馬，結果田忌的馬跑在前面，贏了第二局。最後，齊威王剩下了最後一匹下馬，當然被田忌的中馬甩在了後面。這一次，田忌以兩勝一負而獲得賽馬勝利。

由於田忌按孫臏的吩咐下了很大的賭注，一次就把以前輸給齊威王的都賺回來了不說，還略有盈餘。

瞬間的感悟：田忌以前賽馬的辦法總是一味硬拚，希望一局也不要輸，結果因自己整體實力差那麼一點，總是輸了比賽。孫臏則巧妙運用自己的優勢，先讓掉一局，然後保存實力去確保後兩局的勝利，這樣便保證了整體的勝利。有時候，在同樣的條件下，勝利只須稍微轉個彎。

圍魏救趙

戰國時期，魏國派軍隊進攻趙國。魏國的軍隊很快包圍了趙國首都邯鄲，情況十分危急。趙國眼看抵擋不住魏的攻勢，趕緊派人向齊國求救。

齊國大將田忌受齊王派遣，準備率兵前去解救邯鄲。這時，他的軍師孫

第六章 歷史的智慧

臏趕緊勸他說：「要想解開一團亂麻，不能用強扯硬拉的辦法；要想制止正打鬥得難分難解的雙方，不宜用刀槍對他們一陣亂砍亂刺；要想援救被攻打的一方，只需要抓住進犯者的要害，搗毀它空虛的地方。眼下魏軍全力以赴攻趙，精兵銳將勢必已傾巢出動，國內肯定只剩下一些老弱殘兵。魏國此時顧了外頭，國內勢必空虛。如果我們此時抓住時機，直接進軍魏國，攻打魏國都城大梁，魏軍必定會回師來救，這樣，他們撤走圍趙的軍隊來顧及首都的緊急情況，我們不是就可以替趙國解圍了嗎？」

一席話說得田忌茅塞頓開，他十分讚賞的說：「先生真是英明高見，令人佩服。」

孫臏接著又補充說：「還有一點，魏軍從趙國撤回，長途往返行軍，必定疲憊不堪。而我軍則趁此時機，以逸待勞，只須在魏軍經過的險要之處布好埋伏，一舉打敗他們不在話下。」

田忌嘆服孫臏的精闢分析，立即下令按孫臏的策略行事，直奔魏國首都大梁，而且把要攻打大梁的聲勢造得很大，一邊卻在魏軍回師途中設下埋伏。

果然，魏軍得知都城被圍，慌忙撤了攻趙的軍隊回國。在匆忙跋涉的途中，人馬行至桂陵一帶，不防齊軍擂鼓鳴金，衝殺出來。魏軍始料不及，倉皇抵禦，哪裡戰得過有著充分準備的齊軍。魏軍被殺得丟盔棄甲，還沒來得及解救都城，便幾乎全軍覆沒。這次戰爭，齊軍大獲全勝，趙國也得到了解救。

瞬間的感悟：其實，事物之間是相互制約的，看問題不能就事論事或只注意比較顯露的因素，而要抓住問題的關鍵和要害，避實就虛，這樣來解決問題可能更為見效。

烤肉上的頭髮

晉文公很喜歡吃烤肉，專為他烤肉的廚師自然很得他喜愛，待遇優厚。

一天，晉文公吃烤肉時，竟然發現肉上有一根頭髮。晉文公大怒，召來廚師欲治其罪。

廚師連連磕頭，說自己犯了三條大罪。

晉文公覺得奇怪，問他怎麼會有三條罪呢？

廚師說：「一是他把刀磨得飛快，卻沒能切斷這根頭髮。二是他小心仔細的把肉串到籤子上，大睜眼睛卻沒有看到頭髮。三是爐火那麼旺，肉烤熟了卻沒燒斷頭髮。」

晉文公一聽就明瞭，於是問他：「廚房中誰可以替代他的位置呢？」

廚師說了一個人。

晉文公命人把他帶來審問，果然是這人所為，意在激怒主人，治罪廚師，自己取而代之。

事有蹊蹺，就要查明誰有可能從突發事件中得利，不要匆忙的按照人家的計畫行事。

瞬間的感悟：在突發的事件面前，如何才能引起別人的注意，使別人相信自己，又能揭露別人呢？這需要智慧。廚師不僅廚藝高超，而且還可以稱得上是語言大師。他在危難面前，不慌不忙，表面上承認錯誤，實則申訴理由，揭露壞人，把語言運用得滴水不漏，終於化險為夷。

毛遂自薦

毛遂在平原君門下已經三年了，一直默默無聞，總得不到施展才能的機會。

一次，碰上秦國大舉進攻趙國，秦軍將趙國都城邯鄲團團圍住，情況十分危急，趙王只好派平原君趕緊出使楚國，向楚國求救。

平原君到楚國去之前，召集他所有的門客商議，決定從這千餘名門客中挑選出 20 名能文善武足智多謀的人隨同前往。他們挑來挑去最終只有 19 人合乎條件，還差一人卻怎麼挑也總覺得不滿意。

這時，只見毛遂主動站了出來說：「我願隨平原君前往楚國，哪怕是湊個數！」

平原君一看，是平常不曾注意的毛遂，便不大以為然，只是婉轉的說：「你到我門下已經三年了，卻從未聽到有人在我面前稱讚過你，可見你並無什麼過人之處。一個有才能的人在世上，就好像錐子裝在口袋裡，錐尖子很快就會穿破口袋鑽出來，人們很快就能發現他。而你一直未能出頭露面顯示你的本事，我怎麼能夠帶上沒有本事的人，和我去楚國行使如此重大的使命呢？」

毛遂並不生氣，他心平氣和的據理力爭說：「您說的並不全對。我之所以

沒有像錐子從口袋裡鑽出錐尖，是因為我從來就沒有像錐子一樣放進您的口袋裡呀。如果早就將我這把錐子放進口袋，我敢說，我不僅是錐尖子鑽出口袋的問題，我會連整個錐子都像麥穗子一樣全部露出來。」

平原君覺得毛遂說得很有道理且氣度不凡，便答應毛遂作為自己的隨從，連夜趕往楚國。

一到楚國，已是早晨。平原君立即拜見楚王，跟他商討出兵救趙的事情。可是這次商談很不順利，從早上一直談到了中午，還沒有一絲進展。面對這種情況，隨同前往的 20 個人中便有 19 個只知道乾著急，在臺下直跺腳、搖頭、埋怨。唯有毛遂，眼看時間不等人，機會不可錯過，只見他一手提劍，大踏步跨到臺上，面對盛氣凌人的楚王，毛遂毫不膽怯。他兩眼逼視著楚王，慷慨陳詞，申明大義，他從趙楚兩國的關係談到這次救援趙國的意義，對楚王曉之以理動之以情。他的凜然正氣使楚王驚嘆佩服；他對兩國利害關係的分析深深打動了楚王的心。透過毛遂的勸說，楚王終於被說服了，當天下午便與平原君締結盟約。很快，楚王派軍隊支援趙國，趙國於是解圍。

事後，平原君深感愧疚的說：「毛遂原來真是了不起的人啊！他的三寸不爛之舌，真抵得過百萬大軍呀！可是以前我竟沒發現他。若不是毛先生挺身而出，我可要埋沒一個人才呢！」

> 瞬間的感悟：毛遂自薦的故事告訴我們，不要總是等著別人去推薦，只要有才幹，不妨自己主動站出來，做出自己應有的貢獻。

樂羊子求學

　　古時候有個叫作樂羊子的人，他娶了一位知書達理、勤勞賢慧的好妻子，她總是幫助和輔佐丈夫力求上進，做個有抱負的人。

　　妻子常常跟樂羊子說：「你是一個七尺男子漢，要多學些有用的知識，將來好做大事，天天待在家裡或者只在鄉里四鄰打轉一下，開闊不了眼界，長不了見識，不會有什麼出息的。不如帶些盤纏，到遠方去找名師學習本領來充實自己，也不枉活一世啊！」

　　日子一長，樂羊子被說動了，就按照妻子的話收拾好行李出遠門去了。自從那天和樂羊子依依惜別後，妻子一天比一天思念自己的丈夫，記掛他在異鄉求學的情況，但她把這份惦念埋在心底，只是每天不停的織布工作來排遣這份心情，好讓樂羊子安心學習，不牽掛自己和家裡。

　　一天，妻子正織著布，忽然聽見有人敲門。她過去開了門一看，簡直不敢相信自己的眼睛，站在面前的竟然是自己日夜想念的丈夫。她高興極了，忙將丈夫迎進屋坐下。可是驚喜了沒多久，妻子似乎想起了什麼，疑惑的問：「才剛剛過了一年，你怎麼就回來了，是出了什麼事嗎？」樂羊子望著妻子笑答：「沒什麼事，只是離別的日子太久了，我對妳朝思暮想，實在忍受不了，就回來了。」

　　妻子聽了這話，半晌無語，表情很是難過。她抓起剪刀，快步走到織布機前「喀嚓喀嚓」的把織了一大半的布都剪斷了。樂羊子吃了一驚，問道：「妳這是做什麼？」妻子回答說：「這匹布是我日日夜夜不停的織呀織呀，它才一絲一縷的累積起來，一分一毫的變長起來，終於織成了一整匹布。現在我把它剪斷了，白白浪費了寶貴的光陰，它也永遠不能恢復為整匹布了。學習也是一樣的道理，要一點點的累積知識才能成功。你現在半途而廢，不願堅持

到底，不是和我剪斷布一樣可惜嗎？」

　　樂羊子聽了這話恍然大悟，意識到自己錯了，不由得羞愧不已。他再次離開家去求學，整整過了 7 年才終於學成而返。

> 瞬間的感悟：樂羊子妻以她的遠見和勇氣幫助丈夫堅定了求學的意志，而樂羊子也終於以驚人的毅力克服困難，堅持學習。這一切都告訴我們學習需要持之以恆的精神，不是一蹴而就的事，我們應該磨練自己的意志，不懈的努力。

扁鵲說病

　　春秋時期有一位名醫，人們都叫他扁鵲。他醫術高明，經常出入宮廷為君王治病。有一天，扁鵲巡診去見蔡桓公。禮畢，他侍立於桓公身旁細心觀察其面容，然後說道：「我發現君王的皮膚有病。您應及時治療，以防病情加重。」桓公不以為然的說：「我一點病也沒有，用不著什麼治療。」扁鵲走後，桓公不高興的說：「醫生總愛在沒有病的人身上顯能，以便把別人健康的身體說成是被醫治好的。我不信這一套。」

　　10 天以後，扁鵲第二次去見桓公。他察看了桓公的臉色之後說：「您的病到肌肉裡面去了。如果不治療，病情還會加重。」桓公不信這話。扁鵲走了以後，他對「病情正在加重」的說法深感不快。

　　又過了 10 天，扁鵲第三次去見桓公。他看了看桓公，說道：「您的病已經發展到腸胃裡面去了。如果不趕緊醫治，病情將會惡化。」桓公仍不相信。他對「病情變壞」的說法更加反感。

　　照舊又隔了 10 天，扁鵲第四次去見桓公。兩人剛一見面，扁鵲扭頭就

走。這一下倒把桓公搞糊塗了。他心想：「怎麼這次扁鵲不說我有病呢？」桓公派人去找扁鵲問原因。扁鵲說：「一開始桓公皮膚患病，用湯藥清洗、火熱灸敷容易治癒；稍後他的病到了肌肉裡面，用針刺術可以攻克；後來桓公的病患至腸胃，服草藥湯劑還有療效。可是目前他的病已入骨髓，人間醫術就無能為力了。得這種病的人能否保住性命，生殺大權在閻王爺手中。我若再說自己精通醫道，手到病除，必將遭來禍害。」

5 天過後，桓公渾身疼痛難忍。他看到情況不妙，主動要求找扁鵲來治病。派去找扁鵲的人回來後說：「扁鵲已逃往秦國去了。」桓公這時後悔莫及。他掙扎著在痛苦中死去。

> 瞬間的感悟：這個故事告訴人們，對於自身的疾病以及社會上的一切壞事，都不能諱疾忌醫，而應防微杜漸，正視問題，及早採取措施，予以妥善的解決。否則，等到病入膏肓，釀成大禍之後，將會無藥可救。

果斷的班超

東漢年間，班超幫助哥哥班固一起撰寫《漢書》，但他認為一個男子漢的抱負不應只在紙筆上，於是棄文從武，參加了對匈奴的戰鬥。他堅毅果敢的性格使他在戰場上屢建功勳。後來，東漢王朝為了聯合西域各國共同抗禦匈奴的侵擾，就派遣班超作為使節出使到西域去。

班超手持漢朝的節杖，帶領著由 36 人組成的使團出發了。他們首先來到了鄯善國。班超晉見了鄯善國王，說：「尊敬的國王陛下，我們漢朝的皇帝派我來，是希望聯合貴國共同對付匈奴。我們吃過很多匈奴入侵的苦，應該攜起手來，同仇敵愾，匈奴才不敢再猖狂肆虐呀！」鄯善國王早就知道漢朝

是一個泱泱大國，國力強盛，人口眾多，不容小視，現在又見漢朝的使者莊重威儀，頗有大國之風，果然名不虛傳，就連連點頭稱是道：「說得太對了，請您先在敝國住幾天，聯合抵抗匈奴之事，容過兩天再具體商議吧。」

於是班超他們就住下了。頭幾天，鄯善國王待他們還挺熱情，可是沒過多久，班超便察覺國王對他們越來越冷淡，不但常找藉口避開他們不見，就是好不容易見上了，也絕口不提聯合抗擊匈奴之事了。

班超有了一種不祥的預感，他召集使團的人分析說：「鄯善國王對我們的態度越來越不友好了，我猜想是匈奴也派了人來遊說他，我們必須去探察一番，清楚事情的真相。」夜裡，班超派人潛進王宮，果然發現國王正陪著匈奴的使者喝酒談笑，看樣子很是投機，就馬上回來將這個消息報告給班超。接下來的幾天，班超又設法從接待他們的人那裡打聽到，匈奴不但派來了使節，而且還帶了 100 多個全副武裝的隨從和護衛。他立刻意識到了事態已經發展到很嚴重的地步，就馬上召集使團研究對策。

班超對大家說：「匈奴果然已經派來了使者，說動了鄯善國王，現在我們已處於極度危險之中，如果再不採取有效措施，等鄯善國王被說服，我們就會成為他和匈奴結盟的犧牲品。到時候，我們自身難保是小事，國家交給的使命也就完成不了。大家說該怎麼辦？」大家齊聲答應：「我們服從您的命令！」班超猛擊了一下桌子，果斷他說：「不入虎穴，焉得虎子！現在我們只有下決心消滅匈奴，才能完成我們的使命！」當夜，班超就帶人衝進匈奴所駐的營區，趁他們沒有防備，以少勝多，終於把 100 多個匈奴人全部消滅了。

第二天，班超提著匈奴使者的頭去見鄯善國王，當面指責他的善變說：「您太不像話了，既答應和我們結盟，又背地裡和匈奴接觸。現在匈奴使者已

全被我們殺死了，您自己看著辦吧。」鄯善國王又吃驚又害怕，很快就和漢朝簽訂了同盟協議。

　　班超的舉動震動了西域，其他國家也紛紛和漢朝簽訂同盟，很多小國也表示和漢朝永久友好。班超終於圓滿的完成了使命。

　　瞬間的感悟：在危急的情境之下，就應當像班超一樣果斷，敢於冒必要的危險，才能夠獲得成功。如果這時還猶猶豫豫畏縮不前，後果就不堪設想了。

曹沖秤象

　　三國時有個小孩子名叫曹沖。曹沖自幼聰明伶俐、智慧過人，深得曹操的寵愛。曹沖做事愛開動腦筋、勤於思考，才只有五六歲的年紀，就可以想出辦法來解決一些連大人都束手無策的問題。

　　有一天，吳王孫權派人給曹操送來了一頭大象作為禮物。北方是沒有大象的，曹操第一次見到這樣的龐然大物，心下很是好奇，就問送大象來的人說：「這頭大象究竟有多重呢？」來人回答：「敝國從來沒有稱過大象，也沒有辦法稱，所以不知道大象有多重。早就聽說魏王才略過人，手下謀士眾多，個個都智慧超群，請您想個辦法稱稱大象的重量，也讓我等領教一下北方大國的風範。」

　　曹操頓時明白這是孫權給他出的一道難題，他可絕對不能丟這個面子，讓國威受損。於是他召集群臣，傳令下去：能稱出大象的重量的人，重重有賞。大家都絞盡了腦汁，苦苦思索。有人說要做一桿大秤，曹操反駁說就是做出來了，也沒有人能提得動啊。有人說要把大象鋸成一塊塊的零稱，曹操

斥責說怎麼可能把吳國送的禮物毀壞成這樣呢。人們你一言我一語，就是沒人想出一個切實可行的辦法。

正在這個時候，跑出來一個小孩子，站到大人面前說：「我有辦法，我有辦法！」官員們一看，原來是曹操的小兒子曹沖，嘴裡不說，心裡在想：哼！大人都想不出辦法來，一個五六歲的小孩子，會有什麼辦法？

可是千萬別小瞧了小孩子，這小小的曹沖就是有辦法。他想的辦法，就連大人一時也想不出來。他父親就說：「你有辦法，快說出來給大家聽聽。」

曹沖說：「我稱給你們看，你們就明白了。」他叫人牽了大象，跟著他到河邊去。他的父親，還有那些官員們都想看看他到底怎麼個稱法，一起跟著來到河邊。河邊正好有一艘空著的大船，曹沖說：「把大象牽到船上去。」

大象上了船，船就往下沉了一些。曹沖說：「在齊水面的船身上劃上一道記號。」記號劃好了以後，曹沖又叫人把大象牽上岸來。這時候大船空著，大船就往上浮起一些來。

大家看著曹沖一下子把大象牽上船，一下子又把大象牽下船，心裡說：「這孩子在玩什麼把戲呀？」

接下來曹沖叫人挑了石塊，裝到大船上去，挑了一擔又一擔，大船又慢慢的往下沉了。

「行了，行了！」曹沖看見船身上的記號齊了水面，就叫人把石塊又一擔一擔的挑下船來稱。

這時候，大家明白了：石頭裝上船和大象裝上船，那船下沉到同一記號上，可見，石頭和大象是同樣的重量；再把這些石塊稱一稱，把所有石塊的重量加起來，得到的總和不就是大象的重量了嗎？

大家都說，這辦法看起來簡單，可是要不是曹沖做給大家看，大人還真

想不出來呢。曹沖真聰明！

瞬間的感悟：不少人頭腦裡有許多知識，可缺乏運用的能力。曹沖與眾不同的是，不僅運用知識的能力強，能將學過的知識運用到生活實踐中來，而且能靈活運用，即能化整為零，又重新組合，解決生活中遇到的實際問題。

周處自新

周處是晉朝義興縣人。他在年輕的時候，脾氣粗暴，好惹是生非，經常與人打架鬥毆，危害鄉里，被當地人們視為禍害。

那時候，在義興縣境內的大河裡出現了一條蛟龍，同時在義興縣山裡又有隻斑額吊睛猛虎，牠們都時常在河裡、在山上侵害老百姓。當地人們都把周處和蛟龍、猛虎一起看作是「三個禍害」，而這「三個禍害」中又以周處更加屬害。為了除掉侵害老百姓的禍害，曾經有人勸說周處上山去殺死那隻斑額吊睛猛虎，到河裡去斬除那條危及鄉里的蛟龍。

周處聽人勸說後，立即上山去殺死了斑額吊睛猛虎，接著又下山來到有蛟龍作惡的河邊。當蛟龍露出水面準備向他撲過來的那一剎那間，說時遲，那時快，周處轉眼間便跳下河去舉起手中鋒利的砍刀，向作惡多端的蛟龍頭上砍去。那蛟龍為了躲避周處的刺殺，時而浮出水面，時而沉入水底，在大河裡游了幾十里路遠。周處一直緊緊的跟著牠，同樣是時而浮出水面，時而沉入水底。就這樣，三天三夜過去了，地方上的人都認為周處已經死了。人們都在為這「三個禍害」的滅亡而奔相走告，互相慶賀。

誰知周處在殺死了蛟龍後，又突然浮出水面，游到了岸邊。當他上到岸

上來時，看到人們正奔相走告，都在為他已不在人世而互相慶賀，這時他才曉得自己早已被人們認為是禍害了。這是為什麼呢？他捫心自問，經過一番仔細的反省之後終於有了改過自新的念頭。於是，他到吳郡去尋找陸機、陸雲兩兄弟。因為陸家兄弟是當時遠近聞名的受人尊敬的大文人、大才子，周處是想請陸家兄弟開導思想，指點迷津。

周處頭腦中帶著疑惑來到吳郡陸家的時候，陸機不在家，正好會見了陸雲，於是他就把義興縣人為什麼恨他的情況全部告訴了陸雲，並說明自己想要改正錯誤重新做人，但又恨自己年紀已經不小了，恐怕不能做出什麼成就，因此請陸家兄弟指點迷津。陸雲開導他說：「古人認為，一個人如果能在早晨懂得真理，那麼即使是在晚上死去，也是可貴的；何況你現在還年輕，前程還是滿有希望的。」陸雲接著說：「一個人怕只怕沒有好的志向。有了好的志向，又何必擔心美名不能夠傳播開去呢？」

周處聽了陸雲這番話後，從此洗心革面、改過自新。經過自己艱苦的努力，後來終於成了名揚四方的忠臣孝子。

瞬間的感悟：一個人有了缺點錯誤並不可怕，只要勇於正視、勇於改正自己的缺點錯誤，重新確立好的志向，一樣可以成為一個有用之才。也就是說：浪子回頭金不換。

第六章　歷史的智慧

第七章　名人的感悟

魯迅刻「早」字的故事

　　魯迅先生生於西元 1881 年 9 月 25 日，出生在紹興城內都昌坊口一個破落的士大夫家庭。魯迅原名周樹人，他是現代著名的文學家、思想家和革命家。

　　魯迅自幼聰穎勤奮，三味書屋是清末紹興城裡的一所著名的私塾，魯迅十二歲時到三味書屋跟隨壽鏡吾老師學習，在那裡攻讀詩書近五年。魯迅的座位，在書房的東北角，他使用的是一張硬木書桌。現在這張木桌還放在魯迅紀念館裡。

　　魯迅十三歲時，他的祖父因科場案被逮捕入獄，父親長期患病，家裡越來越窮，他經常到當鋪賣掉家裡值錢的東西，然後再在藥店幫父親買藥。有一次，父親病重，魯迅一大早就去當鋪和藥店，回來時老師已經開始上課了。老師看到他遲到了，就生氣的說：「十幾歲的學生，還睡懶覺，上課遲到。下次再遲到就別來了。」

　　魯迅聽了，點點頭，沒有為自己做任何辯解，低著頭默默回到自己的座位上。

　　第二天，他早早來到學校，在書桌右上角用刀刻了一個「早」字，心裡暗暗的許下諾言：以後一定要早起，不能再遲到了。

　　以後的日子裡，父親的病更重了，魯迅更頻繁的到當鋪去賣東西，然後

到藥店去買藥，家裡很多工作都落在了魯迅的肩上。他每天天未亮就早早起床，料理好家裡的事情，然後再到當鋪和藥店，之後又急急忙忙的跑到私塾去上課。雖然家裡的負擔很重，可是他再也沒有遲到過。

在那些艱苦的日子裡，每當他氣喘吁吁的準時跑進私塾，看到課桌上的「早」字，他都會覺得開心，心想：「我又一次戰勝了困難，又一次實現了自己的諾言。我一定加倍努力，做一個信守諾言的人。」

後來父親去世了，魯迅繼續在三味書屋讀書，私塾裡的壽鏡吾老師，是一位方正、質樸和博學的人。老師的為人和治學精神，那個曾經讓魯迅留下深刻記憶的三味書屋和那個刻著「早」字的課桌，一直激勵著魯迅在人生路上的繼續前進。

魯迅十七歲時從三味書屋畢業，十八歲那年考入免費的江南水師學堂；後來又公費到日本留學，學習西醫。1906 年魯迅又放棄了醫學，開始從事文學創作，先後在北京大學、北京師範大學等學校教過課，成為中國新文學運動的宣導者。魯迅是文壇的一位巨人，他的著作全部收入《魯迅全集》，被譯成五十多種文字廣泛的在世界上傳播。

> 瞬間的感悟：「信守諾言，加倍努力」，這是成就偉人的堅實的基礎。

齊白石畫畫

著名畫家齊白石九十歲高齡時，有一天，作家老舍去看他，請他以「蛙聲十里出山泉」為題作一幅畫。

這是一個難題。我們知道，繪畫是視覺藝術，在尺幅之上表現「蛙聲十里」的聽覺形象，是很難的；而且背景是特定的「山泉」，限定透過山泉來表

現十里蛙聲,這就更難了。

但是難歸難,卻沒有難倒白石老人。過了幾天,他拿出了一幅國畫交給了老舍。老舍一看,是一幅四尺多長的立軸,上面畫的是山澗亂石傾瀉出一片急流,急流中夾著幾個活潑生動、富有生命力的蝌蚪,高處則抹了幾筆遠山。整幅畫就由這亂石、急流、蝌蚪、遠山構成,布局得體,十分和諧。雖然並沒有出現一隻鼓腮噪鳴的青蛙,卻使人隱隱如聞十里蛙聲。

老舍看了,深深嘆服這位經驗豐富、善於創造的老畫家的藝術構思的巧妙。

齊白石的這幅畫確實傳神的表現了「蛙聲十里出山泉」的意境。他不拘泥於題目所提供的表面形象,而是借助於最富有藝術表現力的事物,給予人無窮的聯想。不說別的,單說畫中的蝌蚪,如果改為一隻乃至幾隻青蛙,儘管你把牠們鼓腮鳴叫和神態表現逼真,還能聽得到隱隱傳來的蛙聲嗎?

> 瞬間的感悟:畫畫如此,做事也是如此。同一個人,同一件事,有的做出來很平常,有的做出來卻很別致、很新穎,其原因就在於是否善於選擇最佳的角度,是否善於精心思考,達到最佳效果。

學問不管有用無用

梁衡先生去看望 96 歲的季羨林先生,談話間他提到:「你關於古代東方語言的研究對現在有什麼用?」季羨林先生說:「學問不能拿有用無用來衡量,只看它是否精深。當年牛頓研究萬有引力有什麼用?」

梁衡先生事後回憶說:「這一語如重錘,敲醒了我懵懂的頭腦。」

後來,梁衡先生寫了篇文章《學問不管有用無用》,闡釋了自己對季羨林

先生這句話的深刻認知。他在文中這樣寫道：

　　對學者來說，做學問單單是為了有用嗎？顯然不是，不但牛頓研究萬有引力時不這樣問，就是哥白尼研究天體運動、達爾文研究生物進化、愛因斯坦研究相對論都不這樣問。如果只憑有用無用來衡量，許多人早就不做學問了。哥白尼直到臨死前，他的《天體運動》才出版。這時他已雙目失明，只是用手摸了一下這本耗盡了他一生精力的書便辭世了。克卜勒發現了眾星運動規律後說：「認知這一真理已實現了我最美好的期望，也可能當代就有人讀懂它，也許後世才有人能讀懂，這我就管不著了。」他們不管，誰來管呢？自然有下一道程序，由實踐層面的人 —— 技術人員、設計師、企業家、管理者、政治家等去管。社會就是這樣持續發展，科學技術、學術就這樣不斷進步。愛因斯坦發現相對論後，經過了 40 年，透過了許多技術人員包括組織管理者的努力，第一顆原子彈才爆炸。社會科學與自然科學雖有區別，但也有一些看似無用的東西需要人去靜心研究。馬克思本來身在工人運動第一線，當他深感工人運動缺少理論支持時，就退出一線去研究《資本論》等理論（當然，他同時還關心著實踐）。當時，他已窮得揭不開鍋，他說從來沒有一個像他這樣最缺少貨幣的人來研究貨幣。如果為了有用，他最應該去經商，先賺一把貨幣。他的經濟、哲學、社會理論讓後來實踐層面的革命家、管理者演繹出一個轟轟烈烈的新時代。

　　原來知識是分上游、下游的。上游是那些最基本的原理，解決規律層面的問題，下游是執行和操作的方法，解決實踐層面的問題。上游是科學，下游是技術；上游是學術，是思想，下游是方案，是行動。由於科學、學術的超前性，許多科學家、學者經常看不到自己學問的實用結果。但他們並不悲傷，並不計較，他們不管用與不用，只管知與不知，只要不知道的事就去研

究，就像煤礦的掘進隊，只管掘進，而把煤留給後面的採煤人。梁啟超說，做學問不為什麼，就為興趣，為學問而學問。他們雖說不問為什麼。但堅信知識對人類有用。培根說：「知識就是力量。」事實上，每一項新知識都對人類產生了重要作用，有的簡直是驚天動地。倫琴、居禮夫人、盧瑟夫等一批研究放射性、原子能的早期科學家，並沒有想到後來的原子彈及和平利用原子能。就是季羨林先生也沒有想到他研究的梵文、吐火羅文在 40 年後讓他破譯了一部天書，補回了一段歷史。

正因為這樣，我們強調尊重知識、尊重人才，包括對未知世界、對自然界、對星空、對生態的尊重。因為一切未知中都藏有真知，也許某一棵野草就是將來打開生命大門的鑰匙。面對茫然的未知世界，那些勇敢拓荒的人才是真正的英雄。他們治學時不問有用無用，正是因為他們講大用而不計小用，看將來而不計眼前，為人類之大公而不謀個人小利。這些以學問為樂趣，為人類不斷擴充知識邊界的人是最值得我們尊敬的。而他們在探知過程中所表現的淡泊名利、寧靜致遠的治學態度和做人準則，對後人來說比他們提供的知識還重要。

瞬間的感悟：梁衡先生對季先生的話的理解，深刻、精闢、獨特；他的文章也如重錘，敲醒了我們懵懂的頭腦。書山有路勤為徑，學海無涯苦作舟。學習無止，知識常新，人生才常青不老。

地圖的背面

做主管的父親正在準備明天全公司職員大會的講稿，他的兒子卻在一邊吵鬧不休，要父親給他 1 塊錢買雪糕吃。

第七章　名人的感悟

父親一時還沒有理清明天演講的思路，還沒有捕捉到明天演講要點，正煩著呢！但他對無知而又不講道理的兒子的吵鬧又無可奈何，於是隨手拾起一本舊雜誌，把色彩鮮豔的插圖——一幅世界地圖，撕成碎片，丟在地上，說道：「你如果能拼好這張地圖，我就給你 1 塊錢買雪糕吃。」

這位父親認為他的兒子至少要花費整整一上午的時間，這樣自己就可以靜下心來思考問題了。

但是，沒過多久，兒子就敲開了他的房門，手中拿著那份拼得完完整整的地圖。父親對兒子如此之快的拼好了一幅世界地圖感到十分驚奇，他問道：「孩子，你怎麼這樣快就拼好了地圖？」

「這很容易，」兒子說道，「另一面有一個人的照片，我就把這個人的照片拼到一起，然後把它翻過來。我想如果這個人拼正確了，那麼，這個世界地圖也就是正確的。」

父親微笑起來，高興的給了他兒子 1 塊錢，對他說：「謝謝你！你替我準備了明天演講的題目：如果一個人是正確的，他的世界觀就會是正確的。」

> 瞬間的感悟：如果要改變你的世界，改變你的生活，首先就應該改變你自己。一個人是正確的，他的世界就會是正確的。大道理可以從小事情中得到啟發。

厲害的售貨員

一個鄉下來的年輕人去應徵城裡「世界最大」的「應有盡有」百貨公司的銷售員。老闆問他：「你以前做過銷售員嗎？」

他回答說：「我以前是村裡挨家挨戶推銷的小販子。」老闆喜歡他的機靈：

「你明天可以來上班了。等下班的時候，我會來看一下。」

一天的光陰對這個鄉下來的窮小子來說太長了，而且還有些難熬。但是年輕人還是熬到了 5 點，差不多該下班了。老闆真的來了，問他說：「你今天做了幾單買賣」。

「一單，」年輕人回答說。「只有一單？」老闆很吃驚的說：「我們這裡的售貨員一天基本上可以完成 20 到 30 單生意呢。你賣了多少錢？」「30 萬美元。」年輕人回答道。

「你怎麼賣到那麼多錢的？」目瞪口呆，半晌才回過神來的老闆問道。

「是這樣的，」鄉下來的年輕人說，「一個男士進來買東西，我先賣給他一個小號的魚鉤，然後中號的魚鉤，最後大號的魚鉤。接著，我賣給他小號的魚線，中號的魚線，最後是大號的魚線。我問他上哪裡釣魚，他說海邊。我建議他買一艘船，所以我帶他到賣船的專櫃，賣給他長 20 英尺有兩個引擎的縱帆船。然後他說他的汽車可能拖不動這麼大的船。我於是帶他去汽車銷售區，賣給他一輛新款豪華型房車。」

老闆後退兩步，幾乎難以置信的問道：「一個顧客僅僅來買個魚鉤，你就能賣給他這麼多東西？」

「不是的，」鄉下來的年輕售貨員回答道，「他是來幫他妻子買衛生棉的。我就告訴他『你還有大好週末，幹嘛不去釣魚呢？』」

瞬間的感悟：好的事業是從與人交談開始的，一見傾心的交談是從誠懇的態度開始的。獲得別人的信任，自己的事業就有了成功的基礎。處處為別人著想的人，他的成功就在替別人著想的有意無意之間。

三個廟三個和尚三種辦法

有一名老話，叫「一個和尚挑水喝，兩個和尚抬水喝，三個和尚沒水喝」。如今，這三個觀點過時了。現在的觀點是「一個和尚沒水喝，三個和尚水多得喝不完。」

有三個廟，這三個廟離河邊都比較遠。怎麼解決喝水問題呢？第一個廟，和尚挑水路比較長，一天挑了一缸就累了，不做了。於是三個和尚商量，咱們來個接力賽吧，每人挑一段路。第一個和尚從河邊挑到半路停下來休息，第二個和尚繼續挑，又轉給第三個和尚，挑到缸裡灌進去，空桶回來再接著挑，大家都不累，水很快就挑滿了。這是協作的辦法，也叫「機制創新」。

第二個廟，老和尚把三個徒弟都叫來，說我們立下了新的廟規，要引進競爭機制。三個和尚都去挑水，誰挑得多，晚上吃飯加一道菜；誰水挑得少，吃白飯，沒菜。三個和尚拚命去挑，一下子水就挑滿了。這個辦法叫「管理創新」。

第三個廟，三個小和尚商量，天天挑水太累，咱們想想辦法。山上有竹子，把竹子砍下來連在一起，竹子中心是空的，然後買了一個轆轤。第一個和尚把一桶水搖上去，第二個和尚專管倒水，第三個和尚在地上休息。三個人輪流換班，一下子水就灌滿了。這叫「技術創新」。

瞬間的感悟：由三個和尚沒水喝，到三個和尚透過不同的辦法達到共同的目的，關鍵在於不局限於固有的思維，發揚了團結合作、良性競爭、開拓創新的精神。

百萬富翁和一枚硬幣

香港的何東是位億萬富翁，一分錢對於他來說，那只是牛之一毛。但他卻對每一分錢都非常較真，從不含糊。一次，他下車時不慎將口袋裡的一分錢掉在地上，那枚錢從地上滾進了草叢。何東便停下腳步蹲下身來仔細在草叢中尋找，找了半天，卻無論如何也找不到了。何東並沒有放棄，第二次經過時繼續尋找。有一位服務生實在看不下去了，她偷偷在草叢中扔了一枚硬幣，何東終於找到了，他高興極了。

有人問起此事，何東說：「錢都應該有所值，而不應該浪費，對於金錢的意義，一分錢與一萬或者一百萬應該是同等重要。」

類似的事情還發生在香港鉅賈李嘉誠身上，他曾經掉過一塊錢並滾到陰溝中，保全幫他找到並交還給他。李嘉誠收了那一塊錢，而從皮夾中抽出一百元給了保全表示感謝。

對於李嘉誠的做法，當然引起眾人的好奇。李嘉誠的解釋是：我給保全 100 元，並沒有浪費，而是繼續進入流通。而那一塊錢如果不撿起來就浪費了。

在常人眼裡，許多富人都有這樣「另類」的金錢觀。世界第一富豪比爾蓋茲就是一位十分「摳門」的人。他和朋友到一家餐廳用餐，發現餐廳的車位滿了，而貴賓車位卻還空著，一問每個車位要 12 美元。比爾蓋茲便不願把車停在這裡。

朋友說：「那 12 美元由我來付。」

比爾蓋茲卻說：「不，這不是錢的問題，我認為這個貴賓車位根本不值這麼多錢。」

瞬間的感悟：富人們常給人一種越是有錢越吝嗇的印象，但實際上，不論是何東、李嘉誠還是比爾蓋茲，他們對應花的錢從不小氣，捐給慈善事業的金錢都一擲千金。這些生活小節，應該是一種成熟而理性的金錢觀的具體表現。這就是，每一分錢都應該物有所值，每一分錢就是他們的一員戰將，都有自己的位置；而常人從來不會去考慮一分錢對生活與社會的深層意義。

為什麼他們有那麼多錢，而某些人卻一文不名？或許，最大的區別就在這裡。

快樂四句話

一位 16 歲的少年去拜訪年長的智者。

少年問：「我如何才能變成一個自己愉快、也能夠讓別人愉快的人呢？」

智者笑著說：「孩子，在你這個年齡有這樣的願望，已經很難得了。我送給你四句話吧，第一句話是把自己當成別人。」

少年說：「是不是說，在我感到痛苦憂傷的時候，就把自己當成是別人，這樣痛苦自然就減輕了；當我欣喜若狂之時，把自己當成別人，那樣狂喜也會變得平和一些？」智者微微點頭。

智者接著說：「第二句話，把別人當成自己。」少年沉思一下，說：「這樣就可以真正同情別人的不幸，理解別人的需求，並給予恰當的幫助。」智者兩眼發光。

智者繼續說：「第三句話，把別人當成別人。」少年默默思索著，然後回答說：「這句話是不是說，要充分尊重每個人的獨立性，在任何情形下都不可侵犯他人的核心領地。」智者哈哈大笑：「很好，很好。孺子可教也！」

智者說：「第四句話，把自己當成自己。這句話理解起來太難，你留著以後慢慢品味吧！」

少年說：「也好。不過這四句話我怎樣才能把它們統一起來呢？」

智者說：「很簡單，用一生的時間和經歷。」

> 瞬間的感悟：人生中的許多道理都需要用一生的時間去體會、感受，生命正是一個不斷發現，並享受這些發現的過程。

解脫自己

我的一個朋友，這麼多年來，一直生活在憤怒、沮喪、仇恨和痛苦之中。

其實只是一件很小的事情。朋友和他的同學一起大學畢業，一起去一個公司試用。他們是無話不談的好朋友，這之前，親如兄弟。

他們一起拜訪了一位大客戶，幾乎談成一單大生意。已經有了初步的意向，只等第二天簽合約。朋友和他的同學非常興奮，在宿舍裡喝酒慶祝。結果朋友酩酊大醉，一直睡到第二天清晨。醒來後，發現他的同學不見了。等去了公司才知道，他的同學竟趁他爛醉如泥的時候，提前簽成那單生意。

當然，所有的功勞都成了同學一個人的。

朋友找他算帳。對方辯解說，喝完酒，心裡不踏實，所以打算連夜將那個合約搞定。想和他一起去，可叫了他半個小時，也沒能把他叫醒。朋友當然不信，可是有什麼用呢？因為那單大生意，朋友的同學升了職，並一直做到部門經理；而我的朋友，在很長一段時間裡，一直是公司的一個小業務員。

朋友接受了事實，繼續埋頭苦幹，一年後也升了職。可他就是不能原諒

那個同學。

　　他和同學徹底絕交，拒絕去一切有他那個同學的場合。他告訴我，只要看到那張臉，他就憤怒到幾乎無法自制，恨不得將那張臉砸扁。

　　他說，他什麼都可以寬容，但就是不能夠寬容卑鄙；他誰都可以原諒，就是不能夠原諒這個同學。

　　後來，朋友的同學多次找到他，跟他道歉。可是我的朋友，對同學的道歉總是置之不理。

　　其實我的朋友也並不快樂，儘管他也升到了部門經理。可是同在一個公司，哪怕再小心翼翼，也難免會不期而遇。每到這時，朋友就會把頭扭向一邊，臉色鐵青。哪怕，一秒鐘前他還在捧腹大笑。

　　朋友說他很難受。本來，犯錯的是他的同學，要受到心靈懲罰的，也應該是那位同學。怎麼到最後，竟成了他自己？並且，一直持續了好幾年？

　　朋友說因為有了太多的恨，所以一個人對另一個人有了仇恨，那麼，就會不快樂。

　　朋友說，這幾年來，他一直在放大一種仇恨，而當一種仇恨在心中被無限放大，便變得根深蒂固起來。你想，心中被仇恨占滿了，快樂放在哪裡呢？

　　後來，在讀過一本哲理書後，我的朋友突然領悟，原諒他人曾經的過錯，其實對於自己，也是一種解脫。

　　於是朋友抱著一種試探的心理，試著跟他的那個同學交流了一下。結果，多年的積怨一掃而光，他們再次成了朋友。再後來，我的朋友的業務做得一帆風順，並再次升了職。

瞬間的感悟：原諒了別人，就等於解脫了自己。放下苛責，你會輕鬆無比；忘記仇恨，你就擁有了快樂。

真理是懷疑的影子

這是一件真實而又引人深思的小事。

不久前，一位法國教育心理學專家，給 A 國的小學生和 B 國的小學生先後出了下面這道完全一樣的測試題：一艘船上有 86 頭牛，34 隻羊，問：這艘船的船長年紀有多大？

A 國小學生的回答情況是，超過 90% 的同學提出了異議，認為這道測試題根本沒辦法回答，甚至嘲笑老師的「糊塗」。顯而易見，這些學生的回答是對的。B 國小學生的回答情況恰恰相反：有 80% 的同學認真的做出了答案，86 減 34 等於 52 歲。只有 10% 的同學認為此題非常荒謬，無法解答。做出正確回答的同學竟然只有 10%！

這位法國教育心理學專家很驚訝，兩國的小學生為什麼會出現這麼大的差別呢？他透過對 B 國這 80% 小學生的調查後發現，他們之所以做出錯誤的答案，是因為他們堅信不移的認為：「老師平時教育我們，只有對問題做出回答，才可能得分；不做的話，就連一分也得不到。老師出的題總是對的，總是有標準答案的，不可能沒辦法做，也不可能沒有答案。」

法國教育心理學專家在總結這兩次實驗的時候，引用了下面的幾句話：

第一句話是笛卡兒說的：懷疑就是方法。

第二句話是法拉第說的：在學術上不盲從大師，他應當重事不重人，真理應當是他的首要目標。

231

第七章　名人的感悟

　　第三句話是愛因斯坦說的：科學發現的過程是一個由好奇、疑慮開始的飛躍。

　　然後，他頗有感觸的講道：「應當教育孩子敬重老師，但更要教育孩子敬重真理。懷疑並不是缺點，總是沒完沒了的懷疑才是缺點。只有勇於懷疑，才能減少盲從。有懷疑的地方才有真理，真理是懷疑的影子。」

> 瞬間的感悟：這個故事聽起來似乎十分荒唐可笑，可事實又是這麼的不容置疑。懷疑而不盲從權威，是人們應當學會的。

甘迺迪的問題

　　約翰・甘迺迪就任美國總統前幾天，我被邀請到佛羅里達棕櫚灘他的住所，跟他和史瑪達參議員打高爾夫球。在驅車離開高爾夫球場時，甘迺迪總統停好車子，轉過頭來問我：「你相信耶穌基督將再回到地上嗎？」我被他問得幾乎說不出話來。首先，我從未料到甘迺迪總統會提出這個問題，其次，我沒想到他竟然知道耶穌將再來臨，我跟他只不過見過幾次面，還不知道他對信仰的認識有多少。「是的，先生，我相信。」我回答。

　　「好，」他說：「跟我仔細說說。」接下來的幾分鐘，我便有機會跟他講述關於耶穌再生的事。我常在想他為什麼問那樣的問題。約一千個日子過去以後他被刺殺，我想我知道了部分的答案。柯辛紅衣主教（Cardinal Cushing）在甘迺迪總統的葬禮上唸了我曾經引用過的經文，全球千萬人都看見和聽見了葬禮的內容。

　　經文的第 17 節尤其顯著：「以後我們這活著還存留的人，必和他們一同被提到雲裡，在空中與主相遇。」「被提」二字在希臘文的原意是「攫奪」。

那日於快要來到，耶穌基督將從各墳墓中「擄奪」凡跟隨他的人，而我們仍活著存留的將加入他們的大逃亡！那是基督徒對未來的盼望。

「因為主必親自從天降臨，有呼叫的聲音和天使長的聲音，又有神的號吹響。那在基督裡死了的人必先復活，以後我們這活著還存留的人，必和他們一同被提到雲裡，在空中與主相遇。這樣，我們就要和主永遠同在，所以，你們當用這些話彼此勸慰。」

瞬間的感悟：生命中最美好的事物，無法看見，無法捉摸，但須用心體會。

233

第七章　名人的感悟

第八章　快樂的泉源

去掉心靈陰影

南宋僧人曾作一偈：「身是菩提樹，心如明鏡臺。時時勤拂拭，勿使惹塵埃。」心如明鏡，纖毫畢現，洞若觀火，那身無疑就是「菩提」了。但前提是「時時勤拂拭」，否則，塵埃厚厚，似繭封裹，心定不會澄碧，眼定不會明亮了。

一個人，在塵世間走得太久了，心靈無可避免的會沾染上塵埃，使原來潔淨的心靈受到汙染和蒙蔽。心理學家曾說過：「人是最會製造垃圾汙染自己的動物之一。」的確，清潔人員每天早上都要清理人們製造的成堆的垃圾，這些有形的垃圾容易清理，而人們內心中諸如煩惱、欲望、憂愁、痛苦等無形的垃圾卻不那麼容易處理了。因為，這些真正的垃圾常被人們忽視，或者，出於種種的擔心與阻礙不願去掃。譬如，太忙、太累；或者擔心掃完之後，必須面對一個未知的開始，而你又不確定哪些是你想要的。

的確，清掃心靈不像日常生活中掃地那樣簡單，它充滿著心靈的掙扎與奮鬥。不過，你可以告訴自己：每天掃一點，每一次的清掃，並不表示這就是最後一次。而且，沒有人規定你一次必須掃完。但你至少要經常清掃，及時丟棄或掃掉拖累你心靈的東西。

> 瞬間的感悟：及時清掃你的心靈中的垃圾吧，這樣，你的心會更純潔，人也能變得更快樂。

把握自己的天空

人生的失意，並不可怕，可怕的是失去志氣，自暴自棄，要注意，及時調整，把握心志。

古人說「人生得意須盡歡」，而人生失意時也不能停下腳步，也應該積極進取。歷史上許多偉人，許多有成就者，都有過失意的時候，但他們都能失意不失志，都能做到勝不驕，敗不餒。

司馬遷因李陵一案而官場失意，被施宮刑，但他沒有被打垮，反而成就了他「史家之絕唱，無韻之離騷」的傳世之作。

蒲松齡一生夢想為官，可最終也沒能如意，但他是幸運的，因為他能及時反省，能及時調轉人生的航向。俗話說：「朝聞道，夕死可矣。」假如他不能及時省悟，便不會有留芳後世的《聊齋志異》問世，他的大名也不會永載史冊。

美國最偉大的總統之一林肯曾有兩次經商失敗、兩次競選議員失利的經歷。但他最終還是得到了成功女神的垂青，成為美國歷史上與華盛頓齊名的偉人。試想，假如他在經商失意時不能及時省悟，不能及時易轍，那他可能連成功的門都摸不著。

> 瞬間的感悟：失意之後，要及時調整自己，戰勝困境，重新開始。

千里難求是快樂

有一位國王終日悶悶不樂，為了解除他的心病，大臣們遍訪名醫。一位智者獻計說：「只要找到世界上最快樂的人，把他的襯衫脫下來給國王穿上，國王就會高興起來。」

於是，國王立刻下旨尋遍全國各地，找一個最快樂的人。不久他們就發現，這世界上快樂的人可真少。富人們衣食充足卻無所事事，備感無聊；智者們終日惻惻、思慮過多；美人們日日擔憂年華老去。最後，他們終於在柴草堆上找到了一個快樂的唱著歌的年輕人，可是，當他們遵照國王的旨意決定脫去他的襯衫時，卻發現他竟窮得連襯衫也沒有。

世界上有一種情緒，它並不因為人們財富的多寡、地位的高低而增減，全部的奧祕只在內心，那就是快樂。有一種人生最可寶貴的無形財富，它簡單易得卻又千里難求，任誰也無法將它奪走，那就是快樂。

> 瞬間的感悟：快樂其實就在身邊，只是有些人沒能用心去體會。

快樂就是讓自己快樂

有一位老師教小學生寫作文，題目是：「快樂是什麼？」一個小女孩寫道：「快樂就是在寒冷的夜晚鑽進厚厚的被子裡去。快樂就是讓自己快樂。」是的，快樂就是讓自己快樂。

人是需要享受生命的。無論你多忙，你總有時間選擇兩件事：快樂還是不快樂。早上你起床的時候，也許你自己還不曉得，不過你的確已選擇了讓自己快樂還是不快樂。

第八章　快樂的泉源

　　一位歷史學家希望在知識中尋找快樂，卻只找到幻滅；他在旅行中尋找快樂，卻只找到疲倦；他在財富中尋找快樂，卻只找到紛亂憂慮；他在寫作中尋找快樂，卻只找到身心疲憊。有一天他看見一個女人坐在車裡等人，懷中抱著一個熟睡的嬰兒。一個男人從火車上走下來，走到那對母子身邊，溫柔的親吻女人和她懷中的嬰兒，小心翼翼的不敢驚醒他。然後這一家人開車走了，留下歷史學家望著他們離去的方向深思。他猛然驚覺，原來日常生活的一點一滴都蘊藏著快樂。

> 瞬間的感悟：快樂其實就在生活的點滴中。

擺脫困境的方式

　　自嘲是一種重要的思維方式。每個人都有許多無法避免的缺陷，這是一種必然。

　　觀察分析一個心胸豁達的人，你往往會發現，他的思維習慣中有一種自嘲的傾向。這種傾向，有時會顯於外表，表現為以幽默的方式擺脫困境。

　　不夠豁達的人，往往拒絕承認這種必然。為了滿足這種心理，他們總是緊張的抵禦著任何會使這些缺陷暴露出來的外來衝擊。久之，心理便成為脆弱的了。一個擁有自嘲能力的人，卻可以免於此患。他能主動察覺自己的弱點，他沒有必要去盡力掩飾。

　　從根本上來說，一個尷尬的局面之所以形成，只是因為它使你感到尷尬。要擺脫尷尬，走出困境，正面的迴避需要極大的努力，但自嘲卻為豁達者提供了一條逃遁出去的輕而易舉的途徑 —— 那些包圍我的，本來就不是我的敵人。於是，尷尬或困境，就在概念上被取消了。

吃虧是福

吃得苦中苦，方為人上人。不光表面風光，其實也是一生的幸福。

記不清哪位哲人曾寫下下面這段令人怦然叫絕的文字，的確是對「吃虧是福」的最好的詮釋。在此引用，以與大家共賞：

人，其實是一個很有趣的平衡系統。當你的付出超過你的回報時，你一定獲得了某種心理優勢；反之，當你的獲得超過了你付出的勞動，甚至不勞而獲時，便會陷入某種心理劣勢。很多人拾金不昧，絕不是因為跟錢有仇，而是因為不願意被一時的貪欲搞壞了長久的心情。一言以蔽之：人沒有無緣無故的得到，也沒有無緣無故的失去。有時，你是用物質上的不合算換取精神上的超額快樂。也有時，看似占了金錢便宜，卻同時在不知不覺中透支了精神的快樂。因此先哲強調：吃虧是福，就是這樣一個道理。現實生活中，很多人以低調的姿態做著各式各樣的好事，在不同的程度上，他們當然就是我們常說的「聖人」。

瞬間的感悟：吃虧是福，生命中吃點虧算什麼？吃虧了能換來非常難得的平和與安全，能換來身心的健康與快樂，吃虧又有什麼不值得的呢？況且，在吃虧後平和與安全的時期之內，我們可以重新調整我們的生命，並使它再度放射出絢麗的光芒。

讓自己光彩照人

沒有誰能改變自己，只有自己對生活充滿活力，充滿自信，才能讓自己光彩照人。

有個長髮公主叫凡妮莎，她頭上披著很長很長的金髮，長得很美。凡妮莎自幼被囚禁在古堡的塔裡，和她住在一起的老巫婆天天嘮叨凡妮莎長得很醜。

一天，一位年輕英俊的王子從塔下經過，被凡妮莎的美貌驚呆了，從這以後，他天天都要到這裡來，看看自己的心上人。凡妮莎從王子的眼睛裡認清了自己的美麗，同時也從王子的眼睛裡發現了自己的自由和未來。有一天，她終於放下頭上長長的金髮，讓王子攀著長髮爬上塔頂，把她從塔裡解救出來。

囚禁凡妮莎的不是別人，正是她自己，那個老巫婆是她心裡迷失自我的魔鬼，她聽信了魔鬼的話，以為自己長得很醜，不願見人，就把自己囚禁在塔裡。

其實，人在很多時候不就像這個長髮公主嗎？人心很容易被種種煩惱和物欲所捆綁。那都是自己把自己關進去的，就像長髮公主，把老巫婆的話信以為真，自己認為自己長得很醜，因此把自己囚禁起來。

瞬間的感悟：既然心憂是自己營造的，人自己就有衝出心憂的本能，那麼，還是讓我們自己動手，拆除心靈的監獄，掙脫心靈的枷鎖，把原本的快樂還給自己。

幸福只在一念間

幸福它沒有根源，只要你的頭腦裝的是幸福，自然就是幸福。

有個老太太生了兩個女兒，大女兒嫁給傘店老闆，小女兒當了染坊店的主管。於是老太太整天憂心忡忡。逢上晴天，她怕大女兒傘店的雨傘賣不出去；逢上雨天，她又擔心小女兒染出的布晾不乾。老太太天天為女兒擔憂，日子過得很憂鬱，久而久之，愁出了一身的毛病。

後來一位聰明人告訴她：「老太太，妳真是好福氣，下雨天，妳大女兒的傘店會顧客盈門；而晴天妳小女兒的布店又生意興隆，不論哪一天妳都應該高興才是啊！」老太太一想，果真是這個道理，從此，老太太便整天笑容滿面，再也不憂鬱了。

事情本來就是這麼簡單，同樣的天氣，心態一轉，憂愁就變成了幸福。其實，事情往往就這樣，感到不幸，是因為心態不正確，是因為我們排斥幸福，而不是事情本身帶有不幸。假如抱著抗拒的情緒，即使幸福悄然降臨身邊，也會總毫無覺察，與它失之交臂。

林肯說過：「大部分的人，在決心要變得更幸福時，就會有那種幸福的感覺。」

> 瞬間的感悟：幸福是一種感覺，幸福的根源是我們的頭腦，而不是口袋裡所藏的東西。因此說，幸福只在一念間。

如何解脫煩惱

一個年輕人四處尋找解脫煩惱的祕訣。他見山腳下綠草叢中一個牧童在

那裡悠閒的吹著笛子，十分逍遙自在。年輕人便上前詢問：「你那麼快活，難道沒有煩惱嗎？」

牧童說：「騎在牛背上，笛子一吹，什麼煩惱也沒有了。」

年輕人試了試，煩惱仍在。於是他只好繼續尋找。

他來到小河邊，見一老翁正專注的釣魚，神情怡然，面帶喜色，於是便上前問道：「您能如此投入的釣魚，難道心中沒有什麼煩惱嗎？」

老翁笑著說：「靜下心來釣魚，什麼煩惱都忘記了。」

年輕人試了試，卻總是放不下心中的煩惱，靜不下心來。於是他又往前走。他在山洞中遇見一位面帶笑容的長者，便又向他討教解脫煩惱的祕訣。

老年人笑著問道：「有誰捆住你沒有？」

年輕人答道：「沒有啊？」

老年人說：「既然沒人捆住你，又何談解脫呢？」

年輕人想了想，恍然大悟，原來是被自己設置的心理牢籠束縛停頓。

要想從煩惱的牢籠中解脫，首先要放下心中一切雜念，正如蕭伯納所說，痛苦的祕訣在於有閒功夫擔心自己是否幸福。

> 瞬間的感悟：煩惱其實只是一種感覺，轉個角度想就是幸福。

煩惱也能快樂

煩惱是根據心情而變化而變化，就好像天氣一樣，撥雲見日。

英國有一個天生樂觀的人，從不拜神，令神不開心，因為神的權位受到挑戰。

他死後，為了懲罰他，神便把他關在很熱的房間，七天後，神去看望這

位樂觀的人，看見他非常開心。神便問：「身處如此悶熱的房間七天，難道你一點也不辛苦？」樂觀的人說：「待在這間房子裡，我便想起在公園裡晒太陽，當然十分開心啦！」（英國一年難得有好天氣，一旦晴天，人們都喜歡去公園晒太陽。）

神不甘心，便把這位快樂的人關在一間寒冷的房間。七天過去了，神看到這位快樂的人依然很開心，便問他：「這次你為什麼開心呢？」這位快樂的人回答說：「待在這寒冷的房間，便讓我聯想起耶誕節快到了，又要放假了，還要收很多聖誕禮物，能不開心嗎？」

神不甘心，便把他關在一間陰暗又潮溼的房間。七天又過去了，這位快樂的人仍然很高興，這時神有點困惑不解，便說：「這次你能說出一個讓我信服的理由，我便不為難你。」這位快樂的人說：「我是一個足球迷，但我喜歡的足球隊很少有機會贏。可有一次贏了，當時就是這樣的天氣。因此每遇到這樣的天氣，我都會高興，因為這會讓我聯想起我喜歡的足球隊贏了。」

神無話可說，讓這位快樂的人自由了。

> 瞬間的感悟：沒有什麼能打敗樂觀的人，因為他總會在生活中找到開心的竅門：煩惱和快樂都是自己的感覺，只是自己的感覺。因此他才會輕而易舉的找到快樂，甚至讓煩惱也變得快樂起來。

快樂創造法

快樂有時需要我們自己去尋找、創造。創造快樂可用以下方法：

快樂創造法之一：精神勝利法。

這是一種有益身心健康的心理防衛機制。在你的事業、愛情、婚姻不盡

第八章　快樂的泉源

如人意時，在你因經濟上得不到合理對待而傷感時，在你無端遭到人身攻擊或不公正的評價而氣惱時，在你因生理缺陷遭到嘲笑而鬱鬱寡歡時，你不妨用阿Q的精神調適一下你失衡的心理，營造一個祥和、豁達、坦然的心理氛圍。

快樂創造法之二：難得糊塗法。

這是心理環境免遭侵蝕的保護膜。在一些非原則性的問題上「糊塗」一下，無疑能提高心理的承受能力，避免不必要的精神痛楚和心理困惑。有這層保護膜，會使你處亂不驚，遇煩不憂，以恬淡平和的心境對待生活中的各種緊張事件。

快樂創造法之三：隨遇而安法。

這是心理防衛機制中一種心理的合理反應。培養自己適應各種環境的能力，遇事總能滿足，煩惱就少，心理壓力就小。古人云：「吃虧是福。」生老病死，天災人禍都會不期而至，用隨遇而安的心境去對待生活，你將擁有一片寧靜清新的心靈天地。

快樂創造法之四：幽默人生法。

這是心理的調節器。當你受到挫折或處於尷尬緊張的境況時，可用幽默化解困境，維持心態平衡。幽默是人際關係的潤滑劑，它能使沉重的心境變得豁達、開朗。

快樂創造法之五：宣洩積鬱法。

心理學家認為，宣洩是人的一種正常的心理和生理需求。你悲傷憂鬱時，不妨與異性朋友傾訴；也可以透過熱線電話等向主持人和聽眾傾訴；也可進行一項你所喜歡的運動；或在空曠的原野上大聲喊叫，既能呼吸新鮮空氣，又能宣洩積鬱。

快樂創造法之六：音樂冥想法。

當你出現焦慮、憂鬱、緊張等不良心理情緒時，不妨試著做一次「心理按摩」—— 音樂冥想「維也納森林」，坐「郵遞馬車」……

當然，創造快樂不僅僅只有以上方法，重要的是我們在生活中、工作中，要有一種平和、坦然的心理。

> 瞬間的感悟：人生的可貴不在於一帆風順，而在於不怕困難和艱辛，勇往直前，刻苦自強，始終不輟。

實事求是

有一個人，他的性情並不很開朗奔放，但他對待事情幾乎從不見有焦躁緊張的時候。這並不是他好運亨通。細細觀察體會，我們發覺他有一些與眾不同的反應方式：比如，他被小偷扒走了錢包，發現後嘆息一聲，轉身便會問起剛才丟失的身分證、工作證、月票的補辦手續。一次，他去參加電視臺的知識大賽，闖過預賽、初賽，進入複賽，正洋洋得意，不料，卻收到了複賽被淘汰的通知書。他發了幾句牢騷。中午時分，他卻興致勃勃又拜師學起橋牌來。

這些，反映出他的一種很本能很根本的思維方式，那就是承認事實。事實一旦來臨，不管它多麼有悖於心願，也畢竟是事實。大部分人的心理會在此時產生波動抗拒，但豁達者，他的興奮點會迅速的繞過這種無益的心理衝突區域，馬上轉到下邊該做什麼的思路上去了。事後，也的確會發現，發生的不可再改變，不如做些彌補的事情後立刻轉向，而不讓這些事在情緒的波紋中擴大它的陰影。

這堪稱是一種最大的心理力量。

瞬間的感悟：承認事實，絕不迴避。

煩惱脫去法

只有讓煩惱脫去，才會有快樂，這些也有唯有自己才能真正做得到。

有一次，一個女人回家時在電梯鏡子裡看到一個充滿疲憊、灰暗的臉，一雙緊鎖的眉頭，下垂的嘴角，憂愁的眼睛。這下她自己嚇了一大跳。

於是，這個女人開始想，當孩子、丈夫面對這種愁苦陰沉的面孔時，會有什麼感覺？假如自己面對的也是這樣的面孔時，又會有什麼反應？接著她想到孩子在餐桌上的沉默，丈夫的冷淡，這些在她原來認為是他們不對的事實背後，隱藏的真正原因竟是自己！當時這個女人嚇出一身冷汗，因為自己的疏忽。

當晚女人便和丈夫長談，第二天就寫了一塊木牌釘在門上提醒自己。結果，被提醒的不只是她自己，而是一家人，後來影響到整個大樓的人。

這塊木牌上的字很少，只有兩行：進門前，請脫去煩惱；回家時，帶快樂回來。

這是一個很有智慧、很可愛的女人。家，應該是最舒服、安全、穩定、快樂的地方。下次你回家時，不妨先對自己說進門時先脫去煩惱，更記得要把快樂帶回家。

瞬間的感悟：家是避風港灣，讓煩惱遠離家庭，快樂自然充滿你的家庭生活。

讓報復心一去不復返

生活中，寬恕他人、寬恕自己都是必須的。寬恕就是給別人機會，同時也給自己機會，是世上最難得品格之一。

其實寬恕，也是一種智慧，是一種讓別人和自己都很快樂的智慧。

在我們還沒有能做到完全寬恕別人的時候，不妨先建立一種思維；這種思維，能夠幫助我們把報復心清除。

首先，閉上你的雙眼，然後想想：那個最令人難以寬恕的人你想把他怎樣？要怎樣才會使你寬恕他？你是不是要他受苦，才能寬恕他？假如是，你可以想像他正在受苦，受種種的苦；想像完了以後，你不禁會對他產生出憐憫心，會寬宏大量的饒恕他，不再想報復，不再想真使他那樣受苦。

做這種思維，只能偶然一次，不可以每天都做。你做完這種思維以後，就應該從此寬恕這個人，永遠消除報復心。

然後你可以在心中反覆告訴自己，你是一個寬宏大量的人，你不會為了小人與小事生氣。重複這樣多唸幾遍，一直念到你心無掛礙，氣定神閒。

> 瞬間的感悟：忘卻報復心，寬容別人，也就是讓自己釋然。

不必太在乎別人的冷嘲熱諷

一個人活在世界上，首先是要實現自己的人生價值，而不是為了求得所有人的認同甚至擁護，大千世界，芸芸眾生，總會有一些人會跟自己談不來，既然任何人都不可能贏得每個人的心，那麼何必虛偽的硬要有友無類呢？不管你如何努力，你都不可能讓所有的人都成為你的朋友。有敵人很

第八章　快樂的泉源

正常，不是沒面子的事，所以我們完全沒必要花太多時間和精力去討好任何人，人緣天下一流固然是一種幸運，可是有的時候「人生得一知己」足矣。

　　人生在世，如果總是患得患失，過於注重別人的態度，將自己的得失建立在別人的言行上，又哪有開心的日子過呢？別人要誤會，讓他誤會好了，何必在乎？如果有人看不清楚事實，那純粹是這個人的損失，與你無關。別人冷漠了你，並不意味著你的價值不存在；別人看輕你，不要緊，只須自己看重即可。如果對方肆意侮辱，而那些侮辱的言辭又都是毫無根據的，那麼你或機智幽默的反唇相譏，或置之不理，付之一笑，這倒越發會顯示出你人格的魅力。

　　被公認為美國歷史上最偉大的總統林肯當選總統那一刻，整個參議院的議員都感到尷尬，因為當時美國的參議員大部分出身望族，自認為是上流優越的人，從未料到要面對的總統是一個出身卑微的人 —— 林肯的父親是個鞋匠。

　　於是，林肯首度在參議院演說之前，就有參議員打算要羞辱他。當林肯站上演講臺的時候，有一位態度傲慢的參議員站起來說：「林肯先生，在你開始演講之前，我希望你記住，你是一個鞋匠的兒子。」所有的參議員都大笑起來，為自己雖然不能打敗林肯卻能羞辱他而開懷不已。

　　等到大家的笑聲停止後，林肯不卑不亢的說：「我非常感激你使我想起我的父親，他已經過世了，我一定會永遠記住你的忠告，我永遠是鞋匠的兒子。我知道我做總統永遠無法像我父親做鞋匠做得那麼好。」參議院立刻陷入一片靜默之中，林肯轉頭對那個傲慢的參議員說：「就我所知，我父親以前也曾經為你的家人做鞋子，如果你的鞋子不合腳，我可以幫你改正它，雖然我不是偉大的鞋匠，但是我從小就跟父親學會了做鞋子這門手藝。」

　　然後他用溫暖的目光掃視著全場所有的參議員：「對參議院裡的任何人都一樣，如果你們穿的那雙鞋是我父親做的，而它們需要修理或改善，我一定盡可能幫忙。但是有一件事是可以確定的，我無法像他那麼偉大，他的手藝是無人能比的。」說到這裡，林肯流下了眼淚，頓時全場爆發出了雷鳴般的掌聲。

　　林肯以自己是一個鞋匠的兒子為自豪，這種偉大的品格震撼了那些輕視他的「出身高貴」者。林肯用自己的一生來證明：起初你可以恥笑我，但最後你不得不承認我是一個偉大的總統，一個令人敬慕的巨人。

　　一個人的氣度、修養、胸懷、魄力決定著他控制自己情緒的能力，自古以來，所有偉人和智者無一不是善於管理自己情緒的人，他們不讓自己的心靈受到諸多譏諷和指責的侵擾，而是讓心靈充滿超然物外的平靜和淡泊，他們明白批評、訕笑、毀謗的石頭，有時正是壘砌通向自信、瀟灑、自由的臺階。

　　有時也許就是一句蔑視的話，如冰冷、犀利的針錐一樣扎在你的靈魂裡，讓你難堪、痛苦，甚至是你一生都走不出的陰影。但可能也就是這句話，成為你人生最大的動力，你會因此而勉勵自己做得最好，給那個最看不起你的人看看！

　　提起維克多‧格林尼亞教授，人們自然就會聯想到以他的名字命名的格氏試劑。無論哪一本有機化學課本和化學書籍上，幾乎都有關於格林尼亞的名字和格氏試劑的論述。但是，你可知道這位偉大的發明者年輕時，也曾走過一段曲折的道路嗎？

　　西元 1897 年 5 月 6 日，維克多‧格林尼亞出生在法國的一個有名望的資本家家庭。他的父親經營一家船舶製造廠，有著萬貫家財。在格林尼亞青

第八章　快樂的泉源

少年時代，由於家境的優裕，加上父母的溺愛和嬌生慣養，使得他在當地整天遊蕩，盛氣凌人。他沒有理想，沒有志氣，根本不把學業放在心上，整天夢想著能當上一位王公貴人。由於他長相英俊，當地年輕美麗的女孩，都願意和他談情說愛。

然而，在一次午宴上，一位剛從巴黎來到這裡的女伯爵竟然不客氣的對他說：「請站遠一點。我最討厭被你這樣的花花公子擋住我的視線！」這句話如同針扎一般刺著了他的心，一開始他為這句話而自卑、瘋狂、偏執，不久他就醒悟了，開始悔恨過去，產生了羞愧和苦澀之感。從此他發奮學習，發誓要追回過去浪費掉的時間，而每當靈魂和肉體麻木的時候，他就用這句話來刺痛自己。後來，他離開了家庭，並留下一封信，上面寫道：「請不要探詢我的下落，容我刻苦努力的學習，我相信自己將來會創造出一些成就來的。」

維克多‧格林尼亞來到里昂，拜路易‧波韋爾為師，經過兩年刻苦學習，終於補上了過去所錯過的全部課程。後來他又進入里昂大學插班就讀。在讀大學期間，他的刻苦贏得了有機化學權威菲力浦‧巴爾的器重，在巴爾的指導下，他把老師所有著名的化學實驗重新做了一遍，並準確的糾正了巴爾的一些錯誤和疏忽之處。終於，在這些大量的平凡實驗中，格氏試劑誕生了。

格林尼亞一旦打開了科學的大門，他的研究成果就像泉水般的湧了出來。基於他的偉大貢獻，1912 年瑞典皇家科學院授予他諾貝爾化學獎。此時，他突然收到之前那位女伯爵的賀信，信中只有一句話：「我永遠敬愛你。」

當一個人的尊嚴受到了侵犯時，也許他仍舊沉寂無聲，可一旦爆發，那種力量便使人驚駭。奇蹟的出現並非不能，因為人性的力量是無法想像的。

愚蠢的人遭受一點批評就會氣急敗壞，而聰明的人卻急切的希望從那些責備他們、反對他們、阻礙他們的人那裡學到更多的經驗教訓，當你發怒或失意時，學會克制自己的衝動，努力控制自己的情緒。堅持下去，你就可以讓自己的心態在良性的循環中健康發展，你的身心也自然而然的永遠保持輕鬆和愉快。

瞬間的感悟：控制自己的衝動，接受他人的批評和建議，活出一個新我。

活在當下

避免悔恨的最佳方法就是：活在當下。其實，人的一生中有許多這樣的時候，總覺得有些東西是自己的，擁有的時候不太在意，一旦失去則後悔莫及。「明天我就開始運動；明天我就會對他好一點；下星期我們就找時間出去走走；退休後，我們就要好好享受一下」，這些話是很多人的口頭禪。其實有許多事，在你還不懂得珍惜之前已成舊事；有許多人，在你還來不及用心之前已成古人。我們常常犧牲當下，去換取未知的等待，犧牲今生今世的辛苦錢，去購買來世的安逸。

許多人認為必須等到某時或某事完成之後再採取行動。然而，生活總是處於變化之中的，環境總是不可預知的，在現實生活中，各種突發狀況總是層出不窮。每個人的生命都有盡頭，許多人經常在生命即將結束時，才發現自己還有很多事沒有做，有許多話來不及說，這實在是人生最大的遺憾。

在紐約有一位心理醫生，執業多年，成就卓著，在他即將退休時，寫了一本醫治各種心理疾病的專著。這本書足有 1,000 頁，書中有各種病情的描述及其治療辦法。

第八章　快樂的泉源

有一次，他應邀到一所大學講學，在課堂上，他拿出了這本厚厚的著作，說：「這本書有 1,000 頁，裡面有治療方法 3,000 種，藥物 1,000 類，但所有的內容，卻只有 4 個字。」

在學生驚愕的目光中，他轉身在黑板上寫下了「如果，下次」。

這位醫生說，造成人類精神折磨的莫不是「如果」這兩個字，「如果我考上了大學」「如果我當年不錯過她」「如果我當年能換一項工作」……

這位醫生接著強調：醫治這種疾病的方法有上千種，但最終的辦法只有一種，那就是把「如果」改為「下次」，「下次我有機會再去進修」「下次我不會錯過我愛的人」……

其實人類是可悲的，在年輕的時候，有精力去消遣，去享受大自然的賜福，卻沒有時間、沒有金錢，只是在拚命的工作；等到有了時間、有了金錢，卻沒了青春。既對不起自己，也對不起親人，因為親人最需要的是你的陪伴，是和你一起享受生活的樂趣。遺憾的事一再發生，但過後再追悔「早知今日，何必當初」是沒有用的，「那時候」已經過去，你追念的人也已走過了你的生命。

人們年輕時為之努力的，也許是老年所不需要的。而一個人倘若抱有百折不撓的事業心，堅持健身、盡可能積德行善，對家人傾注滿腔熱情，那麼在老掉牙的時刻，仍能夠對自己說：這輩子沒白活，至於其他，就一點都不重要了。

有一句瑞典格言說：「我們老得太快，卻聰明得太遲。」造成我們心理障礙的，影響我們幸福觀念的，有時候，並不是因為物質上的貧乏或豐裕，而取決於我們的心境改變。如果把心靈浸泡在後悔和遺憾的水中，痛苦就必然占據我們的整個心靈。所以我們無論如何都別讓自己徒留「為時已晚」

的餘恨。

人生是不停的奔波，我們免不了跌倒或迷失。當我們孤獨時，當我們感到尷尬，或者當我們碰壁的時候，悔恨，只是一種無可奈何的發洩，似乎更是蒼白的。不如向前試試，你的人生將永不停止。

一個聰明人並不會為他所缺少的感到悲哀，而是為他所擁有的感到欣喜。會享受的人能夠超越消極的情緒，每當他想起新的生活，新的經歷，他就興奮不已。他不怕恐懼，不怕變化。他面對現實，背對過去。「不要為打翻的牛奶哭泣」，不管你是否察覺，生命都一直在前進。人生不售來回票，失去的便永遠不再有，面對無法挽回的錯誤，後悔、埋怨、消沉都無濟於事，反而會阻礙你繼續前進的步伐，所以最好的方法就是忘記它，然後重新開始，千萬不要在過去失敗的泥潭裡越陷越深，最後無力自拔。

有人說過：「生命中最重要的不是要將自己的收入算作資本。任何傻子都會這樣做，真正重要的事是要從你的損失裡去獲利。這需要有聰明才智才能做到，而這也正是智者和蠢才之間的區別。」

> 瞬間的感悟：人生只是今天，忘記過去，也不要想著明天如何，做好今天的你應該做的一切。

學會享受工作

在任何情形之下，都不要對自己的工作表示厭惡。厭惡自己的工作，這是最壞的事情。如果你為環境所迫，而做著一些乏味的工作，你應當設法從這乏味的工作中，找出樂趣來。要懂得，凡是應當做而且必須做的事情，總能找出它的樂趣來，這是我們對於工作應抱的態度。有了這種態度，無論做

第八章　快樂的泉源

什麼工作，都能有很好的成績。有了這種態度，完全可以把苦日子過甜。

美國西雅圖有個很特殊的魚市場，在那裡買魚是一種享受。在那個魚市場裡沒有一般魚市場常有的刺鼻的血腥味，進入市場，撲面而來的是魚販們歡快的笑聲。他們面帶笑容，像合作無間的棒球隊員，讓冰凍的魚像棒球一樣，在空中飛來飛去，大家互相唱和：「啊，5條鱈魚飛往明尼蘇達去了。」「8隻螃蟹飛到堪薩斯了。」這是多麼和諧的生活。

有人問當地的魚販：「你們在這種環境下工作，為什麼會保持愉快的心情呢？」

他說，事實上，幾年前的這個魚市場本來也是一個沒有生氣的地方，大家整天抱怨。後來，大家認為與其每天抱怨沉重的工作，不如改變工作的品質。於是，他們不再抱怨生活的本身，而是把賣魚當成一種藝術。再後來，一個創意接著一個創意，一串笑聲接著另一串笑聲，他們成為魚市場中的奇蹟。

他說，大夥練久了，人人身手不凡，可以和馬戲團演員相媲美。這種工作的氣氛還影響了附近的上班族，他們常到這裡來和魚販用餐，感染他們樂於工作的好心情。有不少沒有辦法提升員工士氣的主管還專程跑到這裡來詢問：「為什麼一整天在這個充滿血腥味的地方做苦工，你們竟然還這麼快樂？」他們已經習慣了替這些不順心的人排憂解難，「實際上，並不是生活虧待了我們，而是我們期求太高以致忽略了生活本身。」

有時候，魚販們還會邀請顧客參加接魚遊戲。即使怕腥味的人，也很樂意一試再試，意猶未盡。每個愁眉不展的人進了這個魚市場，都會笑顏逐開的離開，手中還會提滿了情不自禁買下的貨，心裡似乎也會悟出一點道理來。

　　這說明，不要使生活太呆板，做事也不要太機械，要把生活藝術化，這樣，在工作中自然會有興趣，自然會盡力去工作。

　　出色的工作就是高貴的榮銜。一個認真而又誠實的工匠不論做哪一門手藝，只要他盡心盡力，忠於職守，除了保持自尊之外別無他求，那麼，他的高貴品格實不亞於一個著名的藝術家。世上沒有世襲相傳的貴族。做人堂堂正正才是唯一真正的高貴的人。

　　日本有一項國家級的獎項，叫「終生成就獎」。在素來把榮譽看得比自己的生命更為重要的日本人心目中，這是一項人人都在夢寐以求卻又高不可攀的最高榮譽。在日本，無數的社會菁英、博學才俊一輩子努力奮鬥的目標，就是為了能夠獲得這項大獎。但有一屆的「終生成就獎」，卻在舉國上下的企盼和矚目中，出人意料的頒發給了一位名叫清水龜之助的郵遞員。

　　清水龜之助是東京一位普通的郵遞員，他每天的工作就是將各式各樣的郵件，快速而準確的投遞到每一個對應的家庭。與那些長期從事能夠推動人類歷史快速發展的高尖端科技研究的專家學者們相比，清水龜之助所從事的這項工作，簡直就是微乎其微，甚至根本不值一提。然而，就是這位長期從事著如此平淡無奇的郵遞員工作的清水龜之助，卻無可爭議的獲得了這項殊榮。這是因為在他從事郵遞員工作的整整 25 年中，清水龜之助的工作態度始終與他到職第一天的那種認真與投入沒有什麼兩樣。在不算短暫的 25 年中，他從未有過請假、遲到、早退、翹班等任何缺勤情況。而且他所經手投遞的數以億計的郵件，從未出現過任何差錯。不論是狂風暴雨，還是地凍天寒，甚至在大地震的災難當中，他都能夠及時而準確的把郵件投送到收件人的手中。

　　是什麼樣的力量支持著清水龜之助得以幾十年如一日、持之以恆的把一

第八章 快樂的泉源

件極為平凡普通的工作，鑄造成了一項偉大無比的成就呢？清水龜之助對此不無感慨的說：「是快樂，我從我所從事的工作中，感受到了無窮的快樂。」他說，他之所以能夠二十五年如一日的做好郵差這份卑微的工作，主要是他喜歡看到人們在接到遠方的親友捎來的信件時，臉上那種發自內心的快樂而欣喜的表情。自己微不足道的工作，竟然能夠給別人帶來莫大的心靈安慰和精神快樂，這使他感到欣慰，感到自己的工作神聖而有意義。他說，只要一想起收件人臉上蕩漾開來的那種快樂的表情，即使再惡劣的天氣，再危險的境況，也無法阻止他一定要將郵件送達的決心。正是這種快樂的力量，支持清水龜之助完成了這項偉大的成就。

因此，當你每天必須從事平凡的工作時，你不必煩惱，因為那是不平凡的一部分，有了這每天的平凡，最終才能成就不平凡。正如古羅馬斯多噶派哲學家們提供給人類的最偉大的見解：沒有卑微的工作，只有卑微的工作態度。而我們的工作態度完全取決於我們自己。

當人們把替人服務和工作，僅僅看成是增加收入或攫取社會地位的唯一手段和途徑，而不去體會工作中蘊含的快樂和自身能力的本質時，他們其實是猥瑣和可悲的。

每一個勤勤懇懇工作的人，儘管沒有大人物的派頭、高官的地位和明星的名氣，但他們同樣值得尊重。因為無論身分和職業如何，出色的工作就是高貴智慧的象徵。

瞬間的感悟：在工作中尋找快樂，快樂會成為工作和生活的推動力。

微笑著說「不」

如果你在工作時間，或是正想休息一下的時候，意外的跑來一個人纏住了你，嘮叨不休的要向你借錢，懇請你去做某事，請你幫個忙，一定要你答應他接二連三的要求，或者一定要你向他購買一點東西……你肯定會覺得厭煩，而避免這些多餘的、令人頭痛的事情的最好方法，就是婉言謝絕。

當然，拒絕別人也是有祕訣的。拒絕得體的話，對方便心悅誠服；如果拒絕得生硬了一點，來人一定對你不滿，甚至懷恨你，仇視你。而這些都是經常會遇到的事，我們要避免結怨，應該懂得一些「拒絕」祕訣。

在瑪迪的住所附近，經常出沒著一些伶牙俐齒的街頭推銷員，他們是經過一些聰明的商家培訓出來的，有段時間，只要瑪迪一出門，就會碰到他們的攔截，他們向他糾纏不休，兜售商品。他們似乎非要你買下他們的東西才肯甘休，瑪迪對這班人實在頭痛，覺得難以應付！

可是他又覺得拒絕他們並不是一件容易的事，因為那些推銷員，根本就不把他的拒絕、冷臉放在心上。他們經過訓練，已經掌握了一種吸引顧客的注意力，激起顧客的興趣，挑動顧客的欲望，壓服顧客的反對，使顧客終於和他成交的狡獪技術。許多不幸的人，因為不知道怎樣去拒絕他們而只好答應買下他們的東西！

其實，瑪迪遇到的這種麻煩是完全可以避免的。拒絕並非難事，只要略微堅決一些就行了！如果對方是一個陌生人，他來向你招攬生意，那再簡單不過了：你只要切切實實的向他說「不」，就行了。你對他毫無義務；反之，他是要竭力巴結你的！

可是，有許多時候，似乎說「不」是世上最為難的事，但又不能不說。專家發出一個命令來，你知道照那命令做是對公司不利的；一個朋友請你幫

忙，你知道如果答應了他，反而對他有害；一個和你關係比較熟的商人，向你兜售一種商品，你知道這件商品買來沒有好處。諸如此類的情形，你必須拒絕，可是如果拒絕了，往往會有失去交情，引起惡感，被人誤會，甚至遭人唾罵的危險。拒絕人家而能維持原來的關係，有時需要有過人的智慧與本領！

有時候拒絕的技巧你如果能夠運用得恰當，反而能夠改善或促進你與被你所拒絕者之間的關係。這就要求我們應該盡可能詳細的誠懇的向對方解釋拒絕的理由，讓對方明白你的拒絕出於萬不得已，並且因此感到抱歉。

但無論對方向你提出的，而被你拒絕的是什麼事，你都應該注意自己的言行和說話的語氣。拒絕的言詞最好用堅決果斷的語氣，不可游移，當你碰到一件必須拒絕的事情而又磨不開情面時，此時，人們往往會含糊其辭的推託說：「對不起，這事我實在做不了主，我必須回去問一問我的父母。」或者「我需要和妻子商量商量」；或者「等我請示一下上級，再答覆你吧」之類的話。這種方法，有人認為是唯一的好辦法，因為既不會傷害朋友的感情，又可使朋友覺得你確實有難處，而不再麻煩你，但實際上這種方法有不乾脆之嫌，難免會使對方仍抱有幻想或希望。這樣雖然能一時敷衍過去，但有時對方往往還會一再的纏擾你，總有一天他會發覺這是你的「騙局」，以前所說的話全是託詞、敷衍、騙人。這不但有使他對你印象變壞的危險，而且你的懦怯和虛偽的弱點，也被你拒絕的人抓住了，甚至會使他永遠輕視你。

也許對方的說話技術很巧妙高超，說得使你找不出理由拒絕他。對付這樣一個敵手也很容易，就是絕不讓步。即使對方的理由無可辯駁，拒絕他也不必感到不好意思，因為你並不是在和對方辯論。你需要拒絕他時，完全可以理直氣壯的向他說「不」。如果他一定要你說出拒絕的理由而你又無話可說

時，你可以這樣說：「你的話很有道理，可是我還有別的考量，恕我不能直說。」說完這些，你不必再說別的話了。

當然，有時拒絕一項請求，在面子上是很說不過去的，在這種情況下，你必須說出充分而有力的理由，表示不能答應的苦衷，而且要說得非常委婉！在拒絕的時候還要注意，不要把責任推到對方身上，更為重要的一點是應當注意不傷害他人的自尊心，否則一定會遷怒於人。

總之，一句話，無論在什麼情況之下，你如果拒絕人時，要牢記四個字：少結怨仇。

瞬間的感悟：拒絕也是一門藝術，拒絕別人時，不要忘記微笑。

不被別人的意見所左右

一群青蛙在進行比賽，看誰先到達一座高塔的頂端。周圍有一大群圍觀的青蛙在看熱鬧。

比賽開始了，由於大夥都不信有誰能到達那座塔的頂端，只聽周圍一片噓聲：「太難為牠們了！這些青蛙無法達到目的，無法達到目的。」青蛙們開始洩氣了，可是還有一隻青蛙在奮力摸索著向上爬去。

圍觀的青蛙繼續喊著：「太艱苦了！你們不可能到達塔頂的！」其他的青蛙都停下來了，只有那隻青蛙一如既往繼續向前，並且更加努力的爬著。

比賽結束，其他青蛙都半途而廢，只有那隻青蛙以令人不解的毅力一直堅持了下來，竭盡全力到達了終點。

其他的青蛙都很好奇，想知道為什麼牠就能夠做到不管不顧的一直向前衝，為什麼能堅持下來到達終點。這時，大家才發現 —— 牠是一隻聾青蛙。

第八章　快樂的泉源

瞬間的感悟：走自己的路，讓別人說去吧。

第九章　活出自己

做自己想做的人

有希望、有自信，不怕艱險阻礙，成為自己想要做的人。

缺乏自信常常是性格軟弱和事業不能成功的主要原因。

有一個美國外科醫生，他以擅做面部整形手術馳名遐邇。他創造了奇蹟，經整形把許多醜陋的人變成漂亮的人。他發現，某些接受手術的人，雖然為他們做的整形手術很成功，但仍找他抱怨，說他們在手術後還是不漂亮，說手術沒什麼成效，他們自感面貌依舊。

於是，醫生悟到這樣一個道理：「美與醜，並不僅僅在於一個人的本來面貌如何，還在於他是如何看待自己的。」

一個人假如自慚形穢，那他就不會成為一個美人，同樣，假如他不覺得自己聰明，那他就成不了聰明的人；他不覺得自己心地善良 —— 即使在心底隱隱的有這種感覺，那他也成不了善良的人。

一個人假如自信，那麼他就可以成為他希望成為的那種人。

> 瞬間的感悟：成為你自己，自信的走下去。

穿透靈魂的微笑

非洲的一座火山爆發後，隨之而來的土石流狂瀉而下，迅速流向坐落在

第九章 活出自己

山腳下不遠處的一個小村莊。農舍、良田、樹木，一切的一切都沒有躲過被毀的劫難。滾滾而來的土石流驚醒了睡夢中的一位 14 歲的小女孩。流進屋內的土石流已上升到她的頸部。小女孩只露出雙臂、頸和頭部。及時趕來的營救人員圍著她一籌莫展。因為對於遍體鱗傷的她來講，每一次拉扯無疑是一種更大的肉體傷害。此刻房屋早已倒塌，她的雙親也被土石流奪去生命，她是村裡為數不多的倖存者之一。當記者把攝影機對準她時，她始終沒叫一個「疼」字，而是咬著牙微笑著，不停的向營救人員揮手致謝，兩手臂做出表示勝利的「V」字形。她堅信政府派來的救援部隊一定能救她。可是營救人員最終也沒能從固若金湯的土石流中救出她。而她始終微笑著揮著手，直到一點一點的被土石流所淹沒。

在生命的最後一刻，她臉上沒有一點痛苦失望的表情，反而洋溢著微笑，而且手臂一直保持著「V」字形狀。那一刻彷彿延伸一個世紀，在場的人含淚目睹了這莊嚴而又悲慘的一幕，心裡都充滿了悲傷。世界靜極，只見靈魂獨舞。

> 瞬間的感悟：死神可以奪去人的生命，卻永遠奪不去在生死關頭那個「V」字所蘊含的精神。穿透靈魂的微笑，常常在生命邊緣蘊含著震撼世界的力量，讓生命所有的苦難如輕煙一般飄散。

走自己的路

人生因為每個人的條件不同，能力不同，生存的方式也就不同了，開創生活之路那也就因人而異。

小峰原本經營一家小小的唱片公司，專門翻唱一些過時的流行歌曲，然

後以較低的價格在市場上拋售，這門生意雖然有利可圖，卻始終沒有大展拳腳的機會。

小峰辛辛苦苦努力了十年，依然無法獲得應有的報酬，於是他決心不再跟著流行走。

他開始研究國內外的市場，發現歐美國家有一些博物館，保存著許多中古世紀，用風琴演奏的音樂作品；這類音樂帶有濃濃的懷舊氣息，絕大部分與宗教藝術相關，風格獨特，潛力十足。

小峰相當欣賞這類型的音樂，因此集中全力投資，把這些稀有的樂曲製作成一張張精美的專輯。

為了省下成本，他不做宣傳也不搞噱頭，一切只等行家來評鑑。

小峰相信只要是好的音樂，就一定能引起人們的共鳴，他把重心擺在音樂本身的品質上，果然一推出市場，就得到了不少消費者的青睞。

這些消費者多半都是熱愛音樂的知識分子，深深被這些來自中古世紀的琴聲所吸引。因此，小峰乘勝追擊，搜尋更多不朽的樂曲，使這些被人遺忘許久的旋律重新找到屬於自己的天地。

這樣的音樂雖然不是主流，卻富有濃厚的文藝價值，而且在盜版的侵襲浪潮中僥倖逃過一劫，小峰因此賺進了上百萬的收益，目前業務仍處於持續擴大中。

小峰苦心鑽研，又有過人的眼光，因此找到了一個成功的契機，就是「不追隨別人的腳步，走自己的路」。

假如只是一輩子跟著別人的屁股走，當然也就只能得到別人剩餘的利益，永無出頭之日。

第九章　活出自己

瞬間的感悟：既然每個人的條件不同、能力不同，那麼就更應該掌握自己的方向，開創自己的道路。

寬容的佳境

適度的寬容，對改善人際關係和身心健康是有益的，最關鍵的是寬容程度的掌握。

相傳古代有位老禪師，一日夜晚在禪院裡散步，突見牆角邊有一張椅子，他一看便知有位出家人違犯寺規越牆出去溜達了。老禪師也不聲張，走到牆邊，移開椅子，就地而蹲。少頃，果真有一小和尚翻牆，黑暗中踩著老禪師的背脊跳進了院子。當他雙腳著地時，才發覺剛才踏的不是椅子，而是自己的師父。小和尚頓時驚慌失措，張口結舌。但出乎小和尚意料的是師父並沒有厲聲責備他，只是以平靜的語調說：「夜深天涼，快去多穿一件衣服。」

老禪師寬容了他的弟子。他知道，寬容是一種無聲的教育。

在日常生活中，當沒有緣分的「對手」，出於內心的醜惡，在你背後說壞話做錯事，此時你想伺機報復，還是寬容？當你親密無間的朋友，無意或有意做了令你傷心的事情，此時你想從此分手，還是寬容？冷靜的想一想，還是寬容為上。這樣於人於己都有好處。

有人說寬容是軟弱的象徵，其實不然，有軟弱之嫌的寬容根本稱不上真正的寬容。寬容是人生難得的佳境 —— 一種需要操練、需要修行才能達到的境界。

心理學家指出：適度的寬容，對於改善人際關係和身心健康都是有益

的，這種寬容，指的是對於子女或別人在生活、工作、學習中的過失、過錯採取適當的「羞辱政策」，有效的防止事態擴大而加劇矛盾，避免產生嚴重後果。大量事實證明，不會寬容別人，亦會殃及自身。過於苛求別人或苛求自己的人，必定處於緊張的心理狀態之中。由於內心的矛盾衝突或情緒危機難於解脫，極易導致機體內分泌功能失調，諸如使腎上腺素、去甲腎上腺素過量分泌，引起體內一系列劣性生理化學改變，造成血壓升高，心跳加快，消化液分泌減少，胃腸功能紊亂等等，並可伴有頭昏腦漲、失眠多夢、乏力倦怠、食欲不振、心煩意亂等症狀。緊張心理的刺激會影響內分泌功能，而內分泌功能的改變又會反過來增加人的緊張心理，形成惡性循環，貽害身心健康。有的嚴重者甚至失去理智而釀成禍端，造成嚴重後果。而一旦寬恕別人之後，心理上便會經過一次極大的轉變和淨化過程，使人際關係出現新的轉機，諸多憂愁煩悶可得以避免或消除。

> 瞬間的感悟：寬容別人，就是寬容自己，人若心存寬容，也就不會有任何煩惱。

仁者愛人

愛人者，人恆愛之。把溫暖和幸福帶給別人，不但自己快樂，而且別人也同樣幸福快樂。

勞斯是星星監獄的典獄長，那是當時最難管理的一個監獄。可是二十年後勞斯退休時，該監獄卻成為一所提倡人道主義的機構。研究報告將功勞歸於勞斯，當他被問及該監獄改觀的原因時，他說：「這都由於我已去世的妻子——凱薩琳，她就埋葬在監獄外面。」

第九章　活出自己

　　凱薩琳是三個孩子的母親。當年，勞斯成為典獄長時，每個人都警告她千萬不可踏進監獄，不僅因為那裡是很危險的地方，而且對孩子的成長會有非常不好的影響。但這些話攔不住凱薩琳！第一次舉辦監獄籃球賽時，她帶著三個可愛的孩子走進體育館，與服刑人員坐在一起。她的態度是：「我要與丈夫一道關照這些人，我相信他們也會關照我，我不必擔心什麼！」

　　一名被定有謀殺罪的犯人瞎了雙眼，凱薩琳知道後前去看望。她握住他的手問：「你學過點字閱讀法嗎？」「什麼是『點字閱讀法』？」他問，於是她教他閱讀。多年以後，這人每逢想起她的愛心還會流淚。凱薩琳在獄中遇到一個聾啞人，結果她自己到學校去學習手語。許多人說她是耶穌基督的化身。在以後的十八年間，她經常造訪星星監獄。

　　後來，她在一樁交通意外事故中逝世。第二天，勞斯沒有上班，代理典獄長接替他工作。消息立刻傳遍了監獄，大家都知道出事了。接下來的一天，她的遺體被放在棺木裡運回家，她家距離監獄不遠。

　　代理典獄長早晨散步時驚愕的發現，一大群看來最凶悍、最冷酷的囚犯，竟如同牲口般齊集在監獄大門口。他走近去看，見有些人臉上竟帶著悲哀和難過的眼淚。他知道這些人愛凱薩琳，於是轉身對他們說：「好了，各位，你們可以去，只要今晚記得回來報到！」然後他打開監獄大門，讓一大隊囚犯走出去，在沒有守衛的情形下，走幾里路去看凱薩琳最後一面。結果，當晚每一位囚犯都回來報到，無一例外！

> 瞬間的感悟：仁愛可以感動頑石。

豁達才會贏得擁戴

豁達才會贏得擁戴，一個領導者必須有大度的心胸，才能容下形形色色的下屬、各式各樣人的脾性和工作中的各種壓力，站在自己事業的高處。

美國總統林肯在組織內閣時，所選任的閣員各有不同的個性：有勇於任事、屢建勳績的軍人史坦頓，有嚴厲的西華德，有冷靜善思的蔡斯，有堅定不移的卡梅隆，但林肯卻能使各個性格絕對不同的閣員互相合作。正因為林肯有寬宏的度量，能捨己從人，與人為善。尤其是史坦頓，那種倔強的態度，如在常人，幾乎不能容忍，唯有林肯過人的心胸，使得他駕馭閣員指揮自如，使每個閣員都能為國效忠。

成功的上司總是豁達大度，絕不會因下屬的禮貌不周或偶有冒犯而濫用權威。因此作為上司，應該有寬恕下屬的大度，這樣才更能贏得下屬的擁戴。有一次，柏林空軍軍官俱樂部舉行盛宴招待有名的空戰英雄烏戴特將軍，一名年輕士兵被派替將軍斟酒。由於過於緊張，士兵竟將酒淋到將軍那光禿禿的頭上去了。頓時周圍的人都怔住了，那闖禍的士兵則僵直的立正，準備接受將軍的責罰。但是，將軍沒有拍案大怒，他用餐巾抹了抹頭，不僅寬恕了士兵，還幽默的說：「老弟，你以為這種療法有效嗎？」這樣，全場人的緊張情緒都被一掃而光。

據說一位店主的年輕員工總是遲到，並且每次都以手錶出了毛病作為理由。於是那位店主對他說：「恐怕你得換一支手錶了，否則我將換一位員工。」這話軟中帶硬，既保住了對方的面子，又嚴厲的指出了對方的過失，這樣比較易於讓對方接受。

第九章　活出自己

理想的人生目標

讓自己生活在有理想的現實生活中，首先應該確立正確、積極的人生目標。

古人云：「有志者，事竟成。」所謂志，就是指一個人為自己確立的「遠大志向」，確立的人生目標。人生目標，是生活的燈塔，假如失去了它，就會迷失前進的方向。確立人生目標，是一個能讓我們以籌備的繁忙來代替對現實的不滿和抱怨的好方法。目標對於人生，正像空氣對於生命一樣，沒有空氣，生命就不能夠存在，沒有目標人生的只有失敗與徘徊。

曾有三名工人，在炎炎烈日下同樣辛苦的建造一堵牆。一個行人問他們：「你們在做什麼？」

「我在砌牆。」一人答道。

「我工作 1 小時，賺 5 元工錢。」第二個工人答道。

路人又稍向前走了幾步，來到第三個工人面前，提出相同的問題，第三個工人仰望著天空，以富有幻想的表情凝視著遠方，答道：「我正在修建一座大教堂。建造一座對本地區產生極大精神影響的、能夠與世長存的教堂。」

多年以後，先前的兩個工人庸庸碌碌，無甚作為，還在砌牆，而第三個工人則成了一位享譽世界的建築工程師。

瞬間的感悟：思路決定出路，心有多大，舞臺就有多大。

熱愛自己的選擇

有一個美國男孩在父母的關愛下成長，男孩的父母都希望自己的兒子能成為一位體面的醫生。可是，男孩讀到高中便被電腦迷住了，整天玩著一臺舊電腦，不斷的把電腦的主機板拆下又裝上，樂此不疲。

男孩的父母見了很擔心，也很傷心，他們苦口婆心的告訴他：「你應該用功念書，否則根本無法立足社會。」

男孩的內心非常痛苦，他既不願意放棄自己的興趣，也不願意讓父母難過，最後，他按照父母的願望考上了一所醫科大學，可是他的內心始終只對電腦感興趣。第一個學期快要結束的時候，他毅然決然的告訴父母他要退學，父母苦勸無效，也只好很遺憾的同意他退學。

男孩後來成立了自己的電腦公司，打出了自己的品牌。到了第二年，公司就順利的上市發行股票，頃刻間他即擁有了 1,800 萬美元資金；那年他才23 歲。

10 年後，他更創出了不亞於比爾蓋茲的神話，擁有資產達 43 億美元。他就是美國戴爾公司總裁麥可・戴爾。

> 瞬間的感悟：選擇了，就去做好，邁出了腳步，就要有勇氣和信心堅持下去。

活出精彩的人生

生活並不是別人怎麼說，就要怎麼做，沒有別人能替你做你想做的事。

父子倆牽著驢進城，半路上有人笑他們：真笨，有驢子不騎？

269

　　父親便叫兒子騎上驢，走了不久，又有人說：真是不孝的兒子，竟然讓自己的父親走路？

　　父親趕快叫兒子下來，自己騎到驢背上，又有人說：真是狠心的父親，不怕把孩子累死？

　　父親連忙叫兒子也騎上驢背。誰知又有人說：兩個人騎在驢背上，不怕把那瘦驢壓死？

　　父子倆趕快溜下驢背，把驢子四隻腳綁起來，用棍子扛著。經過一座橋時，驢子因為不舒服，掙扎了下來，結果掉到河裡淹死了。

　　假如你是父親，請把驢子交給兒子騎；假如你是兒子，請把驢子交給父親騎 —— 因為那是你的責任。活出你自己，別老被別人的評說和價值觀左右。

> 瞬間的感悟：別人的話只是別人的想法，沒有人能替你負你生命的責任。

不對自己失望

　　失望能讓你墜落，精神就會崩潰，美麗的生活是屬於對自己失望的人。

　　1900 年 7 月，一位叫林德曼的精神病學專家獨自一人架著一葉小舟駛進了波濤洶湧的大西洋，他在進行一項歷史上從未有過的心理學實驗，預備付出的代價是自己的生命。

　　林德曼博士認為，一個人只要對自己抱有信心，就能保持精神和身體的健康。當時，德國舉國上下都在注視著獨舟橫渡大西洋的悲壯的冒險。已經先後有 100 多位勇士相繼駕舟橫渡大西洋，結果均遭失敗，無人生還。林德曼博士認為，這些死難者首先不是從肉體上敗下陣來的，主要是死於精神上

的崩潰，死於恐怖和絕望。為了驗證自己的觀點，他不顧親友們的反對，親自進行了實驗。

在航行中，林德曼博士遇到了難以想像的困難，多次瀕臨死亡，他的眼前甚至出現了幻覺，運動感也處於麻木狀態，有時真有絕望之感。但只要這個念頭一升起，他馬上就大聲自責：「懦夫，你想重蹈覆轍，葬身此地嗎？不，我一定能夠成功！」求生的希望支持著林德曼，最後他終於成功了。他在回顧成功的體會時說：「我從內心深處相信一定會成功，這個信念在艱難中與我自身融為二體，它充滿了我身體的每一個細胞。」

一個人假如不對自己失望，精神就永遠不會崩潰。

> 瞬間的感悟：你才是自己的救命稻草，求人不如求己。

生活中的眼淚

眼淚也是一種調節方式，眼淚能促進家庭的和睦，增強人們的責任心。「哇，哇……」孩子一哭，常常使正在吵架的年輕夫婦意識到原來這個家庭還有孩子，怨氣很可能即刻煙消雲散。為了孩子，他們會想到自己的責任和義務，從而不由自主的揚起生活的風帆，向光明的前路航行。

眼淚可以使愛情更加甜美。生活中碰碰撞撞在所難免，戀人間一方傷心落淚，另一方絕無聽之任之之理。淚水澆熄心頭的怒火，淚水浸軟那趨於鋼化的靈魂，淚水融匯了他與她的靈與肉，從而他們冰釋前嫌，走向和諧幸福。

眼淚可以增進親朋間的感情，可以冰釋親朋間的隔閡。若遇久別重逢，人們常常抱頭痛哭，這哭聲和淚水在盡情的訴說著彼此之間深重的情誼，用

第九章　活出自己

淚水代替了過多的言語。如若親朋反目，一旦一方在某一時刻幡然悔悟，或意識到自己在無意中傷害了無辜的心靈，他亦會流淚，此時的淚水可使朋友之間、夫妻之間、親人之間的隔閡壁壘轉瞬間土崩瓦解。

> 瞬間的感悟：淚水是心靈的浪花，它有時溫情脈脈，有時能夠波浪滔滔。淚水是一種獨特的語言，它會讓心領悟，讓人心動。

永遠向前看

生活中我們常常為自己失去的東西難過，甚至明知已不可挽回，也不肯讓自己去積極的排解。其實，在許多豁達者的眼中 —— 任何一種失去，誕生一種選擇。任何一種選擇都將有新的機會 —— 失去了一些以為可以長久依靠的東西，自然會難過，但其中卻隱藏著無限的祝福和機會。失去的時候，向前看，永遠向前看 —— 過了黑夜就是黎明。

有一朵看似弱不禁風的小花，生長在一棵高聳的大松樹下。小花非常慶幸有大松樹成為它的保護傘，為它遮風擋雨，每天可以高枕無憂。

有一天，突然來了一群伐木工人，兩三下的功夫，就把大樹整個鋸了下來。

小花非常傷心，痛哭道：「天啊！我所有的保護都失去了，從此那些囂張的狂風會把我吹倒，滂沱的大雨會把我打倒！」

遠處的一棵樹安慰它說：「不要這麼想，剛好相反，少了大樹的阻擋，陽光會照耀你、甘霖會滋潤你；你弱小的身軀將長得更茁壯，你盛開的花瓣將一一呈現在燦爛的日光下。人們就會看到你，並且稱讚你說，這朵可愛的小花長得真美麗啊！」

瞬間的感悟：失去了再也回不來，明天還在，前面依然有更美麗的風景。

第九章　活出自己

第十章　感悟職場

競爭須具備良好的心理狀態

現代的社會是充滿競爭的社會。對待競爭要有一個良好的心理狀態，對待競爭的結果，要有個正確的看法。當然競爭可以克服惰性，促進社會的進步和發展，競爭可讓人們滿懷希望，朝氣蓬勃，這是一種健康的心理。但是，競爭也容易使人在長期的緊張生活中產生焦慮，出現心理失衡、情緒紊亂、身心疲勞等問題，尤其對失敗者，由於主觀願望與客觀滿足之間出現極大差距，加上有的人心態本來就存在不穩定因素，則會引起他們消沉、甚至出現犯罪或自殺。那麼，如何保持良好的心理狀態呢？

（一）對競爭有一個正確認知。要知道有競爭，就會有成功者和失敗者。但是，關鍵是正確對待失敗，失敗並不可怕，重要的是要有不甘落後的進取精神。

（二）對自己要有一個客觀的恰如其分的評估。在制定目標時，既不好高騖遠，又不妄自菲薄，要把長遠目標與近期目標有機的統一起來，腳踏實地一步一個腳印的做起。

（三）在競爭中要能審時度勢，揚長避短。一個人的興趣和才能是多方面的，如果在實戰中注意挖掘，那麼，很可能會增加成功的機會，減少挫折，而且會打下進一步發展和取勝的好基礎。當然，成功了固然可喜，失敗了也無須氣餒，如果從中悟出了一番道理，或者在競爭中學到了知識，增長了才

幹，那麼這種失敗或許更有價值，誰能說它不是明天成功的起始呢？

　　只要是有人的地方就有心理學，所以，當你戴上心理學的眼鏡去看職場的時候，同樣沒有沒有心理學的地方。玩好心理學，就能職場通吃！不是嗎，有人的地方，就有心理學，與人共事，共處，管人或者被管，哪一樁不需要技術技巧？

　　從事這類工作的人往往無師自通的應用了一些看似業餘卻很奏效的心理學技巧，但這並不等於專業知識沒有用處。假如他們能夠在本能、直覺、經驗之外，再加上理論，不僅知其然，還知其所以然，就更能舉一反三，如虎添翼，把客戶真正哄得爽到位而又不落痕跡，那才是最高境界。

　　HR的工作就是選人和管人。當HR經理得有一雙慧眼。一次徵才活動，成百上千的簡歷投過來；一天面試下來，稍微糊塗一下就會把李四當成張三。要在最短時間內和應徵者鬥智鬥勇，招來最合適的人，難！人招進來之後並非萬事大吉，培訓，升遷，降級，都是事情。難怪很多學心理學的人都做了HR，做HR而非學心理學出身的人也紛紛進修了心理系開的人力資源的課程。

　　員工對於宣導主管們學點心理學可能會是一種矛盾的心情。老闆懂點心理學可能會更善解人意，但也就更知道如何施加影響力，讓人更難說「不」。站在治理者的角度，搞懂治理心理學可以讓你從不同的視角看待自己的工作，更好的掌握好「人」的因素。

　　作為設計人員來說，你設計的產品除了能滿足功能要求外，它符合使用者的心理需求嗎？人機界面友好嗎？工程心理學就研究這些問題。而假如你的工作和環境有關，如建築設計，室內設計，風景園林，那麼懂一些環境心理學會讓你的作品讓人更心曠神怡。

　　在快節奏、高壓力的現代職場，很多人都或多或少的處於職業倦怠的狀態。和人打交道多的職業，如醫生、教師、社會工作者、諮商師、媒體人員，往往更輕易發生倦怠。面對職業中的負面因素，玩一點心理學，對外更好的溝通、協調、應對衝突，對己更好的減壓、放鬆、調節情緒，把自己調節到一個最好的狀態，何樂而不為？

　　在我們透過心理學讓自己在職業上獲得新的機會之前，讓我們最為受益的，其實還是自己。

> 瞬間的感悟：正確認識自己，做出正確的判斷，要想贏得競爭，首先要調整好自己的心態。

切莫頻繁跳槽

　　每個人在自己的職業生涯中都會經歷若干次的職業轉換：從這家公司轉到那家公司，從這個行業轉到那個行業，或者 —— 哪個企業也不去，選擇自己創業。跳槽也好，創業也罷，轉行也罷，只要這種職場轉換到來，我們都免不了問自己：「我現在該找一份怎樣的工作？」或者：「我能做一番怎樣的事業？」這是必要的，但一位職業規劃師認為，當我們最關心下一步的前途和出路時，往往卻不小心忽視了遠比眼前的出路本身更重要的一樣東西：職場能量的累積。

　　跟一切物體一樣，我們的職業也積聚著特有的、無形的能量，這種能量，並不能簡單的用通常所謂的「職業經驗」來概括，它還包括了我們在職場中所積澱下來的精神、氣質、眼光、胸懷、直覺等等無法用「經驗」來代替的東西。每當你在職場中扮演一個角色，一種特定的「職場能量」就迅速

第十章　感悟職場

在你身上匯聚起來，並且與你形成一個整體，換句話說，你，加上那種「職場能量」，才造就了職場中一個完整而真實的「你」。你和你周圍的朋友常常會發現，當你經歷了一種新的職業之後，你的某些方面似乎發生了變化，你和以前有點不太一樣了，什麼原因？其實並不是你自己發生了什麼變化，科學的說，正是你現在特有的「職場能量」促使你不由自主、潛移默化的改變了。

就職業轉換而言，這位職業規劃師認為，最危險的一種情況，莫過於在一次次的跳槽和創業中，讓自己在以往的職業生涯中好不容易積蓄起來、沉澱下來的職場能量一次次的「歸零」。在該職業諮詢機構的個人諮詢客戶中，有一部分人正持續犯著這樣的錯誤。職業規劃師們常常遇到這樣的案例：一個工作經歷已有七八年的職場「老人」卻說不清自己到底在從事哪個職業 —— 他們今天做這份工作、明天做那份工作，但前一份工作和後一份工作幾乎毫無關聯度 —— 使得他們本該已經是某個領域的資深人士了，卻可能還在為找工作而犯愁，或者是還停留在職業探索期，對未來一片茫然。正是盲目的轉換，使他的歷史職場能量無法對他目前的職業經歷提供任何的幫助，導致他在以往經歷中累積下來的職場能量在這樣的轉換過程中化作了零，他又重新變成一個職場新手！表現出來的後果是，過去的職場能量不但無法給予自己信心暗示，更無法給予別人信賴感。

職場能量的歸零，並不僅僅是工作經驗的問題 —— 工作經驗可以迅速的獲得，但業已歸零的整體職場能量要讓它重新恢復，卻需要大費周折，更何況，有人出於種種原因頻繁、盲目的轉換職業，不只一次的將職場能量歸零。

必須意識到，每當你將職場能量歸零一次，就好比在自己的「職場大陸」

上投下了一顆毀滅性的原子彈，你的生涯就將因此遭受一次重大的創傷。多次的職場歸零，帶來的最終結果只有一個，就是你的職業生涯將由於多次「地震」喪失能量，衝擊力和抗擊打力變得大大的弱化，再加上年齡、生活、環境等等諸多客觀因素的干擾，你將會在自疑、抱怨、氣餒的消極情緒中，越來越與別人拉開職場中的差距。

因此，明智的職場鬥士，他們會在進入職場生涯的一開始，或者在面臨職場轉換的起始時刻，就將「職場能量累積」作為最重要的一條，納入個人的整體職業規畫表中，他們絕不容許自己的職業前後脫節，絕不容許自己的職場能量莫名其妙的釋放、僵化、歸零，他們總會用盡一切辦法，把每一次職場的轉換，連結到他前一次到達的驛站軌道上，這樣，職場轉換對他們來說，是一種升級，而不是淘汰。

權威的職業規劃諮詢專家指出，職業能量的持續累積會產生「職業能級」的變化。職業能級的提升並不代表「職級」的提升，也不直接代表薪資的提升，但它充分表現了你具備了更高職級更高薪水的基礎，只要時機合適，這些都不是問題，你會更加受賞識，會有更多的機會，更大的選擇餘地，你會得到更多。

當然，這不是說你的一生只能待在一種同樣的行業、重複一種同樣的工作、做好一件同樣的事情。一生當然要做好至少一件事情，但是，當你有效的避免了職場能量的歸零，當你努力的將自己的職場能量在每一個階段都累積到了最大化，你就能夠利用這種累積，有實力去做一連串「相關」的其他事情了。

瞬間的感悟：職場人士，要重視職場能量累積，提升職業能級，莫讓跳槽傷了自己。

尊重差異，換位思考

正是由於差異的存在，才有了林林總總、豐富多彩的大千世界。所以，我們要學會尊重個別差異，並找尋共同點。這就像一幅織錦畫一樣，就是那些不同的色彩和圖案造就了它的繽紛漂亮。每一種花色和圖案都不相同，而那最真實的漂亮就是每一種圖樣或花色對整體的貢獻。

何先生最近有點煩。公司替他所在的團隊安排了一個很大的專案，何先生看了很多資料，收集了很多資料，寫出了一個自認為很好的方案。在開會的時候，他向組裡的成員說了自己的想法，可是大家似乎都有一些大大小小的反對意見。為此，何先生據理力爭，結果那次會議不歡而散。在之後的幾次會議中，何先生又覺得別人提出的想法根本沒有自己的好，他「大膽」提出自己的不同意見，可是結果又是不歡而散。現在組裡的人似乎在刻意疏遠何先生，有事也不和他商量。這使他很苦惱，他很想對他的組員說，其實他說的話都是對事不對人的，他只是想把工作做得更好。

何先生碰到的問題，其實就是團隊差異與溝通的問題。尊重差異，不挑剔、不嫌棄；人與人的相處，貴在包容；肯定自己的選擇，接受和對方之間的差異。這些說起來簡單，做起來不輕易。

知道自己要的是什麼，也能夠尊重對方不同的想法，彼此相處的空間就會擴大。這就要求我們，並不是要求對方，事事要如我的意、符合我的標準。而是，我們要學會從對方喜歡的角度來欣賞對方；從對方需要的觀點去

接受對方。假如，他覺得短髮好看，你又何必一定要堅持對方留長髮？反過來，自己認為長髮好看，別人並不一定也是同樣的看法。最簡單的判定方式是 —— 至少，頭髮長在對方身上！尊重對方的同時，其實是對自我的肯定。有足夠自信的人，不會在兩人之間的差異點上大做文章，挑三揀四，這很輕易弄得不歡而散。

尊重自己、體貼對方，人們相處才沒有負擔。同時，它更能讓我們聽到來自不同方面和不同層次的意見和聲音。人的一生能有幾個真性情的、性格各異的朋友，是一大幸事，他能使你避免或減少決策失誤。無怪乎有人說：「與所見略同的英雄溝通純粹是浪費時間」。所以，我們要試著去了解這些差異，並珍視、善用這些個別的天賦。

孔子的「己所不欲，勿施於人」是一種精神上的雙贏，它抹去了勉強別人所帶來的壓力，也減少了被別人勉強所帶來的痛苦；姜太公釣魚是一種行動上的雙贏，他避免了垂釣人枯坐求魚的心焦，也減少了池中魚兒嬉鬧時的忐忑，兩不傷害，求的是一份靜默，是一份期許和等待。於是，孔聖人成就了美名，於是，姜子牙等到了他的伯樂。

> 瞬間的感悟：包容他人，接受差異，多加溝通，尊重個性的發揮。

微笑競爭，攜手同行

時代讓競爭成為一個沉重的話題。市場上此起彼伏的廣告戰、價格戰、通路戰、口水戰乃至肉搏戰經久不息，職場中爾虞我詐、明爭暗鬥、惡語中傷乃至拳腳相向的打拚仍在繼續。難道作為萬物之靈的人類不可以用雙贏的聰明削去競爭的鋒芒，微笑競爭，攜手同行嗎？

第十章　感悟職場

　　競爭應該是在美德肩膀上美麗的舞蹈。美國聞名拳擊手傑克每次比賽前都要做一次祈禱，朋友問道：「你在祈禱自己打贏嗎？」「不」傑克說道，「我只是祈求上帝讓我們打得漂漂亮亮的，都發揮出自己的實力，最好誰都不要受傷。」

　　傑克的話中滲透著雙贏的聰明。雙贏小到個人領域，就是用美德為競爭鑲邊著色，讓折射的陽光照亮攜手同行的路程，讓競爭在微笑中把心靈放鬆，在合作中共同進步，在人與人關愛和睦，老實守信中描繪出一幅和諧的生動圖景。

　　競爭應該在合作的懷抱裡微笑。競爭展現著時代的特點，雙贏更是代表著一個民族和個人的高度！

　　「風呼呼的吹著／月朗朗的照著／我和你奔跑在同一賽場上／我對你笑著……」

　　微笑競爭，攜手同行，這是雙贏的聰明，更是人類和人生至高的境界。

　　有一年，一個記者問「賓士」的總經理，賓士車為什麼飛速進步、風靡世界，「賓士」總經理回答說「因為 BMW 將我們逼得太緊了」。記者轉問「BMW」總經理同一個問題，BMW 總經理回答說「因為賓士跑得太快了」。美國百事可樂誕生以後，可口可樂的銷售量不但沒有下降，反而大幅度成長，這是由於競爭逼使它們共同走出美國、走向世界的緣故。

　　雄鷹振翅高飛，劃過長空。那一片湛藍包容了牠的不羈，承載了牠的穩重，為此，藍天才多了一分神祕，多了一分漂亮。鯉魚擺尾洄游，穿透碧波。那一片汪洋容許了牠的活躍，收留了牠的靈動，因此，大海才多了一分迷人，多了一分澄澈。職業人士不論是在商場還是在職場，都存在激烈而殘酷的競爭。與老闆、與客戶、與同事、與下屬、與對手，都要擺正競爭與合

作的關係，以利人利己的共贏思維做大市場，做大事業，而不是以「殺敵一千，自傷八百」賭氣競爭心態，非要拚出個你死我活、兩敗俱傷。

> 瞬間的感悟：除了競爭之外，還有一種結果叫做共贏。

學會寬容，理解體諒

寬容和忍讓是人生的一種豁達，是一個人有涵養的重要表現。沒有必要和別人斤斤計較，沒有必要和別人爭強鬥狠，給別人讓一條路，就是給自己留一條路。

什麼是寬容？法國 19 世紀的文學大師雨果曾說過這樣一句話：「世界上最寬廣的是海洋，比海洋寬廣的是天空，比天空更寬廣的是人的胸懷。」寬容是一種博大，它能包容人世間的喜怒哀樂；寬容是一種境界，它能使人生躍上新的臺階。在生活中學會寬容，你便能明白很多道理。

我們必須把自己的聰明才智，用在有價值的事情上面。集中自己的智力，去進行有益的思考；集中自己的體力，去進行有益的工作。不要總是企圖論證自己的優秀，別人的拙劣；自己正確，別人錯誤。不要事事、時時、處處總是唯我獨尊；不要事事、時時、處處總是固執己見。在非原則的問題和無關大局的事情上，善於溝通和理解，善於體諒和包涵，善於妥協和讓步，既有助於保持心境的安寧與平靜，也有利於人際關係的和諧和團隊環境的穩定。

寬容有五大好處：

（一）寬容的人愛記住別人的好處，總是心存感激，所以很多人樂意幫助他。

（二）寬容的人能與人同樂，給人快樂；自己也是只記快樂，不記煩惱，所以他總是快樂比人多。

（三）寬容的人善於發現別人的優點，肯定別人的優點，所以他的朋友很多。

（四）寬容的人善解人意，能夠體諒別人，尊重別人，所以願意與他合作的人很多。

（五）寬容的人對別人寬容時，必定對自己寬容，因而計較得少，知足常樂，所以他的幸福感很高。

> 瞬間的感悟：給自己留下一條寬容的通道，這樣你隨時可以海闊天空。

善於妥協，和平共處

現代生活中，妥協已成為人們交往中一道不可缺少的潤滑劑，發揮著越來越重要的作用。在市場上，買家與賣家經過討價還價，最終以雙方的妥協而成立。在國際衝突中，衝突雙方各自做出讓步，才迎來和平共處的共贏局面。

然而，在一些人的眼中，妥協似乎是軟弱和不堅定的表現，似乎只有毫不妥協，方能顯示出英雄本色。但是，這種非此即彼的思維方式，實際上是認定人與人之間的關係是征服與被征服的關係，沒有任何妥協的餘地。在現實生活中，人與人之間的關係逐漸由依靠與被依靠的關係，轉向相互依靠關係。以市場經濟下所形成的買方市場為例，買家與賣家的關係變為相互依靠，使得討價還價流行開來。在這種情況下，假如不肯做出任何妥協，那只能失去自身的生存與發展的機會，成為最終的失敗者。

一位商界人士曾送給他的接班人一句話：要學會妥協。現代競爭思維認為，「善於」妥協不是一味的忍讓和無原則的妥協，而是意味著對對方利益的尊重，意味著將對方的利益看得和自身利益同樣重要。在個人權利日趨平等的現代生活中，人與人之間的尊重是相互的。只有尊重他人，才能獲得他人的尊重。因此，善於妥協就會贏得別人更多的尊重，成為生活中的智者和強者。

就是因為不懂得妥協，才導致職場和市場中的殘酷競爭、兩敗俱傷，才導致永無休止的巴勒斯坦地區的血腥屠殺。社會是在競爭中發展進步的，也是在妥協中和諧共贏的。我們甚至可以這麼說，妥協至少與競爭一樣符合生活的本質。人與人妥協，彼此的日子都有了節日的味道。

學會妥協，收穫友誼，維護尊嚴，獲得尊重。當你與別人發生矛盾並相持不下時，你就應該學會妥協。這並不就表示你失去了應有的尊嚴，相反，你在化解矛盾的同時又在別人心中埋下了你寬容與大度的種子，別人不僅會欣然接受，而且還會在心中對你產生敬佩與尊重之情。讓別人過得好，自己也能過得快樂。學會妥協，世界會因你而漂亮！

> 瞬間的感悟：妥協和共處，是人生的共贏法則。

共贏思維，富足心態

美國一位心理學家在《我好，你也好》一書中，按照人格的發展，將團隊中各自然人之間的關係分為四種類型：我不好，你好；我不好，你也不好；我好，你不好；我好，你也好。可見，第四種關係類型：我好，你也好 ——則是成熟的成人人格和共贏思維。

第十章　感悟職場

　　但是，現實生活中，我們普遍存在的是贏輸思維或單贏思維。謀求贏輸思維的人只顧及自己的利益，只想自己贏別人輸，把成功建立在別人的失敗上，比較、競爭、地位及權力主導他們的一切；而單贏思維的人則只想得到他們所要的，雖然他們不一定要對方輸，但他們只是一心求勝，不顧他人利益，就算在獨立或互賴的情況下，他們的自覺性及對別人的敏感度很低，在互賴情境中只想獨立，這種人以自我為中心，以我為先，從不關心對方是贏是輸。

　　雙贏和共贏的思維特質是競爭中的合作，是尋求雙方共同的利益，即你好我也好，這是一種成熟的「雙人格」。養成共贏思維的習慣，需要我們從以下三個方面努力：

　　（一）確立共贏品格。

　　共贏品格的核心就是利人利己、你好我也好。首先要真誠正直，人若不能對自己老實，就無法了解內心真正的需求，也無從得知如何才能利人利己。其次，要對別人老實，對人沒有誠信，就談不上利人，缺乏誠信作為基石，利人利己和共贏就變成了騙人的口號。

　　（二）具備成熟的胸襟。

　　我們通常說某個人成熟了，往往是指他辦事老練、老道、可靠了，這其實是不全面的。真正的成熟，就是勇氣與體諒之心兼備而不偏廢。有勇氣表達自己的感情和信念，又能體諒他人的感受與想法；有勇氣追求利潤，也顧及他人的利益；這才是成熟的表現。勇氣和體諒之心是雙贏思維不可或缺的因素。兩者間的平衡是真正成熟的表現。

　　如星期六自己加班，但工作多肯定做不完，內心十分希望同事小張能來幫一幫自己。但礙於情面或不好意思，就是不說出來，結果，沒有勇氣表

達自己的希望，小張也不知道，自己生悶氣，還埋怨小張不幫自己、不夠意思。反之，不管小張是否能接受，也不管小張是否有難處，就說：「小張，你明天來幫我做點事。」這些都是不成熟的表現。正確的做法應該是：「小張，你明天有事嗎？」「沒有什麼大事，怎麼了？」「我手頭的報表整理不過來，幫我一下，好嗎？」「沒問題！」

所以，一個擁有高勇氣和高體諒的人才是一個真正成熟的人。

（三）富足心態。

有一個歌手對自己拚命唱歌，卻要將收入的一半交給經紀人不滿，不想與其合作了，雙方鬧得很僵。歌手的父親是個農民，他千里迢迢趕到城市勸女兒，他說，當初小李（經紀人）找到妳，又花本錢將妳捧紅，他付出了那多自然應該得到回報。妳一個鄉下人如今在城市買房落戶，站穩腳跟，也得到了妳想要的。人吶，不能翅膀硬了就忘本，多想想現在得到的，不要嫌少，要不是他，妳還在地溝裡割禾呢。女兒聽了父親的話，心裡的疙瘩解開了，與經紀人的矛盾消了，合作得很好。

在現實生活中，在職場競爭上，人們總是不由自主的認為，蛋糕只有那麼大，假如別人多搶走一塊，自己就會吃虧，人生彷彿一場「零和遊戲」。難怪俗話說：共患難易，共富足難。見不得別人好，甚至對親朋好友的成就也會眼紅，這些，都是「匱乏心態」在作怪。

抱著這種心態的人，甚至希望與自己有利害關係的人小災、小難不斷，疲於應付而無法與自己競爭。這樣的人時時不忘與人比較，認定別人的成功等於自身的失敗。即使表面上虛情假意的讚美對方，內心卻是又妒又恨，只有自己獨占鰲頭，才能使自己滿足。更有甚者恨不能身邊全是唯唯諾諾之人，不同的意見都會被視為叛逆、異端。

第十章　感悟職場

　　相比之下，「富足心態」的人，源自厚實的價值觀與安全感。這樣的人相信世間有足夠的資源，人人都可以享有，世界之大，人人都有足夠的空間，他人之得不必視為自己之失。所以不怕與人共名聲、共財富、共權勢。正是這種心態，才能開啟無限的可能性，充分發揮創造力，提供廣闊的選擇空間。擁有「富足心態」的人，相信成功並非要壓倒別人，而是追求對各方面都有利的結果。所謂「雙贏」乃至「多贏」，其實是「富足心態」的自然結果。

> 瞬間的感悟：擁有富足心態的人，懂得節制，因為他們懂得滿足。擁有富足心態的人，懂得給予，因為他們不怕缺少。擁有富足心態的人，勇於選擇，因為他們不怕失去。擁有富足心態的人，勇於拚搏，因為他們享受過程。

團隊合作的力量

　　史蒂芬‧柯維曾說：力量往往來自差異，而非相似之處，即整體大於個別的總和。當兩個人合起來而產出的結果大於兩個個人的產出時，綜效就發生了，統合綜效可讓我們共同發現某些個別無法發現的事情。我們擁有了一種雙贏的態度，就可達到統合綜效的效果。

　　職業生涯中，我們每一個人都要處在各式各樣的團隊中，這就要求我們要學會欣賞人、團結人、尊重人、理解人，這既是一種品德、一種境界，也是一種責任。與老闆、與同事、與下屬，大家在一起共事，既是事業的需求，也是難得的緣分。但「金無足赤，人無完人」，個人的閱歷、知識、能力、水準、性格各不相同，相處久了，難免有些碰碰撞撞，但只要是不違反原則，就應從維護團隊利益出發，求同存異，坦誠相見，在合作共事中加深

了解，在相互尊重中增進團結。只有互相支持不拆臺、互相尊重不發難、互相配合不推諉，才能使整個團隊在思想上同心，目標上同向，行動上同步，作為團隊中的個人也才能用團隊的聰明和力量去解決面臨的各種困難和問題，這樣才能既為公司的成長增磚加瓦，也為自己的職業生涯鋪好道路。

「懂得團體協作，善於虛心學習的新人，才能在職場中成長得更快。」劉鍵在談及自己遭遇的「企畫否決案」時，很有感慨。

小劉畢業於一所知名大學，幾年的市場實戰歷練，使他羽毛漸豐。經朋友介紹，他從 A 市來到 B 市，到某公司市場部就職。由於有紮實的專業知識、大公司裡累積的工作經驗，大方開朗的他深得主管青睞。一次，公司在內部廣徵市場拓展方案時，經理在分配任務時提醒：作為嘗試，小劉與幾名「後起之秀」，可以每人單獨完成一份，也可以合作完成一份。

憑藉著在大公司工作的經驗，以及對市場行情的自身把握，小劉決定單挑。他花了整整一個星期時間，細斟慢酌，搞定了「大作」。報告上呈後，經理的評價出乎他意料之外：「缺少了當地語系化的東西，操作性不強。不過，你的整體視野很開闊。」之後，經理把幾名「後起之秀」叫到一起，讓他們分別揣摩彼此的方案。在經理的「撮合」下，他們將各自方案中的亮點進行了提煉和重構，結果，新方案被老闆評優，列為備選的最終方案之一。想著自己能與資深員工「並駕齊驅」，他們甭提多興奮了。

事後，經理指出，他之所以給出提醒，就是想讓這幾名年輕人能夠合作，取長補短。不料，他們竟然都選擇了單兵作戰。

小劉總結這件「企畫否決案」時，不由感慨：「想要盡快成長，還是得注重協作和請教，否則，欲速則不達呀。」

> 瞬間的感悟：事業成功離不開團體的力量，個人努力離不開團隊的合作。

適當利用虛偽

在一般人眼中，虛偽絕對是一個貶義詞，但在外商，在「金髮藍眼睛」們看來，虛偽卻是處理與員工關係的一種潤滑劑。即使對某人有不滿情緒，也必須壓在心裡。某知名電腦商的高階職員曾對虛偽現象這樣評價：「適度的虛偽就像甜美的謊言一樣，容易讓人感受到愜意。」

近些年來，有些企業甚至包括一些公家單位，虛偽現象也開始日漸盛行。譬如，明明是主管對某員工心懷不滿，卻偏偏要「借刀殺人」：我是很欣賞你的能力的，但最近你的好朋友說你這樣那樣，你可要引起注意啊……

日前某單位實行競爭調職，一位基層幹部因平素不喜「搗漿糊」而被其頂頭上司視作「難搞的人」，適逢良機，上司便精心籌畫，先是吹風：「你的能力的確很強，可人緣不太好，要早做準備啊」，再逐個找員工談話放風：「某某平時對你們不怎麼樣啊。」

最終的結果可想而知，但「難搞者」倔強的一定要討個說法，要求公布招募過程，可上司的一番話卻讓他不僅無處「發力」且心存感激：「按規定，招募的過程是不能公開的。其實，如果不是上級硬要辦競爭調職，你也不會這樣。但我還是很欣賞你的，這樣吧，我想辦法把你推薦到其它單位。」

蘇轍老先生說得好：「有能推至誠之心而加以不息之久，則天地可動，金石可移。」在如今以人力資源為第一資本的時代，待人以誠，用人唯才，更是企業得以發展的根本之道。

其實，即使是那個著名的 IT 企業也已因其「虛偽」而嘗到了苦果，2003

年，該企業以「不能適應行業技術的不斷更新」為由大量裁減高齡員工，結果被控告年齡歧視而上了法庭，最終只得賠款而得以庭外和解。

可見，無論是哪類企業，如果把虛偽當做一種管理藝術來施展技巧，最終結果只能是作繭自縛。

> 瞬間的感悟：與其打腫臉充胖子，不如虛與委蛇。

職場自我息怒四大法

（一）平心靜氣。美國一位經營心理學家提出了能使人平心靜氣的三項法則：「首先降低聲音，繼而放慢語速，最後胸部挺直。」降低聲音、放慢語速都可以緩解情緒衝動，而胸部向前挺直，就會淡化衝動緊張的氣氛，因為人情緒激動、語調激烈的人通常都是胸前傾的，當身體前傾時，就會使自己的臉接近對方，這種講話姿態能人為的造成緊張局面。

（二）閉口傾聽。英國聞名的政治家、歷史學家和英國知名的治理學家，在合著的《知人善任》一書中談到：「假如發生了爭吵，切記免開尊口。先聽聽別人的，讓別人把話說完，要盡量做到虛心誠懇，通情達理。靠爭吵絕對難以贏得人心，立竿見影的辦法是彼此交心。」憤怒情緒發生的特點在於短暫，「氣頭」過後，矛盾就較為輕易解決。當別人的想法你不能苟同，而一時又覺得自己很難說服對方時，閉口傾聽，會使對方意識到，聽話的人對他的觀點感興趣，這樣不僅壓住了自己的「氣頭」，同時有利於削弱和避開對方的「氣頭」。

（三）交換角色。卡內基‧梅倫大學的商學教授羅伯特‧凱利，在加州某電腦公司碰到一位程式設計員和他的上司就某一個軟體的價值問題發生爭

執，凱利建議他們互相站在對方的立場來爭辯，結果五分鐘後，雙方便認清了彼此的表現多麼可笑，大家都笑了起來，很快找出了解決的辦法。在人與人溝通過程中，心理因素發揮著重要的作用，人們都認為自己是對的，對方必須接受自己的意見才行。假如雙方在意見交流時，能夠交換角色而設身處地的想一想，就能避免雙方大動肝火。

（四）理性昇華。電視劇中，當年輕的繼母看到孩子有意與她為難而惡作劇時，一時生氣難忍，摔碎了玻璃杯。但她馬上意識到進一步衝突的惡果，想到了當媽媽的責任和應有的理智，便頓然消除了怒氣，掃掉玻璃碎片並主動向孩子道歉，和解了關係。當衝突發生時，在內心預想一個後果，想一下自己的責任，將自己昇華到一個有理智、豁達氣度的人，就一定能控制住自己的心境，緩解緊張的氣氛。

> 瞬間的感悟：怒火不僅燒著了別人，而且燃燒了自己，理智的息怒，是輕鬆職場必須學會的事情。

職場少走彎路十條忠告

（一）莫遲到。買個鬧鐘，以便按時叫醒你。貪睡和不守時，都將成為你工作和事業上的絆腳石，任何時候都一樣。不僅要學會準時，更要學會提前。就如你坐車去某地，沿途的風景很美，你忍不住下車看一看，後來雖然你還是趕到了某地，卻不是準時到達。「鬧鐘」只是一種簡單的標誌和提示，真正靈活、實用的時間，把握在每個人的心中。

（二）莫怨氣。假如你不喜歡現在的工作，要麼辭職不做，要麼就閉嘴不言。初出茅廬，往往眼高手低，心高氣傲，大事做不了，小事不願做。不要

養成挑三揀四的習慣。不要雨天煩打傘，不帶傘又怕淋雨，處處表現出不滿的情緒。記住，不做則已，要做就要做好。

（三）莫浮躁。每個人都有孤獨的時候。要學會忍受孤獨，這樣才會成熟起來。年輕人嘻嘻哈哈、打打鬧鬧慣了，到了一個生疏的環境，面對形形色色的人和事，一下子不知所措起來，有時連一個可以傾心說話的地方也沒有。這時，千萬別浮躁，學會靜心，學會忍受孤獨。在孤獨中思考，在思考中成熟，在成熟中昇華。不要因為寂寞而亂了方寸，而去做無聊無益的事情，白白浪費了寶貴的時間。

（四）莫短視。走運時要做好倒楣的預備。有一天，一隻狐狸走到一個葡萄園外，看見裡面水靈靈的葡萄垂涎欲滴。可是外面有柵欄擋著，無法進去。於是牠一狠心絕食三日，減肥之後，終於鑽進葡萄園內飽餐一頓。當牠心滿意足的想離開葡萄園時，發覺自己吃得太飽，怎麼也鑽不出柵欄了。相信任何人都不願做這樣的狐狸。退路同樣重要。飽帶乾糧，晴帶雨傘，點滴累積，水到渠成。有的東西今天似乎一文不值，但有朝一日也許就會身價百倍。

（五）莫脆弱。不要像玻璃那樣脆弱。有的人眼睛總盯著自己，所以長不高看不遠；總是喜歡怨天尤人，也使別人無比厭煩。沒有苦中苦，哪來甜中甜？不要像玻璃那樣脆弱，而應像水晶一樣透明，太陽一樣輝煌，臘梅一樣堅強。既然睜開眼睛享受風的清涼，就不要埋怨風中細小的沙粒。

（六）莫多言。管住自己的嘴巴。不要談論自己，更不要議論別人。談論自己往往會自大虛偽，在名不副實中失去自己。議論別人往往陷入雞毛蒜皮的是非口舌中糾纏不清。天天下班後和你的那些同事朋友喝酒聊天可不是件好事，因為，這中間往往會把議論同事、朋友當作話題。背後議論人總是不

好的，尤其是議論別人的短處，這些會降低你的人格。

（七）莫懶惰。機會從不會「失掉」，你失掉了，自有別人會得到。不要凡事在天，守株待兔，更不要寄希望於「機會」。機會只不過是相對於充分預備而又善於創造機會的人而言的。也許，你正為失去一個機會而懊悔、埋怨的時候，機會正被你對面那個同樣的「倒楣鬼」給抓住了。沒有機會，就要創造機會，有了機會，就要巧妙的抓住。

（八）莫等待。若電話老是不響，你該打出去。很多時候，電話會為你帶來意想不到的收穫，它不是花瓶，僅僅成為一種擺設。交了新朋友，別忘了老朋友，朋友多了路好走。交際的一大訣竅就是主動。好的人緣好的口碑，往往助你的事業更上一個臺階。

（九）莫草率。千萬不要因為自己已經到了結婚年齡而草率結婚。想結婚，就要找一個能和你心心相印，相輔相攜的伴侶。不要因為放縱和遊戲而戀愛，不要因為戀愛而影響工作和事業，更不要因一樁草率而失敗的婚姻而使人生受阻。感情用事往往會因小失大。

（十）莫遺忘。寫出你一生要做的事情，把單子放在皮夾裡，經常拿出來看。人生要有目標，要有計畫，要有提醒，要有緊迫感。一個又一個小目標串起來，就成了你一生的大目標。生活富足了，環境改善了，不要忘了皮夾裡那張看似薄薄的單子。

> 瞬間的感悟：工作和生活其實是一門藝術，需要好好體會和把握。

職場「變態族」

在我們心目中，「職場變態」是需要被批評和挽救的，「如何替『變態人

群』減壓，讓他們更熱愛生活，打好人際關係」成為熱門話題，但是，職場專家卻強烈反對這種說法，認為這些所謂的「變態」，實際是「職業先驅」，更需要大家的理解和尊重。

因為「過人」，所以「異常」，「變態」的名聲不公平。

一位心理諮商師表示，「變態」對於這個族群而言，是一個很不公平的稱謂，說法欠妥。「變態」實際上是一種由生物原因導致的嚴重的精神疾病，在心理學上界定為「由於身體功能損害造成的精神異常，並且由此導致與常人大相徑庭的異常行為。」

筆者認為，這群職場菁英之所以都被冠上了「變態」的名號，是因為大環境對於他們既需要又不寬容的矛盾所導致的。

我們生活在一個過分宣導競爭、過分推薦物質成就的時代，對於這樣的社會氛圍，個人根本上就是無能為力。於是有一些人就會「既然改變不了，那麼就前去引領」。他們成了所謂的「工作狂」，還會強迫其他人一起衝鋒陷陣，搞得不那麼想「成功」的人痛苦不堪。他們會越來越不關注人的個體情緒，對自己、對別人與工作績效無關的感受都嗤之以鼻。

大多數人會將符合「主流」觀念的人歸為同類，其他的則歸為「異類」，甚至冠以「怪物」「變態」等稱呼。這些「工作狂」的行為方式令許多人無法接受，心裡不舒服，因為憤怒和鬱悶而惡意的加以「變態」二字。

但是在一個企業中，業績和效益無疑是至關重要的因素，很多人抱怨身邊的「職場變態」，其實是在抱怨自己充當了他們創造效益的工具，最終又不像他們那般拿到了切實豐厚的物質回報。因為「過人」，所以「異常」，得了「變態」的名聲，這是很不公平的。

「職場變態」跟吃喝玩樂理念相悖，更注重精神感受和開拓進取。

第十章　感悟職場

　　一些人覺得，這群人有悖於物質時代「吃喝玩樂」理念，是不正常的。諮商師指出，我們通常會認為，當人有了錢一定不會再像原來那樣拚命工作，應當抽離出來好好享受生活，其實這只是一種理想而並不現實的「主流觀念」。

　　物欲的龐大魔力，會讓人感覺永遠匱乏，永遠處於不斷追求，又無法滿足的狀態。高等教育會使人在滿足了基本物質需求的基礎上，更加看重精神層面的追求。那些被稱為「職場變態」的人，實際上很享受工作中不斷帶來的成就感，覺得「冒險—控制—征服」是一個獲得認同和展現價值的過程。

　　從另一個角度來看，經濟能保持長期驚人的成長率，正是有了那些被人稱之為「變態」的職業先驅的努力。這批人中的一部分在適應商品洪流的過程中，逐步變成很重視理性與邏輯、行動與結果，全身心的為事業付出。他們除了先行一步，還會驅策眾人跟進，在這個過程中難免犧牲一些常人的東西。這不是他們的「變態」，而是時代發展的必然要求。

　　可以說，他們站在物質時代的尖端，引領的卻不是物欲消費的潮流，而是一種開拓進取的精神。他們中有很多人是企業的基石，維持著企業高效率的運轉，守護著下屬同事的「飯碗」，同時不斷創造著更多的就業機會。所以，他們理應贏得尊重和欽佩。如果這群人因為無暇顧及吃穿的「非主流」生活理念，就被大眾鞭撻為「變態」，那是一種過分的人身攻擊。

　　在很多人眼中，「職場變態」是一種難以接受的生活方式。這種生活對於人的「個體」而言，確實談不上幸福，甚至會連帶家庭和朋友犧牲很多「主流」觀念中精彩的物質享受甚至天倫之樂。也許因為如此，會招致更多的不理解和不滿，但是他們畢竟在企業中得到了真正的賞識和尊重，辛苦付出最終換得了豐厚的物質回報，並會使家人受益良多。

在企業中，「做人」固然重要，但那是建立在「做事要做好」的基礎之上。如果避開「做事」，專門研究「做人」，培養出來的一定是一群「小人」。

專家指出，「職業先驅」的生活理念值得歌頌，但並不值得推崇，他們是一群可敬而不可親的人，收入不菲，扮演著社會分工後的重要角色，但是很寂寞，也難以被大眾理解。

這群職業先驅其實也很希望得到夥伴的寬容與理解，而不只是老闆的賞識與晉升。但今天的社會氛圍似乎太宣導「變態」「狂人」之類的說法，人們很容易將所有「非主流」的生活理念都歸為異類，其實這並不符合「經濟發展」的時代背景。

其實歷史上的「先驅」，自古以來就是犧牲個人甚至家庭的利益，難度太大，所以很多人都學不來也做不到。但是至少，我們在做不到如此崇高的境界之前，先要學會善意的寬容和由衷的敬仰。

> 瞬間的感悟：工作可以讓人發狂，追求理想可以讓人忘我，另外，追求個性和自由時，切莫忘記責任。

利用同感開啟對方的內心世界

韓非子曾指出，要緊緊抓住對方內心，靠的不是淵博的知識，而是準確的掌握對方的心理。他的話大意是：說服之難不在於見多識廣或表達之難，也不在於是否有直抒己見的膽量，而在於看透對方的內心，並在此基礎上巧妙的提出自己的看法。

人的心理十分微妙，即使同樣的一句話也會因對方的情緒變化而得到不同的理解。讀懂對方的內心才能控制其情緒的變化。沉默的人就是一扇關閉

的門，如果你在交往中稍有不慎，那麼對方就永遠不會向你打開心扉。

怎樣才能使「沉默寡言」的人敞開心懷呢？應該先進入對方的內心世界引發其產生心理動搖。如果你對他的「入侵」超過了一定程度，一般人都會產生心理動搖。

你還可以使對方感覺到你十分同情他的處境。如果對方因為遭遇挫折而不言不語或顧左右而言他，你不妨表示同情，比如對他說，如果你處在同樣的環境遇到同樣的事情，肯定也會失敗。這樣對方就會擔心他再保持沉默就會被你誤解，從而與你展開交談。

> 瞬間的感悟：想讓沉默者打開心扉，就必須讓其獲得認同感。

空談道理是沒有用的

現在有人稱當今的年輕一代為「等待指示的一代」，雖然能做到尊重上司或前輩，並妥善處理自己分內的工作，但缺乏獨立判斷能力和積極性。只要做完分派的工作，即使有剩餘時間也不會主動去做什麼。一到下班時間，立刻走人，即使看到前輩或上司仍在忙碌也無動於衷，「事不關己，高高掛起」的心理普遍存在。

其實，即使認為是與自己沒有關係的事，只要具備一定契機和理由，人們大多會像對待自己的事一樣做出積極的姿態。年輕一代也不例外。所以說，能否感化別人不在於理論而在於情感、需求、本能等所謂的行為動機。雖然在理論上認定某事與自己無關，但如果受到情感或需求上的強烈誘惑，他就會不由自主的被捲入其中。

空談道理是沒有效果的。大多數人會以「就是不喜歡」或「沒什麼理

由，就是不相信」為由來拒絕對方的勸說。這時首先就應當考慮如何喚起其行為動機。雖然人的思維方式會隨著時代而改變，但情感、需求、本能等本質的東西是不容易改變的，即使是年輕人也會接受行為動機的引導。尤其在公司，如果能形成發現問題並主動解決問題的積極的工作氛圍，情形就會大不一樣。

> 瞬間的感悟：放棄空想，立即開始行動。

職場兩性間的距離

已經是 21 世紀了，兩性的工作交流非常頻繁，實在不能再以男女授受不親的老觀念來衡量。即使已婚，也不表示要和異性保持距離，以免犯忌。過分拒絕和異性相處，不僅不像個現代人，更可能妨礙職場角色的扮演。我們也必須承認，兩性都有的工作空間通常比單一性別的環境要來得愉快和諧。也許現代組織的效率較高和女性大量投入就業有些關係。若想重新隔離兩性，不僅不可能，也不合理。刻意疏遠，更非上策。兩性總是要交流的，而且兩性共事應該有助於工作效率的提高，所以兩性間絕不能採取隔離策略，而必須找出好辦法使兩性相處有利無害。

因為是異性，對很多事物的看法普遍有很多分歧。如果你是在異性面前很虛心的人，你會發現你在異性中備受寵愛。因為多數人對異性沒有排斥感，而且喜歡幫助異性工作夥伴，他們把這個看作是同事中成就感的一個標誌。人人都希望被異性重視、仰慕，一個人如果注意吸取他人的長處，他可以從每個工作夥伴身上學到不同的有助於自己發展的長處。平時注意觀察他人長處，不計較他人短處的人，會覺得同事之間好相處。

第十章　感悟職場

　　物以類聚，人以群分。既是同事、朋友，就有共同語言、互有好感的人，如果你沒有意思將這種關係發展為戀情，就應當將感情投入限制在友誼的範圍內，即使很有好感，也不應表露出來。如果對方射來邱比特之箭，也應明智的將其化解。千萬不要給予對方默許和鼓勵。

　　對異性採取大方、不輕浮的態度是與異性工作交往中一個很重要的原則。其中包括行為和言語兩方面。以尊重對方是異性工作夥伴的關係來處理辦公室中的一些事務，將會使某些複雜的事物變得簡單一些。千萬勿將辦公室的異性關係處理成類似「戀愛關係」所期望的那種結果，也不要與某個異性發展成比之其他異性更為親密的關係。下班以後做朋友是另外一回事，但在辦公室內千萬要區分「輕重緩急」的關係。

　　男同事有男同事的苦惱，女同事有女同事的苦惱，他們可能會因為工作頭緒繁多而忙得焦頭爛額，可能會因為事業發展阻力太大而停滯不前，可能會為家庭糾紛而沮喪不已。大多數同事遇到這種情況會表現出逃避的姿態，其實，只要你說出一句「我來幫幫你」的話語，同事就可能感激不已。當他（她）有困難時，或者大家都不敢接近時，如果你能不計利害去幫助他（她），他（她）心中的感激是可想而知的。

> 瞬間的感悟：異性之間保持適當的距離，彼此才更和諧。

工作的樂趣

　　善於發現工作中的樂趣和價值並巧妙利用它們，你的工作會更出色，你也會因為工作而更快樂。相反，如果把快樂當成一種工作，久而久之，你也就很難再快樂起來了。

一位退休的老人，在鄉間買下一座宅院，打算安度晚年。但不幸的是，在這宅院的庭園裡，種著一棵結實累累的大蘋果樹。

鄰近的頑童，幾乎是日以繼夜的來「探視」這株蘋果樹，同時還帶來了石頭或棍棒。

想安享寧靜的老人，玻璃常被擊破，有時不堪喧鬧，會走到庭院中驅趕樹上或園中的頑童，而頑童回報老人的，則是無數的嘲弄及辱罵。

老人在不堪其擾之餘，想出一招妙計。有天，當他如往常一樣，面對滿園的頑童時，他告訴他們，從明天起，他歡迎頑童們來玩，同時在他們要離去前，還可以到屋子裡向老人領取一塊錢的零用錢。

孩子們大喜，如往常一樣的砸蘋果，戲弄老人，同時又多了一筆小小的零用錢收入，因此天天來園中玩得樂不思蜀。

一週過去後，老人告訴小孩們，以後每天只有五毛錢的零用錢。頑童們雖然有些不悅，但仍能接受，還是每天都來玩耍。

再過一個星期，老人將零用錢改成每天只有一毛錢。孩子忿忿不平，群起抗議：「哪有這種事，錢越領越少，我們不做了，以後再也不來了。」

從此，庭園中恢復了往日的寧靜，蘋果樹依然結實累累，卻不再飽受摧殘。

聰明的老人為了對付貪心的小孩，在原本只為了興趣而快樂的事物上加入酬勞，再假以時日，使酬勞逐漸降低，終而使興趣失去了；原本能夠使自己快樂的遊戲，也因酬勞的失去，而再也沒有任何樂趣可言。

或許不只小孩子是這樣，在我們許多的工作上也常能發現這種結果，因為金錢的緣故，而使我們原本熱愛的工作失去了魅力。

然後，人們開始詛咒金錢是萬惡的，因為加入金錢，而使得單純的工作

興趣不再有意義。事實上，金錢非善也非惡，貪財才是萬惡的根源。

真正犯錯的，並不是金錢，而是我們對工作與金錢的態度是否正確，是我們對付出與獲得的心態能否達觀。

我們可以再一次去審視自己的工作，清楚的分析出自己為何要從事這項工作，而這項工作的最終目的何在。然後回想自己從事這項工作時起初的心願；緊緊掌握住這份心願，就能不為起伏不定的酬勞所迷惑，從而能由工作中獲得最大的樂趣。

莫為金錢所產生的阻礙而使我們原本單純熱愛工作的心態喪失了。時時弄清楚自己的定位，就能在工作及日常生活中獲得極大的快樂，而這份快樂，也將為我們帶來更多的人緣和更大的財富。

> 瞬間的感悟：工作的人快樂多，勞動也是人類的一大需求。

第十一章　友愛的力量

朋友是左右你成功的因素

　　一份真摯的友誼也是很多人成功的基礎。有一個談得來的朋友，彼此之間心心相印，其激勵作用和創造力都是無法估量的。我們從那些偉人的自傳中，總是能夠找到友誼的位置，甚至很多人是因為友誼才走向成功的。而若擁有更多的朋友，學會方與圓的交友之道十分重要。

　　戴爾‧卡內基曾經試著對某個成功者做了一番分析。透過對他的職業進行長時期的仔細觀察和研究之後，卡內基得出這樣一個結論：他的成功至少有百分之二十應當歸功於他在廣交朋友方面的非凡能力。從他的童年時代起，他就致力於培養這方面的能力。他非常善於把人們吸引和聚集在他的身邊，甚至到了朋友們願意為他做任何事情的地步。深厚的友情不僅為他打開了不尋常的機會之門，而且也大大增加了他的知名度。換句話說，由於眾多朋友的幫助，他的能力也擴大了許多倍。他似乎擁有一種神奇的力量，能夠在做任何一件事時獲得朋友們無私而熱心的支持，朋友們似乎都在全心全意的增進他的利益。

　　經常與他人合作，一個人就能發現自己新的能力。如果不去和他人合作，有些潛伏著的力量是永遠發揮不出來的。不論是誰，只要他耐心去聆聽，他所來往的人總願意告訴他若干祕密，給予他一定的影響。有些資訊對他而言可能是聞所未聞，但足以轉變他的前程。如果這時他選擇吸收，將會

第十一章　友愛的力量

對他極有幫助。沒有一個人在孤身一人的環境裡能發揮出他自己全部能量，而別人常常會成為自己潛能的啟發者。

我們大部分的成就，很大程度上得益於他人的有益影響：他人常常在無形之中把希望、鼓勵、輔助投射到我們的生命中，常常能在心靈上安慰我們，在精神上激勵我們。對於這一點，很多人都能體會得到。

在美國內戰爆發之初，人們經常熱衷於談論幾位總統候選人的條件。有一次，在提到林肯時，一個人說道：「林肯一無所有，他唯一的財富就是眾多的朋友。」的確，林肯非常貧困，當他當選為德州議員時，他特地借錢買了一套比較高檔的服裝，以便在公開場合出現時顯得比較正式，並且，他還徒步走了一百英里去就職。還有這樣一件軼事，那就是在林肯當選為美國總統之後，他為了把家人接到華盛頓，不得不向朋友借錢。可是，就是這樣一個在物質上窘迫困頓的人，在感情上卻是多麼的富有啊！

儘管西奧多‧羅斯福具有非凡的個人能力，但是，如果沒有來自於他朋友們強有力的、無私的和熱心的幫助，他根本不可能獲得這樣的成就。事實上，如果不是有他的朋友們，特別是他在哈佛大學所交的那些朋友們的鼎力相助，他能否當選為美國總統還真是一個疑問。不論是在他作為紐約州州長的候選人期間，還是在他競選總統期間，許許多多的同班同學和大學校友為他不辭辛苦的進行奔波。在他所組織的「曠野騎士團」中，他獲得了眾多的友誼之手。他們最終在總統競選中，為他在西部和南部贏得了成千上萬張選票。

人應該多和自己欣賞的人接觸交往，和一些經驗豐富、學識淵博的人接觸交往，這樣就能使自己在人格、道德、學問方面受到好的薰陶，使自己具有更完美的理想和更高尚的情操，激發自己在事業方面的努力。

不去和周圍有才華的人接觸，實在是個極大的錯誤，這肯定會減弱社交對自己生命的益處。與一個能激發我們生命中真善美的人來往，其價值要遠勝於獲名獲利的機會，因為這樣的互動能使我們的力量倍增。

> 瞬間的感悟：在社會交往與他人的溝通交流中蘊藏著極大的效益，人脈即財富。

處理好堅持與變通

從前有兩個年輕人，一個叫阿聰，一個叫阿木，他們住在同一村莊，成為最要好的朋友。由於居住在偏遠的鄉村謀生不易，他們就相約到遠地去做生意，於是同時把田產變賣，帶著所有的財產和驢子到遠地去了。

他們首先抵達一個生產麻布的地方，阿木對阿聰說：「在我們的故鄉，麻布是很值錢的東西，我們把所有的錢換取麻布。帶回故鄉一定會有利潤的。」阿聰同意了，兩人買了麻布。細心的捆綁在驢子背上。

接著，他們到了一個盛產毛皮的地方，那裡也正好缺少麻布，阿木就對阿聰說：「毛皮在我們故鄉是更值錢的東西，我們把麻布賣了，換成毛皮，這樣不但我們的本錢回收了，返鄉後還有很高的利潤！」

阿聰說：「不了，我的麻布已經很安穩的捆在驢背上，要搬上搬下多麼麻煩呀！」

阿木把麻布全換成毛皮，還多了一筆錢。阿聰依然有一驢背的麻布。

他們繼續前進到一個生產藥材的地方，那裡天氣苦寒，正缺少毛皮和麻布，阿木就對阿聰說：「藥材在我們故鄉是更值錢的東西，你把麻布賣了，我把毛皮賣了，換成藥材帶回故鄉一定能賺大錢的。」

第十一章　友愛的力量

阿聰拍拍驢背上的麻布說：「不了，我的麻布已經很安穩的在驢背上，何況已經走了那麼長的路，卸上卸下太麻煩了！」阿木把毛皮都換成藥材，還賺了一筆錢。阿聰依然有一驢背的麻布。

後來，他們來到一個盛產黃金的城市，那充滿金礦的城市是個不毛之地，非常欠缺藥材，當然也缺少麻布。阿木對阿聰說：「在這裡藥材和麻布的價錢很高，黃金很便宜，我們故鄉的黃金卻十分昂貴，我們把藥材和麻布換成黃金，這一輩子就不愁吃穿了。」

阿聰再次拒絕了：「不！不！我的麻布在驢背上很穩妥，我不想變來變去呀！」阿木賣了藥材，換成黃金，又賺了一筆錢。阿聰依然守著一驢背的麻布。

最後，他們回到了故鄉，阿聰賣了麻布，只得到蠅頭小利，和他辛苦的遠行不成比例。而阿木不但帶回一大筆財富，把黃金賣了，便成為當地最大的富豪。

> 瞬間的感悟：只看到蠅頭小利的人是不懂得變通的。

自命清高是個大毛病

人都有驕傲的時候，可是，人不能在任何時候，任何環境中總是驕傲，一味的自命清高。現實中，對於某些人來說，最大的毛病就是自命清高、不合群、難與人相處。事實上，犯這種毛病的人，最多的恐怕還是知識分子。當然，並不是說，讀多了書，就一定會自以為是，目空一切。但是，相比之下，讀書人愛犯這種毛病，是值得大家反思和引以為戒的。

自覺得清高，大多出於心理原因，其動力就是虛榮心和自滿的心理。有

人說虛榮是落後的根源、驕傲的原因，並非沒有道理，正是虛榮心的作怪，人才往往欺騙自己，做出睜著眼睛說瞎話的傻事。不管是自覺的自視過高，還是未被察覺的不自覺的自視過高，都屬於自己未能真正了解自己的範疇。這種現象，表現在對於社會要求方面，就是對社會的期望過高；盲目的要求它有自己本不存在的種種優點和能力，能有理想中的回報。但是，由於這種期望本來就是建立在虛假基礎上的，所以最終的結果必然是難圓好夢，要求落空，於是隨之而來的就是懊喪、不平，以及對於社會和各種機會與人際關係的詛咒與抗爭。這種情況，在文學領域可能早就屢見不鮮了。李白當然不能說是無才，更不能說是愚盲，但他自恃才高蓋世，目空一切，與人不相容，鑽進了自以為一能百能、一通百通、「天生我才必有用」的死胡同，捲入政治渦流之中又難以自拔，所以也就必然要陷入孤芳自賞的迷魂陣，最後只能以悲劇而告終了。

看過《三國演義》和聽過京劇《失街亭》《空城計》《斬馬謖》的人，想必都熟悉馬謖這個志大才疏、自命清高，最終禍及自身的人吧。

馬謖是「馬氏五常」之一，幼負盛名，一直驕傲自滿，不可一世。劉備早就看出了這一點，所以在白帝城向諸葛亮託孤之時，就曾提出：「馬謖言過其才，不可大用。」可是諸葛亮卻沒有看透這位誇誇其談的紙上軍事家，就在與勁敵司馬懿交兵時，派他去負責軍事要地街亭的指揮工作。不過諸葛亮終究是諸葛亮，在馬謖出兵之前，他不但指派「老成持重」的王平當馬謖的助手，而且一再囑咐他：「街亭雖小，干係甚重。」並且請他安排就緒之後，立刻畫一張地理圖來，但馬謖自恃才高，一到街亭，他就大發議論，說是：「此等易守難攻之地，何勞丞相如此費心！」同時決定：就在山頂紮營。早把諸葛亮的囑咐丟到腦後了。

第十一章　友愛的力量

　　王平提醒馬謖不要忘記丞相的指示，按照街亭的情況來看，若紮營於山頂，實是死地。因為如果一旦魏軍切斷了我們汲水之道，大家成了「涸轍之鮒」，那就「不戰自亂」了。但馬謖板起面孔，擺出一副大前輩的身分，訓斥王平：「你懂什麼？如果魏軍真的圍困我們，並斷了汲水之道，那我們就是『置之死地而復生』了」。結果，魏軍一到，果然切斷水路，圍困馬謖，馬謖失去水源，久奪不得，後來無奈失去街亭，被諸葛亮斬首。自古以來，生活之中像馬謖之流可謂多矣。

> 瞬間的感悟：莫要學馬謖第二，做人要謙虛謹慎。

做人要善於忍耐

　　善於忍耐，是一種為人處世的本領。不會忍耐，就不會進步，而且有可能失去朋友。

　　事實上，不論是做什麼：政治、軍事、經商、科學研究……要想成功，都離不開「忍耐」二字。世界確實很大，但如果沒有忍耐力。在哪裡也做不長，就等於沒有你的安身之地。更談不上升遷了。拿經商來說，有句老話：「急不入財門。」你越是急著賺錢，倉促入市，越是賺不到錢。正如老約翰·洛克菲勒所說：「在商場上，成功的第一要素是耐心。」

　　在軍事上，因為不會忍耐而導致失敗的例子很多。

　　戰國時期，秦昭襄王四十七年，秦國派軍隊攻打趙國。趙孝成王派老將廉頗率兵抵抗。秦軍強大，趙軍連連失利。廉頗堅守壁壘，不論秦兵如何挑戰，皆不出兵。秦軍久攻不下，秦昭襄王十分著急。這時秦國相國范雎設了一個反間計，誘使趙王撤了廉頗，換上年輕將領趙括。趙括年輕氣盛，一到

任，就忍耐不住，出城反擊秦軍。此舉正中秦軍下懷，佯裝敗走。趙括親率大軍追擊，被秦軍一分為二，團團圍住。趙軍被圍兩個多月，斷了糧草，軍人互相殘殺而食。趙軍幾次突圍都被秦軍攻回去。趙括急了，親自率領士兵與秦軍搏鬥，被秦兵用亂箭射死。趙軍大敗，四十多萬將士被秦將一起坑殺（即活埋）。趙國從此一蹶不振。

俗話說：「忍字心頭一把刀。」忍耐，無疑是痛苦的。誰不想痛痛快快，速戰速決。可是，事物的發展、變化需要時間。時機不成熟勉強去做，難免碰釘子。人只有因勢利導才能成功，忍耐就是為了等待時機。

連動物也懂得忍耐，懂得等待時機。在印度境內的一個自然保護區，有一次工作人員觀察到，一隻母虎為了捕獲獵物，在草叢中潛伏了整整八個小時。如果牠不懂得這一點，就要餓肚子。

可以說，古今中外，凡能成大器者都善於忍耐。

趙王句踐「臥薪嘗膽」的故事是人們熟悉的，那不也是忍耐的強大作用嗎？能夠有所成就者，當初，大多要經受一段艱苦的忍耐時期。

忍耐，並不是消極的等待，而是審時度勢，在不動聲色中，積極的為日後騰飛做準備。

人際關係專家戴爾‧卡內基指出：「成功的人士當中，只有極少的例子是由於個人不平凡的才氣。大部分的人都是由於持續不斷的努力，才獲得成功。」

升遷之路與其他事業一樣，進展總是波浪式的、漸進式的。有時停滯不前，有時突飛猛進，然後又是緩緩前進……你必須有耐心。班傑明‧富蘭克林說得好：「也許你笨手笨腳，可是只要持之以恆，你就會看到效果不凡。」

第十一章　友愛的力量

瞬間的感悟：堅持就是力量，忍耐是等待黎明前的黑暗。

接納朋友的短處

俗話說：「人無完人，金無足赤」，誰沒有一些缺點或不足呢？

就說古代的四大美女吧，美得似乎不能再美了，但四大美女也有美中不足之處。西施腳太大，總穿長裙掩藏；王昭君是溜肩，總披斗篷蓋；貂蟬耳垂太小，總佩戴大耳環以補不足；楊玉環狐臭熏人，總靠溫泉浴洗去煩惱。她們風華絕代，美豔千秋，有不足才真實，有不足才顯完整。人們想像中的十全十美的人，是不存在的。

人際交往中的朋友，也是如此吧。

朋友總有長處，總有短處，十全十美的朋友是找不到的，因此懂得方圓交友的人是總是善於發現朋友的長處，寬容朋友的短處。

喜歡朋友的長處的同時，也要接受容納朋友的短處，唯有如此，才會有真實的、完整的朋友。否則，如果只喜歡朋友的長處。而不能接受朋友的短處，那朋友的長處也會變成短處，因為長處和短處都來自朋友本身，只要長處不要短處，就像只要手和腿不要指頭和腳一樣，結果什麼都得不到，朋友也就不是朋友了。

有一些人希望朋友無所不有，無所不能，作為一種期望本無可厚非，作為現實社會中的真實的人，那就不存在了。這一點，表現最突出的莫過於一些女孩子找男朋友的條件了。她們希望男朋友是一個完美的人：富如比爾蓋茲，猛似馬拉度納，權若小布希，這樣的人會在哪裡呢？所以，她們久久待在閨中人不識，總沒有期盼中的白馬王子前來。

有一些女孩子連男朋友的小毛病也容不得。比如吸菸，比如吹牛，比如不善表達，比如打呼等等，常常以點帶面，以一及十，以此及彼的數落、斥責這類小毛病，結果導致了兩人戀情的淡漠，甚至破裂。而對自己的小毛病竟渾然不覺，還以為是長處呢。小毛病固然需要改，但要講求方式方法，不能以此「全盤否定」，更不能由此導致「全面戰爭」。任何時候，求全責備都是不現實和不可能的。

在自然界中，一種動物（甲）被另一種動物（乙）所捕食或寄生而致死亡時，則動物乙為動物甲的天敵。友誼的天敵是很多的，如不良素養、庸俗習氣、輕率態度等。交友應克服這些缺點，同時也要注意朋友這些缺點，這樣才能交到摯友。

> 瞬間的感悟：朋友也是有優點和缺點的，不可求全責備。

藍色緞帶運動

我們很容易看到別人的優點。像某人很漂亮啦，工作能力很強啦，人緣很好啦，但我們很少能看到自己的長處及自己的價值。這也許是一種傳統教育下過度謙虛的表現，因為要嚴於律己，所以對自己的要求與批評就很多，期望也就過高。常常造成否定自己的心態；認為自己很多地方都不夠好，久而久之，就產生了自卑感，失去了自信心，認為自己的存在沒什麼價值，因而活得非常消沉，甚至厭世。

有鑑於此，十多年前，美國的布里居絲女士，發起了一個叫做藍色緞帶的運動，希望能在新世紀的時候，每一個美國人都能拿到一條她設計的藍色緞帶，上面寫著「Who I am makes a difference」，也就是「我可以為這

第十一章　友愛的力量

個世界創造不同的價值」的意思。她處處散發這樣的緞帶，鼓勵大家把緞帶送給家人和朋友，謝謝這些在我們四周的人。她也四處演講，強調每個人的價值。結果因為這些緞帶的傳送，引發了許多感人的故事，也改變了許多人的生命。

其中有一個故事十分發人深省：有一次這位女士給了一個朋友三條緞帶，希望他能送給別人。這位朋友送了一條給他不苟言笑、事事挑剔的上司，他覺得由於他的嚴厲使他多學到許多東西，另外他還多給了一條緞帶，希望他的上司能拿去送給另外一個影響他生命的人。

他的上司非常驚訝，因為所有的員工一向對他是敬而遠之。他知道自己的人緣很差，沒想到還有人會感念他嚴苛的態度，把它當作是正面的影響，而向他致謝，這使他的心頓時柔軟起來。

這個上司一個下午都若有所思的坐在辦公室裡，而後他提早下班回家，把那條緞帶給了他正值青少年期的兒子。他們父子關係一向不好，平時他忙著公務，不太顧家，對兒子也只有責備，很少讚賞。那天他懷著一顆歉疚的心，把緞帶給了兒子，同時為自己一向的態度道歉，他告訴兒子，其實他的存在帶給他這個父親無限的喜悅與驕傲，儘管他從未稱讚他，也少有時間與他相處，但是他是十分愛他的，也以他為榮。

當他說完了這些話，兒子竟然號啕大哭。他對父親說：他以為他父親一點也不在乎他，他覺得人生一點價值都沒有，他不喜歡自己，恨自己不能討父親的歡心，正準備以自殺來結束痛苦的一生，沒想到他父親的一番言語，打開了心結，也救了他一條性命。這位父親嚇得出了一身冷汗，自己差點失去了獨生的兒子而不自知。他從此改變了自己的態度，調整了生活的重心，也重建了親子關係，加強了兒子對自己的信心。就這樣，整個家庭因為一條

小小的緞帶而徹底改觀。

藍色的緞帶為什麼有這麼大的魔力？因為它是一個提醒，提醒我們看到自己的價值。提醒我們要接受自己、關愛自己。我們是可以創造奇蹟、創造不同的人，不論我們是誰，都有這樣的能力。也只有如此，我們才能看到這世界的美好、光明的一面，也才能生活得愉快，真正的去愛，去創造生命。

> 瞬間的感悟：每個人都有自身的價值，不要妄自菲薄，心靈在溝通中遇見了美好，愛足以改變世界。

忍者無敵

不少人的書房或者辦公室中都掛著一個大大的「忍」字，說明人們對「忍」的喜愛和認同。

在人們眼中，忍耐是一種美德，是一種成熟的涵養，更是一種以屈求伸的深謀遠慮。同時，忍耐也是人類適應自然選擇和社會競爭的一種方式。

做我們所高興做的事，做我們所喜歡而感到熱誠的事，這是很容易的。但是要全神貫注的去做那些不快的、討厭的，為我們的內心所反對的，但是我們又不得不去做的事，卻是需要勇氣、需要耐性的。每天懷著堅強的心，穩健的腳步，懷著勇氣與熱忱去從事我們所不想做的工作，從事我們內心反抗、只是因為義務而不得不做的事，日復一日這樣下去，真是需要英雄般的勇氣與忍耐力。

然而，定下了一個大目標，不管它可喜可厭，不管自己高興或不高興，總是全力以赴的人，最後總是能有好結果的。

工作是這樣，生活中也是這樣，我們總會碰到我們不願意卻又不得不做

的事情，這時就需要這種忍耐力。

在生活中，有許多無謂的爭端都是源於在小事上不能忍耐。一時不能忍，常常會鑄成大錯，不僅傷人，而且害己，這並不是什麼真正的勇士。凡事都能夠容忍，就算不是英雄，也是個能成大事的人。

忍耐並非是一種懦弱，而是一種修養，能夠忍耐人性中惡的東西，也是一種自我磨練。唐代高僧寒山曾經問拾得和尚：「今有人侮我，冷笑我，藐視我，毀我傷我，嫌惡恨我，詭譎欺我，則奈何？」拾得和尚說：「子但忍受之，依他讓他，敬他避他，苦苦耐他，裝聾作啞，漠然置之，冷眼觀之，看他如何結局？」這種大智大勇的生活方式，正是我們所提倡的。

生活中有許多事情，不用看得太重，人們只有在乎一件事情，才會覺得無法忍耐，如果把一些事情看得淡一些，不讓它們在我們心中留有重要的分量，有時，你就不會覺得是在忍耐了。這時，別人會認為你是在忍耐，而其實你是因為不在乎。這就是忍者無敵的道理。

> 瞬間的感悟：不管發生什麼樣的變化，人人都相信能堅持、能忍耐的人。只有能忍耐的人，才能夠適應各式各樣的環境，從而活得自在超脫。

杜絕輕率態度

有的人對友誼持一種極其輕率的態度，動不動就要與朋友絕交。友誼是應該珍惜的，不應該棄之如敝屣。輕率的絕交，本身說明了擇友的輕率。得來的太容易了，失去的就容易。信手可以拾起一塊石頭，必然會毫不顧惜的隨意把它扔掉。人們總是加倍珍惜來之不易的東西，沙裡淘金，千篩萬濾，所以人們格外珍重黃金。如果見人就是朋友，又怎麼能不隨時拋棄朋友呢？

實際上，黃金的可貴，除了稀少、難尋外，根本還在於它本身的價值。正如黃金一樣，友誼的本身也是極其可貴的，應該像愛護自己的眼睛一樣愛護友誼。友誼和健康一樣，當人們失去了它的時候，會更感覺到它的可貴。作為一個健康的人，對自己健全的肌體並不感覺到怎麼樣，並沒有驕傲和自豪之感。可是，他一旦失去了健康，便會深深的體驗到，健康是多麼寶貴，健康才是最重要的財富！友誼也正如朋友與朋友朝夕相處。並不覺得怎麼樣，一旦失去了友誼，就會備感失掉的東西的可貴。特別是當你遇到困難、挫折，遭到諷刺、打擊的時候，你就失去了往日朋友的理解、安慰和鼓勵，你會感覺到孤立無援的悲哀。當你身處友誼溫泉的時候，請珍重它吧！固然，我們並不一概反對絕交，在有的情況下，必須當機立斷，遷就姑息，猶豫不決，反而錯交朋友。例如，朋友成了敵人，成了壞人，小人，就必須與之一刀兩斷。總之，我們結交朋友，對待友誼，應以有利於個人健康成長為目的，使友誼成為我們共赴美好生活的促進力，使我們能在友誼的懷抱裡，心情愉快的學習、工作和生活。

許多人反而常常涉入這樣的誤區：好朋友之間無須講究客套。他們認為，好朋友彼此熟悉了解，親密信賴，如兄如弟，財物不分，有福共用，講究客套太拘束也太見外了。其實，他們沒有意識到，朋友關係的存續是以相互尊重為前提的，容不得半點強求、干涉和控制。彼此之間，情趣相投、脾氣對味則合、則交，反之，則離、則絕。朋友之間再熟悉，再親密，也不能隨便過頭，不講距離，不講客套，這樣一來，默契和平衡將被打破，友好關係將不復存在。因此，對好朋友也要客氣有禮，可以不強調自己的面子，但不可以不給朋友面子；和諧深沉的交往，需要充沛的感情為連結，這種感情不是矯揉造作的，而是真誠的自然流露。當然，我們說好朋友之間講究客套，並

第十一章　友愛的力量

不是說在一切情況下都要僵守不必要的繁瑣的禮儀，而是強調好友之間相互尊重，不能跨越對方的禁區。每個人都希望擁有自己的一片小天地，朋友之間過於隨便，就容易侵入這片禁區，從而引起矛盾衝突。譬如，不問對方是否有空或願意與否，任意支配或占用對方已有安排的寶貴時間，一坐下來就滔滔不絕的高談闊論，全然沒有意識到對方的難處與不便；一意追問對方深藏心底不願啟齒的祕密，一味探聽對方祕而不宣的私事；忘記了「人親財不親」的古訓，忽視朋友是感情一體而不是經濟一體的事實，花錢不記你我，用物不分彼此，凡此等等，都是不尊重朋友，侵犯、干涉他人的壞現象。偶然疏忽，可以理解，可以寬容，可以忍受。長此以往，必生間隙，導致朋友的疏遠或厭倦，友誼的淡化和惡化。因此，好朋友之間也應講究客套，恪守交友之道。

> 瞬間的感悟：朋友更需要以禮相待，真誠能夠讓友誼長存，禮儀能讓朋友輕鬆和歡悅。

灑脫人生，隨其自然

　　三伏天，禪院的草地枯黃了一大片。「快撒點草種子吧！好難看哪！」小和尚說。

　　「等天涼了。」師父揮揮手：「隨時！」

　　中秋，師父買了一包草籽，叫小和尚去播種。

　　秋風起，草籽邊撒、邊飄。「不好了！好多種子都被吹飛了。」小和尚喊。

　　「沒關係，吹走的多半是空的，撒下去也發不了芽。」師父說：「隨性！」

撒完種子，跟著就飛來幾隻小鳥啄食。「要命了！種子都被鳥吃了！」小和尚急得跳腳。

「沒關係！種子多，吃不完！」師父說：「隨遇！」

半夜一陣驟雨，小和尚早晨衝進禪房：「師父！這下真完了！好多草籽被雨沖走了！」

「沖到哪裡，就在哪裡發芽！」師父說：「隨緣！」

一個星期過去了。原本光禿的地面，居然長出許多青翠的草苗。一些原來沒播種的角落，也泛出了綠意。

小和尚高興得直拍手。

師父點頭：「隨喜！」

隨不是跟隨，是順其自然，不怨懟、不躁進、不過度、不強求。

隨不是隨便，是把握機緣，不悲觀、不刻板、不慌亂、不忘形。

不要幻想生活總是那麼圓圓滿滿，也不要幻想在生活的四季中享受所有的春天，每個人的一生都註定要跋涉溝溝坎坎，品嘗苦澀與無奈，經歷挫折與失意。

在漫漫旅途中，失意並不可怕，受挫也無須憂傷。只要心中的信念沒有萎縮，只要自己的季節沒有嚴冬，即使風淒屬冷，即使大雪紛飛。艱難險阻是人生對你另一種形式的饋贈。坑坑窪窪也是對你意志的磨礪和考驗。落英在晚春凋零，來年又燦爛一片；黃葉在秋風中飄落，春天又煥發出勃勃生機。這何嘗不是一種達觀，一種灑脫，一份人生的成熟，一份人情的練達。

這種灑脫人生，不是玩世不恭，更不是自暴自棄，灑脫是一種思想上的輕裝，灑脫是一種目光的朝前。有灑脫才不會終日鬱鬱寡歡，有灑脫才不覺得人生活得太累。

第十一章　友愛的力量

　　懂得了這一點，我們才不至於對生活求全責備，才不會在受挫之後彷徨失意。

　　懂得了這一點。我們才能挺起剛勁的脊梁，披著溫柔的陽光，找到充滿希望的起點。

　　一個人的性格，往往在大膽中蘊涵了魯莽，在謹慎中伴隨著猶豫，在聰明中展現了狡猾，在固執中折映出堅強，羞怯會成為一種美好的溫柔，暴躁會表現一種力量與熱情，但無論如何，豁達，對於任何人，都會賦予他們一種完美的色彩。

> 瞬間的感悟：豁達是一種人生的態度，但從更深的層次看，豁達卻是一種待人處事的思維方式。一切隨緣，灑脫自然。

用微笑贏得對方好感

　　現實的工作、生活中，一個人對人滿面冰霜、橫眉冷對，另一個人對人面帶笑容，溫暖如春，他們同時向別人請教一個工作上的問題，誰更能容易的得到幫助？當然是後者，相信任何一個人都會毫不猶豫的對他知無不言，言無不盡，問一答十。而對前者，很遺憾，恐怕就恰恰相反了。

　　一個人的面部表情親切、溫和、充滿喜氣，遠比他穿著一套高檔、華麗的衣服更吸引人們的注意，也更容易受到歡迎。

　　大衛是美國一家小有名氣的公司總裁，他還十分年輕。他幾乎具備了成功男人應該具備的所有優點，他有明確的人生目標，有不斷克服困難、超越自己和別人的毅力與信心；他雷厲風行，辦事乾脆俐落、從不拖沓；他的嗓音深沉圓潤，講話切中要害；他總是顯得雄心勃勃，富於朝氣。他對於生活

的認真與投入是有口皆碑的，他對於同事們也很真誠，講求公平對待，與他深交的人都為擁有這樣一個好朋友而自豪。

但初次見到他的人卻對他少有好感。這令熟知他的人大為吃驚。為什麼呢？仔細觀察後才發現，原來他表情嚴肅，很少露出笑容。

他深沉嚴峻的臉上永遠是炯炯的目光、緊閉的嘴唇和緊咬的牙關。即使在輕鬆的社交場合也是如此。他在舞池中優美的舞姿幾乎令所有的女士動心，但卻很少有人與他跳舞。公司的女員工見了他更是畏如虎豹，男員工對他的支持與認同也不是很多。而事實上他只是缺少了一樣東西，一樣足以致命的東西 —— 微笑。

因為微笑是一種寬容、一種接納，它縮短了彼此的距離，使人與人之間心心相通。喜歡微笑著面對他人的人，往往更容易走入對方的天地。

查理‧夏布曾經說過，他的笑容價值百萬美元。夏布當然知道原因何在，因為他的個性、勉力和親和力，正是他成功的要素。而他個性當中最讓人喜歡的，就是那種吸引人的笑容。

如果皮笑肉不笑呢？這千萬不可。這是騙不了人的。沒有人喜歡機械式的笑容，人們喜歡的是真正的、由心底發出的微笑。

美國密西根大學的一位心理學教授，曾對人的笑容進行過研究。他說：「面帶笑容的人，通常對處理事務、教導學生或銷售商品等行為，都顯得更有效率，也更能培育出快樂的孩子。笑容比皺眉頭所傳達的訊息要多，所以從教育的立場來說，鼓勵要比懲罰更為有用。」笑容具有無比威力 —— 甚至雖然沒有見面，亦是如此。電話公司在全美各地曾推行一個「電話威力」的活動，對象是以電話作為推銷工具的銷售人員。在這個活動當中，電話公司建議你打電話的時候保持微笑，你的笑容可以經由聲音傳達給對方。

第十一章　友愛的力量

羅伯是美國俄亥俄州一家公司電腦部門的經理。他知道如何在眾多申請者當中，找到一名合適的工作人選。

他談到：「我正急著為電腦部門物色一位電腦博士。最後，終於找到一名在各方面都合乎我們理想的年輕人，他即將從普林斯頓大學研究所畢業。我與他通過幾次電話，知道有好幾家公司也正與他洽談，願意聘請他去工作。那些公司當中，有好幾家的規模都比我們大，名聲也更響亮。所以，當他答應前來為我們公司工作的時候，我真是高興極了。後來我問他為何選中我們公司，他思索了一下回答道：『我想，大概是那些大公司的經理在電話中與我交談的時候，語氣都顯得冷淡，而且生意味道很濃，使我覺得就像正與他們談一筆生意。但你的聲音聽起來好像很高興跟我談話……顯得很希望我能成為你們公司的一分子。』所以，至今為止，我打電話的時候總是面帶笑容。」

另一家橡膠公司的董事長曾對卡內基說，根據他的觀察，人們做一件事的時候，除非能在做事當中得到樂趣，否則很難把事情做成功。這位橡膠業鉅子對「努力是達成願望的唯一途徑」這句古老格言，並不怎麼有信心。他說：「我知道有許多人成功，是因為他們在工作的時候都覺得很痛快、很有樂趣。但是，等事情一旦變成固定工作，原有的樂趣便消失不見，他們也隨之步入低潮。」

假若你一直期待別人與你在一起的時候，能有一段快樂時光，那麼，當你和他們在一起的時候，必會享有一段快樂時光。

對於不喜歡微笑的人，令他高興可以用這個方法：強迫自己微笑。獨處的時候，強迫自己吹吹口哨、哼個曲子或唱首歌，表現得好像很快樂的樣子。如此一來，就真的會變得高興起來。

「事情本無好壞之分。」莎士比亞說過，「是想法製造了好和壞之分。」

林肯也提到：「只要下定決心，大部分人都能變得更快樂。」

在封閉的辦公室裡獨自工作，不僅孤單，而且失去與人交往的機會。墨西哥的瑪麗亞，其工作性質就是如此。她對公司裡其他同事之間能彼此交談歡娛，感到十分羨慕。在她剛上班的第一個禮拜，每次走過大廳通道，總是羞怯的不敢正視其他的人。

幾個星期過後，她對自己說道：「瑪麗亞，妳不能老是等著別人來找妳，妳得出去和大家打招呼。」等下一次她走到飲水機旁邊的時候，便向碰到的每一個人打招呼，要露出最燦爛的笑容。方法馬上奏效，所有同事也都報以微笑和致意。頓時，整個通道顯得明亮起來，工作也不再那麼枯燥了。同事間由陌生而相識，有的更發展成為朋友，瑪麗亞的整個生活也變得富有生趣了。

以下是一位散文家的一段名言，希望你能有所體會。

「每次出門的時候，記得把下巴縮進去，把頭抬高，並且把胸部挺起來。吸一口燦爛的陽光，向朋友微笑問好、與人握手的時候要誠心誠意。別害怕被誤解，也別浪費時間想別人的事。先在心裡打算好自己要做什麼，然後，別再三心二意，就一直朝著目標直直前進。把精力用在有價值的大事上面，如此，日復一日你便發現在不知不覺當中，你已逐漸在實現自己的心願。在畫像中描繪理想中的自己，並且認定自己每時每刻在朝那個形象改變……想法的力量偉大無比，故要維持一種好的心態 —— 勇敢、坦白、明朗、愉快等。能正確的思考即是一種創造力。所有事物可經由意願而完成，每一個真誠的禱告都會得到應允。只要心裡堅持，事情就會如我們所願。記得把下巴縮進來，把頭抬起來，我們都像孕育在蠶繭內準備再生的蠶蛾。」

第十一章　友愛的力量

瞬間的感悟：微笑是人類最美麗的語言，是上帝送給人類最好的禮物。

以內涵打動名人

名人也是社會中人，人際互動中，由於工作、生活等事情，或許你需要和名人來往。

和名人來往，關鍵還要看你自身有沒有可以引起名人注意的內在素養和底蘊。各種關係只能是個管道，使你能進入名人的門檻，而能不能進一步得到他們的提攜、指引、幫助，這就需要你自己拿出一番工夫來。

倘若你僅僅是個追星族一樣的崇拜者，那麼接近名人之後不外乎請他簽個名，合個影什麼的，你還能得到什麼呢？倘若你是指望名人為你的人生成功助一把力，你就得首先在與名人相關的專業上下工夫，幾番磨練後，拿出點真東西以後向他們請教，和他們探討。名人也是懂得識人愛才的，一旦他發現你是個可塑的人才，沒準會愛才心切，主動為你提供很多寶貴的幫助和機會呢！

年輕的艾娜 16 歲時就特別喜愛寫小說，她的父母、老師也覺得這孩子頗具文學的天才。但她寫出第一部小說，自己送到一家出版社後，編輯沒怎麼看得上眼，就退了回來。

艾娜並不灰心。她開始動心思尋找打開出版的大門。於是，她透過學校的老師介紹，認識了某個文學雜誌社的知名作家兼主編。想不到作家仔細閱讀了她的作品後，大加讚賞，略做了修改之後，便向一家出版社隆重舉薦，並在自己的雜誌上開始連載。最後，艾娜的處女作順利出版，在讀者中引起了熱烈迴響。

這個故事說明，與名人來往不可徒具形式，你要憑自己真才實學打動名人，靠名人的臺階去跨進成功之門！

> 瞬間的感悟：自信能讓你踏入成功的門檻，借力可以成為你前進的能量。

有所為有所不為

中國有句古話：有所為就有所不為。的確，有所得，就必有所失。什麼都想得到，只能是生活中的侏儒。要想獲得某種超常的發揮，就必須揚棄許多東西。瞎子的耳朵最靈，因為眼睛看不見。他必須豎著耳朵聽，久而久之，耳朵功能達到了超常的功能。會計的心算能力最差，2加3也要用算盤打一遍，而擺地攤的則是速算專家。生活中也一樣，當你的某種功能充分發揮時，其他功能就可能退化。

世間上行業千千萬萬，哪行做好了都能賺錢。每天都有企業垮臺、破產，每天同樣也有新的企業誕生。經營任何一種行業的商人，你應經營你熟悉的主業，把它研究深、透，方能成為該行業的老大。

作為一個成熟的商人，你要學會放棄，那些你不熟悉的行業，千萬不要輕意進入，別人在賺錢，不要眼紅心動，否則，今天的投資，意味著明天的垮臺！

商人們：千萬不要有了點錢，就認為什麼生意都可做，什麼行業的錢都想賺！

很多人都夢想能擁有一份好工作，這份工作最好是能帶來財富、名聲、地位，為人稱羨。但事實上，在激烈的市場競爭中，已經沒有哪一種工作是真正的熱門行業，無論何種工作，都無法提供完全的保障。那麼如何以不變

第十一章　友愛的力量

應萬變，獲得一份較為實際同時又富含理想色彩的工作呢？以下建議，您不妨一試。

放長線釣大魚。求職就業，你不必總是盯著「熱門」。過去是「360行」，現在的行業工作更多，但沒有一種是永遠的熱門職業。而且隨著社會的變遷。舊的行業在不斷消失，新的行業又不斷產生。近10年來，就業市場中冒出不少新興行業，像投資顧問、物業管理規劃師、自由工作者等等，都吸引了大批就業人口。而一種新興的職業之所以能在就業市場中獨領風騷，是與社會經濟發展和人們就業觀念的轉變息息相關的。一開始，它也許並不是熱門，只是追求的人多了，才成了時尚。如果這時你想介入該行業，就應當充分考慮你的興趣、能力，你的就業磨合期、收益時限以及這一職業的未來前景。

其實，如今整個社會對於「職業貴賤」的觀念越來越淡，那些過去被人視為「下等人」做的工作，現在反而更能鍛鍊人的本領，發揮出個人的潛力。西方國家的許多大學畢業生，一開始沒有多少是按主修對口工作的，很多人是從推銷員、收銀員乃至在餐廳打工起步。然後一步步走上新的職位。比起「搶短線」的激進行為，在擇業中做「長線投資」似乎更為理智、更具個性。

以智慧求生存。時代在變，社會在變，我們正在從事的工作也在不斷變化，如何讓自己成為職場的「常勝軍」呢？你需要的是不斷「充電」。除了本行工作，你還應當熟知一些專業以外的事務。不僅要成為專門人才，還要把自己塑造成一個適合時代發展的複合型人才。這樣，你才能適應就業市場的需求。

個人主導生活。為了求得一份收入豐厚的工作，有不少人放棄了個人的興趣追求。工作時往往超負荷運轉，個人空間極小。從社會對勞動力的不同

需求來看，這種選擇無可厚非。但這往往並不是人們心目中最理想的選擇。賺錢當然是必要的，但人們除了工作之外，對其他事物也有追求，如自由的時間、良好的健康、滿意的人際關係和幸福的家庭等等。因此，一份相對自由的、能充分發揮個人聰明才智的工作，將越來越成為人們的首選擇業目標。這樣，人們就可能擁有更多靈活的時間，彈性安排自己的生活。這樣的工作才是個性化的、理想的工作。

> 瞬間的感悟：盜亦有道，人也要有所為，有所不為。

不要因小失大

春秋時期，齊國軍隊攻打魯國，中途要經過一個叫單父的地方。管理此地的是孔子七十二弟子之一的宓子賤。當地的百姓對宓子賤說：「田裡的麥子已經成熟了，請您准許百姓隨便收割吧。這可以增加國家的糧食收入，又不至於讓它們成為敵人的糧食。」一連三次，宓子賤都沒有批准。不久之後，齊國的軍隊就到達了這裡，這片麥子自然也落入了齊軍之手。

季孫知道此事之後十分生氣，他派人去責備宓子賤。宓子賤不滿的皺起了眉頭，說：「那些麥子今年沒有收割，明年還可以重新栽種。可如果讓一些平時不勞作的人得到了不屬於他的糧食，那可能會助長民眾的這樣一種心理：巴不得天下大亂，這樣就會有利可圖。以單父這裡一年的收成，收割與否對於魯國的糧食總量沒有什麼影響，可如果讓百姓產生了不勞而獲的僥倖心理，由此造成的禍患卻會延續數百年的時間。」季孫聽說後慚愧不已，佩服宓子賤的賢明和遠見。

在這上面這個例子中，如果為了屈指可數的一點物質利益而把民風搞壞

第十一章　友愛的力量

了，這就是因小失大，實在是得不償失的事。宓子賤顯然考慮得更為長遠，這豈是季孫可以相比的。

下面我們再舉一個因小失大的例子。

越王句踐擊敗吳國以後，越國大夫范蠡功成身退，更名改姓，做起了生意，後來累積了龐大的財富，因他定居陶地，所以人稱陶朱公。

陶朱公的二兒子在楚國殺了人，被囚禁於楚，范蠡的家人急死了，就想以范蠡自己的面子將兒子贖回來。但是，范蠡說：「殺人償命，這是天理，我的兒子也不能例外。但是我只有一個要求，就是讓他不要在街上示眾。」

於是就讓他的小兒子帶上許多的錢，放在一個麻袋裡，馱在牛車上。范蠡的小兒子正要上路，范蠡的大兒子說他可以替弟弟去，范蠡知道這個大兒子平時辦事能力並不強，有點捨不得花錢，就不同意他去，但是他的大兒子說：「家中的長子應該幫助父親做最重要的事，現在弟弟犯了法，你不派我去，而派小弟弟去，別人不會說我是個不良之輩嗎？」

說罷，就以死相逼，他的母親趕快來阻攔，說：「我看就讓他去吧，小兒子一個人去未必能救活，現在二兒子還沒有救成，就死了個大兒子，那不把我們的心都傷透了。」范蠡也只好同意他去。臨行之前，范蠡寫了一封信，要大兒子交給他的老朋友莊先生，並且囑咐他說：「到了那裡，把這裡帶去的黃金都交給莊先生，讓他代你處理，遇事千萬不要和別人爭論。」大兒子都一一答應下來。他家是一個權重家富的家庭，大兒子就又偷偷的帶著許多黃金。

這位大兒子到了楚國，好不容易才找到莊先生的住處，本來他以為父親所結交的這位莊先生一定也是非常富有的，哪知到了那裡一看，莊先生原來住在鄉村，房子七歪八扭，很不像樣，他穿過一大片野菜地才到了莊先

生的家。

范蠡的大兒子來到這位老者的面前，交上了書信，並且把車子上帶來的所有黃金都交給了莊先生，這位老者說：「你的事情辦好了，你趕快離開這裡吧，千萬不要停留，即使你看到你弟弟從監獄裡出來了，你也不要去問他。」他當時點頭，就告別了莊先生。

但是他並沒照莊先生所說的那樣去做，他覺得楚國這地方很好玩，再說弟弟還沒有放出來，自己回去又怎麼交代呢。這樣他就在楚國浪蕩起來了，在這期間結交了楚國的一些貴族，他們一聽說是范蠡的公子，當然對他非常熱情。他也就把自己私自帶來的黃金送給這些貴族。

這位莊先生雖然看起來很窮，但是他在楚國具有極高的威望，他的廉潔正直廣為人知，朝廷的一些大臣們都把他當作老師一樣對待。他接受了范蠡的金子，連一句拒絕的話都沒有說，這使范蠡的大兒子心裡有點不快，心裡嘀咕，這老頭也是一個貪財的人。

而莊先生根本不想要他的一文錢，他是把金子當做信物，待事辦成後，他還要如數奉還，他對妻子說：「這是陶朱公的金子，如果我以後死了，來不及交給他，你一定要幫我交給他，一點也不要動。」

不久，莊先生找到一個適當的機會入宮晉見楚王，他說：「昨夜臣觀天象，發現有一個星宿的位置有些異常，這將有害於楚國。」

楚王一聽忙問：「該怎麼辦？」

莊先生沒有直接回答，而是說：「古人常講只有積德行善才能避禍消災。」

楚王想了想，若有所悟，便客氣的說：「先生請回吧，寡人知道該怎樣做了。」

第十一章　友愛的力量

楚王馬上傳下旨意，封存所有的國庫。

曾受過長子賄賂的楚國貴人聞訊，連忙告訴他說：「楚國將要實行大赦。」

長子問：「何以見得？」

貴人向他解釋道：「每次大赦前，都要封存府庫，楚王昨晚已派使者封存國庫了。」

范家大兒子聽後高興極了，自己的弟弟就要出來了，父親不是擔心我不會辦事嗎，我這不是辦得很好嗎？但是又一想，我弟弟出來，這是國王的恩賜，那老頭白白的拿了我那麼多的黃金，這還了得。他越想越不是滋味，於是就登門去要回先前的錢財。

他來到了莊先生家，莊先生大吃一驚，「你還沒走？」莊先生問。

范家大少爺說：「我有點事還沒來得及走，我聽說準備大赦，我的弟弟馬上就要出來了，我特地來向您老辭行。」

莊先生明白他的意思，就冷冷對他說：「你把帶來的黃金帶回去吧。」他也不客氣，就到後屋裡取走了黃金，他駕著牛車，乘著月色，口中哼著小曲，心裡高興極了：我的事辦成了，但是一分錢又沒有花，回去後，爹娘不知怎麼誇我是好呢。這回他算錯了，范家大少爺走後，莊先生感到心裡很窩囊，我活了這麼大歲數，被這小子給耍弄了，這口氣他實在嚥不下去。

於是他又去面見楚王，對他說：「我上次說了星象不好那件事，大王果然要用做好事來破壞這星象，這太好了。但是我在外面到處聽到人們這樣說，陶朱公的兒子殺了人被囚禁在我們楚國，他家拿了許多錢來賄賂我們楚國的大臣，你知道陶朱公是一個多麼富有的人，所以人們都說，大王你不是為了憐憫同情人民才實行大赦的，而是為了陶朱公的兒子。」

　　楚王一聽大怒：「陶朱公再富，與我何干，我們楚國難道稀罕他那幾個錢？」就下令將范家的二兒子先殺死，然後再實行大赦。

　　這位一向精明的范家大兒子這時可像個洩了氣的皮球，他踏上了歸程，有氣無力的駕著牛車，父親給他的黃金當然如數在，但是他的車裡又多了一件東西，就是他弟弟的屍體。

　　他到了家，他的母親和遠近鄰居看到范家二兒子的屍體，都很悲痛，唯有陶朱公一人不但不哭，反而大笑不已。人們問他笑什麼，他說：「我知道他這一去，他的弟弟一定會死，他不是不愛他的弟弟，只是他捨不得花錢。他小時候和我在一起，我們吃盡了苦頭，知道謀生的艱難，所以他生活非常節儉。至於他的小弟弟，他出生以後就看到我萬貫家財，他只知道盡情的享樂，出門乘好車，騎良馬，花錢就像流水一般。我派小兒子去，就是看他捨得花錢。而大兒子硬是要去，並以自殺相要脅，我只好讓他去。他這一去，我就一直在等我二兒子的屍體回來。這是事情的常理，沒有什麼好悲痛的」。

　　瞬間的感悟：對於陶朱公的家庭而言，千金絕對算不上一個大數目，而且千金的目的在於救人，那麼這千金更算不得什麼了。可是，陶朱公的長子由於過分看重金錢，結果害了自己弟弟的命，這就是因小失大的惡果。

待人要真誠，方直感人

　　莎士比亞對社交曾經有一段精闢的論述：「對眾人一視同仁，對少數人推心置腹，對任何人不要自負。在能力上應能和你的敵人抗衡，但不要爭強好勝，炫耀你的才幹。對朋友要開誠布公，寧可讓人責備你木訥寡言，不要怪你多言好事。」這也是社交的人際原則。

第十一章　友愛的力量

　　與人相處，是你生命的亮點，它不僅照亮你，也讓身邊的人感到光豔奪目。別人也許會因為深沉的目的而選擇孤獨。當然你的社交自然有著自己的特點，有的人社交重心在於事業，有的人社交重點更多的展現在情感。

　　人們學社交，人們在社交的舞臺上表演自我，都必須懂得它的規則、它的藝術。和不同的人打交道，在不同的場合散發你與眾不同的魅力，如一句諺語中所描寫的一樣，社交中的人是「香氣四溢的花叢中，自然有蜜蜂像雲朵一般的聚集」。正如眾所周知的，沒有社交的人是可憐的。

　　為什麼不要交際？交際，是人類的基本需求。隨著社會的進步，人們參加社會活動的機會越來越多，那麼從社交中，你應該明白你要在交際中獲得的東西。

　　朋友間來往，最重要的是要真誠。隱瞞自己的真實想法而用虛假包裹自己是一種不真誠的行為，是社交原則所不容的。所謂待人真誠是指真心幫助他人，不在社交中為謀私利而矇騙他人，這一點是互動的基本原則。操縱自己的情緒並不與上述目的相悖。可能是為了幫助別人，也可能是為了讓正常的來往得以維持和發展，或者只是為了防止自己遭受損害。雖然不真誠的人必定要掩飾自己的情緒，但反過來，操縱自己情緒並不一定就是不真，關鍵是動機是否善良。況且，操縱自己情緒並不排斥在對對方有所把握時流露出自己的真實情感，以達到情感溝通的目的。

　　一個互動對象，不可能方方面面都與你的態度一致。對某一事物，彼此可能會有不同的情緒，難道非得表露出這種不一致的情緒才算真誠嗎？相反，你克制一些反而更好，因為「不一致」是必然的。何況，在許多彼此不一致的地方，一般無關大局。

　　在互動之前，要培養良好的行為習慣。行為習慣有很多方面，如動作、

語言、表情等。不同性格的人，對行為習慣有不同的偏愛。比如一個文靜的人，希望對方彬彬有禮。一個活潑開朗的人，則希望對方落落大方。

如果說，你要與各式各樣的人交往，那你最好學會各式各樣的行為方式。對於大部分人來說，他們的社交期望主要是針對某一些人，那麼你就應學會這類人偏愛的某種行為方式。要做到這一點，你得先仔細觀察，然後分析，歸納，得出一般性的結論，再根據這一結論去訓練自己的行為。

分析評判他人與分析評判自己是相輔相成的兩個方面。一個人，一方面透過他人的評判來認識自己，另一方面則依賴自己的內心活動、行為表現和情緒狀態來認識自己。在逐漸認識自己的過程中，對他人的認識也會有所提高。

分析自己的目的在於了解自己的需求，了解自己的類屬，了解自己在哪些方面容易進行感情交流，了解自己的能力和可能給人的幫助，了解自己對手等。因為這些是社交活動的基本因素。

困難的地方在於自己的某種需求、某種狀態並不是自己能意識到的，有時對自己意識到的東西還會做出錯的導向。比如，在青少年時期，人們的心裡話想找一個人訴說，但卻不想與父母說，為什麼呢？因為他們意識到父母太嘮叨了，不理解他們，哪怕是一個頗有素養的、很受學生信賴的教師，他在其子女前也會碰到不受子女信賴的問題。其實，根本原因在於青少年獨立意識增強，潛意識中要求擺脫家庭走向社會。所以，對自己的分析不能僅依賴於自己的意識，還應當聽聽別人對自己的評價。

有些時候，自己表現出來的行為自己也說不清。走在路上，會對毫不相關的男性看上幾眼；在某些人面前會突然變得滔滔不絕或局促不安。自己能感覺到行為異常，但似乎並不是意識支配下發生的。

第十一章　友愛的力量

在情緒方面，我們對哪些事物發生興趣，便會給予更多關注？當與他人來往時，哪些人使自己高興或不快？哪種語言對自己印象深刻等等。

透過對這些行為和情感的累積，就可以大致分析出自己是否能平等待人，是否真誠，有什麼樣的社交期望，希望人家肯定自己等等。

簡而言之，就是透過各種交往途徑了解自己真正具備的社交素養。潛意識支配下的行為和自己的情緒是認識自己的重要窗口；他人對自己的評價，是評價自己的重要參照。但是應當警惕，由於自己追求美好的願望，往往也容易給自己造成假象。

當我們了解自己的情況後，就應透過意志的努力和意識的調整，使自己變得更好。

> 瞬間的感悟：先開放自我，你就能成功的打動別人。

讚揚的力量

世界上沒有哪個人喜歡知識貧乏的人，只有學識豐富，思想敏銳，興趣廣泛，才能提高自我價值，吸引眾人。

愛好和興趣是相識他人、廣交朋友的一個很好的媒介。如果你喜詩愛畫，能歌善舞，集郵、攝影、體育樣樣都能懂一些，你就與別人有了共同的情趣，共同的語言，共同的心聲，無形中也在你和他人之間逐漸架起了一座友誼的橋梁，別人對你也將會逐漸產生好感。

欣賞和讚揚是所有的人都歡迎的東西，馬斯洛的層次理論認為，自尊和自我實現是一個人較高層次的需求，它一般表現為榮譽感和成就感。而榮譽和成就的獲得，還須得到社會的認可。而讚揚的作用，就是把他人需要的榮

譽感和成就感，拱手相送到對方手裡。當對方的行為得到你真心誠意的讚許時，他看到的是，別人對自己努力的認同和肯定，從而使自己渴望別人讚許的動機在榮譽感和成就感接踵而來時得到滿足，從而在心理上得到強化和鼓舞，養精蓄銳，更有力的發揮自身的主觀能動性，向著自己的目標前進。

我們日常生活中最常常忽視的許多美德中的一項，就是對別人表示欣賞和讚揚。當我們的兒子和女兒帶回一份好的成績單的時候，我們竟然忽視掉，而沒有對他或她加以讚揚，或者是當他們第一次成功的做出一塊蛋糕或做好一個風箏的時候，我們卻沒有給他們一番鼓勵。沒有任何東西比父母對子女的這種關注和讚揚，更能使他們感到快樂了。

下一次你在餐廳吃到一道好菜時，不要忘記說這道菜做得不錯，並且把這句話傳給廚師。而當一位奔波勞累的推銷員向你表現出禮貌的態度時，也請你給予他讚揚。

每一位傳教士、教師以及演講的人，都曾經歷過掏出肚子裡所有的東西，卻沒有得到聽眾一句讚揚的話而洩氣的情形。

那些在辦公室、商店以及工廠的工作人員，還有我們家裡的人和朋友，也會遭遇這種情形了。

在人際關係方面，每個都渴望別人的欣賞和讚揚。

瑪麗作為一名見習店員，在熙熙攘攘的紐約雜貨商店裡忙碌了整整一天，累得精疲力竭。她的帽子歪向一邊，工作裙上沾滿了點點汙漬，雙腳越來越疼，裝滿貨物的托盤在她手中也變得越來越沉重。她感到疲倦和洩氣：「看來我似乎什麼也做不好。」

瑪麗好不容易為一位顧客開列完一張繁瑣的帳單，這家人有好幾個孩子，他們三番兩次的更換冰淇淋的訂單。

第十一章　友愛的力量

　　瑪麗真的準備放棄了。

　　這時候，這一家人的父親一面遞給瑪麗小費，一面笑著對她說：「做得不錯，妳對我們照顧得真是太周到了！」

　　突然之間，瑪麗的疲倦感就無影無蹤了。她也以微笑回報。後來，當經理問到她對第一天的工作感覺如何時，瑪麗回答說：「很好！」

　　那幾句讚揚似乎把一切都改變了。

　　如果幾句話就能給人們帶來這樣的滿足，我們為什麼不這樣做呢？

　　在你每天所到的地方，不妨多說幾句感謝的話，留下一些友善的小小火花。你將無法想像，這些小小的火花如何點燃起友誼的火焰，而當你下次再到這個地方的時候，這友誼的火焰就會照亮你。

> 瞬間的感悟：請不要吝惜你的讚美和善意的言語，因為它會讓這個世界更溫暖。

第十二章　每天進步一點點

習慣的力量

習慣決定健康，要有好的身體，必須養成好的習慣。

要有良好的睡眠習慣，切莫隨意造成自己的「生理時鐘」紊亂。最忌諱的是今天熬夜到三更，明天卻蒙被睡至正午。人體都有一個神祕的「生理時鐘」，起居無常容易打亂「生理時鐘」，會導致自己精神萎靡不振，內分泌系統失調，甚至免疫能力下降……這種無規律的起居行為是否已引起足夠重視？睡眠是健康的保證，它比飲食還要重要，因為它能對大腦和整個神經系統進行調節。莎士比亞曾把睡眠比喻為「生命筵席」上的「滋補品」。主動剝奪睡眠的權利是殘殺健康，被動剝奪睡眠的權利是無言的痛苦。一個人睡眠不足後患無窮，會嚴重影響身心的健康。民間說：「養生不覓仙方覓睡方，春夏宜晚臥早起，秋冬宜早臥晚起，『先睡心，後睡眼』，頭北腳南睡得香。」是非常有科學道理的。睡眠好則身心爽快，因為一覺良好的睡眠可以使百病消。

要有合理飲食的好習慣。每個人對食物的需求量都不一樣，問題的關鍵不在於每天吃多少，而在於攝取食物中脂肪和纖維的含量多少。多吃有益健康的穀物、蔬菜和水果，少吃有害健康的高脂肪肉類和油炸食物，則精力充沛，身體健康。別企求餐餐山珍海味，普通食品往往是護身的良藥。不要為加工精細的美食而叫好，粗糙的雜糧往往更有益於健康。

第十二章　每天進步一點點

　　合理膳食是健康的關鍵。俗話說，民以食為天。合理的膳食能確保自己的健康。不僅能使自己身材優美，而且使體內膽固醇適中，血脂也不會升高。每天喝一杯牛奶能補鈣，飯前喝湯，胖的能變瘦了；飯後喝湯，瘦的也能變胖了，食物有粗有細，七八分飽，科學的日常膳食勝於任何藥補。要有吃早餐的好習慣。一覺醒來已是太陽高掛，匆匆忙忙餓著肚子就去上學或者上班，頭暈眼花已是無可避免。肌體養分的有機補充常置於腦後，豈不知長此以往就會損害健康。人們知道每天應有高能量早餐，可是又總是經常不屑一顧，於是造成肌體養分的不足。

　　注意飲食衛生，警惕「病從口入」。自己不要太嘴饞，什麼東西都想吃！吃壞肚子事小，斷送生命事大。「進口」把關需要嚴謹，香草毒藥須分清。糊塗進食，折騰自己。食有節制，口有禁忌。不是什麼東西都能吃的，要善於克制自己的欲望。

　　千萬別把藥當飯吃。凡藥總有副作用，豈能當飯吃？一生總抱藥罐子，自己健康何時有？千萬別把藥當飯吃，強身鍛鍊最重要。自己無病吃補藥，自己有病吃貴重藥，雖然口福真是不「淺」，只是未必有益健康。養成適當運動的良好習慣。適當的運動，是健康的保證。陽光、空氣、水和運動，這是生命和健康的泉源。走路是世界上最好的運動，步行不僅能使自己體型健美，而且能夠有效的預防糖尿病，能夠改善自己的神經系統，並且能夠預防動脈硬化、降低血壓和膽固醇，同時使情緒經常保持愉快的狀態。步行應當有恆、有序和有度。

　　強身健體的目的是為了讓自己有一個健康的身體，從而使自己提高生活的品質，並充分的享受生活。大量的醫學統計資料顯示，如果一個人堅持適量的鍛鍊，維持正常的體重，同時注意日常的飲食，那麼其體質就好，而生

病的可能性就會減少。反過來說，如果一個人生活無規律，根本不講究養生之道，精神憂鬱，有點小毛病就亂吃藥，心胸狹窄，脾氣惡劣，並且基本上不參加任何體育鍛鍊，那麼這種人不但體弱多病，而且容易夭亡。所以說，科學的生活，科學的學習和工作，對人生是非常重要的。

不良習慣是肥胖的禍首。肥胖基因並非是發胖的根本原因，不良習慣才是肥胖的罪魁禍首。體育運動的嚴重缺乏，加上食品的豐富攝入，是導致自己肥胖的主要原因。自己在盡情吃喝的時候，肥胖症也悄悄纏繞上來。要想自己苗條又健康，自己的合理飲食要牢記，加強鍛鍊絕對不可忘。多吃蔬菜和魚類等食品，避免吃糖分過高的食品。無知是健康之敵。自己不懂醫學知識；自己不知身體語言；自己不會預防疾病；自己不善調理飲食；自己不講修身養性；自己不思學習進取，那麼這種消極的人生最損害身體的健康。一個人無知就會盲目生活，而且身體最容易出大毛病。會學習、會工作，也要會休息。有些人對學習、工作如痴如醉，其信念是「學習、工作至死無悔」，其名言是「學習、工作就是快樂」。但勞累過度往往是得不償失。我們總得遵循客觀的自然規律，總要去順應人體的生理時鐘。自己讓身體得不到充分的休息，讓心理得不到應有的調整，那麼生命就會衰竭，學習、工作能力就會喪失，這豈不是得不償失！

如果一個人長時期處於緊張和疲勞的狀態，就容易損害自己的健康，特別是自己處於考試等特殊時期，更應該注意適當的自我放鬆。無論在什麼時候，都不能自己給自己施加壓力，自己恐嚇自己。要充分意識到緊張的危害性，及時走出緊張的沼澤地。不管自己緊張不緊張，事情還是原來這個樣子。適當的放鬆，反倒能夠幫助自己擁有良好的心態，從而使自己的才能發揮得更好。自己越緊張越會煩躁，越會喪失信心，越會失去理智，結果什麼

都做不成。

> 瞬間的感悟：習慣既決定命運，又影響健康。有些人因為沒有注意到自己
> 的不良習慣會影響健康和命運，於是只能在無知中生活。而許多人已經注
> 意到這個問題，所以，能夠不斷的克服自己的不良習慣。

學會欣賞自己

　　自己能夠欣賞自己的人，就不會讓自己的心理陰暗。一個人總是背向太
陽，那麼其心靈都會發霉。一個背向太陽的人，只會看見自己的陰影，就連
別人看他，也只能看見陰暗的一面，並且連快樂也會躲到背陰處。當然，他
去看別人，也是陰暗的、否定的。一個面向太陽的人，儘管自己有些灼眼，
卻是很燦爛的，自己覺得很開心，連別人也能感染這種感覺。

　　一個人的精神健康很重要，我們經常要讓自己的心靈「晒太陽」。能夠
正確的評價自己，能夠客觀的評價環境，就能夠明智的調整自己的心態。能
夠樂觀的看待人生，能夠愉快的與人互動，就能夠積極的消除自己的心理壓
力。能夠承受學習工作和生活的負擔，能夠擁有充分的自信和自強能力，就
能夠經受任何困難和挫折的打擊。能夠冷靜聽取別人的意見，能夠理智分析
別人的批評，就不會在意別人的評價。

　　心理健康的人能夠經常自己欣賞自己，而一個心理不健康的人，卻會萬
念俱灰。所以說，一個人心理健康要比肌體健康更重要。因為心理不健康，
其肌體也難保健康。身安不如心安，心不安身無寧。「太上養神，其次養形。
心能藏神，有身才有形。」「心有千載憂，身無一日閒。」「衣食足則形樂而
外實，思慮多則志苦而內虛。」譬如春秋伍子胥一夜愁白頭髮，《紅樓夢》裡

林黛玉憂鬱早亡。

　　如果經常能夠自己欣賞自己，那麼就能夠清除不必要的煩心。煩心會降低一個人的免疫力，並且往往使一個人失去生活的勇氣。會欣賞自己的人，就不會總去想那些煩心的事情，那些煩心的人。我們不必為明天的煩惱而整天憂心忡忡，也不必為昨天的遺憾而沖淡歡樂。多想現在的每一份快樂，值得想的事情就會越來越多。譬如今天的服裝會感覺很漂亮；今天的心情比哪天都要好；今天的飯菜比哪天都可口；今天的聚會比哪天都開懷；今天的花卉比哪天都絢麗；今天的演講比哪天都成功。欣賞自己今天的生活，能讓一個人快樂起來。豁達的人也能夠自己欣賞自己。一個人心底無私，便會心胸寬廣。一個人處世達觀，便能歡樂常有，那麼就能延年益壽。假如一個人經常小肚雞腸，便會凡事斤斤計較，結果煩惱纏身。一個人不耐煩瑣事，不能承受痛苦，那麼就會災禍不斷。

　　學會適當的自我欣賞，就不能有太多的痛苦包袱。要善於忘記痛苦，適時讓心靈沐浴快樂至關重要，否則影響自己的健康。人有痛苦十分正常，人無痛苦倒是異常。人生不在於痛苦多少，而在於能否及時宣洩痛苦。痛苦有大痛與小痛之分，痛苦有長痛與短痛之別，有時痛苦僅是人們的一種感覺。自己總在痛苦堆中不能自拔，這種人生就失去了意義。

> 瞬間的感悟：多看到自己的長處，欣賞自己，樹立自信。

知錯就改

　　誰都不能擔保一輩子不犯錯誤。人非聖賢，豈能無過。在一個地方跌倒能爬起來，是勇敢的聰明人。而在同一個地方再次跌倒，則是懦弱的愚蠢

人。有一失就有一得，錯誤雖然會讓人付出代價，但卻使人汲取教訓，並且去累積經驗。一個人偶爾犯一點錯誤是可以原諒的，但是屢次犯錯誤則是不可寬恕的。所以，千萬別進入錯誤的惡性循環，一個人有錯就改，是為了以後不去犯錯誤。

沒有一個人是不犯錯誤的，問題不是去犯第一次錯誤，而是要知錯就改，並且確保以後不去犯錯誤。因此，我們要力戒爭強好勝的心理，要謙虛謹慎的去學習、工作和生活。如果學習不是為了踏實求知，而是賭氣為分數的高低，那麼這是世上最愚蠢之人，並且學習也容易出錯。如果做事不是為了尋求圓滿成功，而是追求虛妄的榮譽，那麼這種功利色彩極濃的行為，只會深深的損害自己，並且工作也容易出錯。要適當引導自己的好勝心，為情所動，多是心浮氣躁的盲舉。別把他人是否滿意當作人生標準。

> 瞬間的感悟：承認錯誤，改正錯誤，還可以減少你的損失；否認錯誤只能讓你無法自拔。

少年勿輕狂

生活中處處都有老師，以人為師得學問，也不容易犯錯誤。孔子曰：「三人行必有我師焉。」要知道我們每天遇到的人，每天所接觸到的事情，每次得到的經驗和教訓，都是自己最好的學習內容。只要我們抱著虛心好學的態度，只要我們細心的觀察世界，那麼我們隨時隨地都能得到知識，這樣日積月累下來，我們就會變成一個很有學問之人。

以人為師的人，也到處受歡迎。以人為師的人，往往是那種「寬闊胸襟，光明正大，親切待人，寬宏大量，富有同情心，承擔責任，尊重別人，

相互協調，不添麻煩，幽默輕鬆，開朗爽直，自信自強，情緒穩定，從不指責，工作學習加倍努力」的人，他們更具有魅力，受到大家的親近和信賴。

而以我為師的人，不僅被別人所厭煩，而且經常容易出錯、鬧笑話。那種「好大喜功，盲目衝動；自以為是，獨斷專行；虛榮逞能，死不認錯；個人好惡，主觀行事」的人，肯定要不斷的犯錯誤，並且即使自己犯了錯誤，也死不認錯。所以，要隨時檢點自己的一言一行，發現自己的過錯要及時糾正。那些刻意遮掩自己有害的行為，只會助長一個人更加放縱的心理，對於自己的健康成長毫無益處。一個人有了壞毛病並不可怕，關鍵是要堅決的改掉。

少年的狂妄會斷送一個人的前程，而且也特別容易犯不該犯的錯誤。一個狂妄之人，要麼是徹底的自大，要麼是徹底的自卑。狂妄與瘋狂總是相連的，於是就會產生無禮之舉、愚蠢之言。狂妄就會像瘋狗一樣亂咬人，一下子言過其實，一下子又出言不遜。許多人不能成功，總是被失敗所纏繞，主要源於自己太狂妄。

> 瞬間的感悟：年輕人哪有狂妄的資本，我們千萬不能去做狂妄之輩。

能吃勤奮的苦

「書山有路勤為徑，學海無涯苦作舟。」成功是天分、勤奮和機遇的結晶，而且勤奮的因素占了絕大多數。假如一個人很有天賦，卻不肯好好努力，只會靠天吃飯，那麼也會一生碌碌無為。勤奮是自己的事情，可以自己把握。如果自己天性愚笨，卻時時勤奮向上，每天努力不止，笨鳥先飛也一樣的會有出息。

第十二章　每天進步一點點

　　為什麼很多自恃聰明的人，一生沒有任何成就？關鍵在於他們從來不肯勤奮努力。要相信自己就是一個天才，但是天才來自於勤奮。為什麼天才多是勤奮的產物？因為勤奮能夠帶來知識、智慧和成功。沒有埋頭苦幹，沒有智慧思考，任何的聰明都是徒勞的。要相信只有透過自己不懈的努力，才能獲取成功的桂冠。俗話說：「早起的鳥兒有蟲吃。」笨鳥先飛早入林，不是天才也會變成天才的。所以，不管一個人的原本基礎有多差，只要自己努力、努力、再努力，一定能夠獲得學習和事業上的成功。

　　勤奮是每天必做的功課，切莫有任何不勞而獲的想法。自己收穫的果實最甜美，也最令人珍惜。不用努力而獲得的東西，只有「貧困」和「低賤」。不勞而獲表面看是一種享受，實際上是作踐和損害自己，一個人一旦脫離了勤勞，也就如同廢物一般了。不勞而獲會磨滅人生奮鬥的意志，會摧毀自己美好的前程。勞動是美德，是光榮的，學習是自己終身幸福的保證。

　　不學不做的人生，肯定沒有任何收穫。學習也好，做事也好，切不可以運氣來決斷。儘管好運氣會有好的開頭，但要想學業與事業有成，必須依靠自己的刻苦努力。憑運氣是一種投機取巧的心理，自己只能碰巧得逞一時，卻無法長久支撐下去。

　　學習與做事的最高智慧，莫過於時時勤學實做和不斷思考。學習與做事不能單憑運氣，必須踏踏實實，這樣才能大有作為。成功者多擁有三大法寶，「有誠志，求新知，貴恆心。」有誠志，就會從逆境中崛起，做人無志氣，一生受欺凌。求新知，就會天地寬廣，越學越博學，越學越謙卑。

> 瞬間的感悟：貴持恆心，就會有持續不斷的努力；半途而廢常常是悔恨的朋友。

珍惜你所擁有的

人皆凡人，無論多麼平凡的生命，皆應不卑不亢，享受你所擁有的。在屬於你的天地，舞出最美的旋律。

有一個很小很小的山峰，它總是認為自己很卑微，有一天，它自慚形穢的向上帝訴苦說：「上帝啊！你為什麼讓我生得這麼渺小可憐呢！放眼世界，幾乎任何一塊土地都比我長得高，別人總是巍然而立，高高在上，懸至聳入雲端，顯得那麼壯觀偉大。而我卻孤零零的臥在地面，乾旱時高不了多少，下雨時還要擔心被淹沒。請您要不將我提拔成喜馬拉雅山，要不就將我毀滅吧！因為我實在不願意這樣可憐的活下去了。」

「且看看你周圍的海洋，它們占地球總面積的四分之三，有四分之三的土地在海洋下面，它們吸不到一點新鮮空氣，見不到半縷和煦的陽光，尚且不說話，你還有什麼要抱怨的呢？」

小山峰頓悟：「請饒恕我的愚蠢，維持我崇高的卑微吧，感謝上帝，我已經滿足了！」

現實生活中，有些人總是太妄自菲薄，自暴自棄，缺乏信心，總認為自己無能，總覺得自己比他人「低一等」，這也不行，那也不行，徹底看扁了自己，不知道珍愛自己已經擁有的，這是不會愛自己的表現。

哲人說：「學會愛自己是人世間最偉大的一種愛。」從某種意義上說，愛自己既可以說是人的一種天然的本能，又可以說是人在發展過程中獲得的、自我尊重的一種基本人格品格。

愛自己，不允許我們苛求自己，輕視自己，甚至虐待自己，而是要我們在最痛苦無助、最孤立無援的時候，在必須獨自穿行漆黑的雨夜，沒有星光也沒有月華的時候，在我們獨立支撐著人生的苦難，沒有一個人能為我

們分擔的時候，自己給自己送一束鮮花，自己給自己一個明媚的笑臉。然後，懷著美好的預感和吉祥的願望活下去，堅韌的走過一個又一個掌聲如洗的清晨。

愛自己，就要珍愛自己所擁有的。

> 瞬間的感悟：人皆凡人，無論多麼平凡的生命，皆應不卑不亢，享受你所擁有的，在屬於你的天地，舞出最美的旋律。

一生做好一件事

一個人的精力是有限的，把精力分散在好幾件事情上，不是明智的選擇。一生做好一件有意義有價值的事足矣。

中國古代的鑄劍師為了鑄成一把好劍，常常在深山中潛心打造十幾年。有道是：「十年磨一劍。」一個人的精力是有限的，把精力分散在幾件事情上，不是明智的選擇。一生做好一件有意義有價值的事足矣。

有一位作家被邀請參加筆會，坐在她身邊的是一位匈牙利年輕的男作家。

她衣著簡樸，沉默寡言，態度謙虛，男作家不知道她是誰，他認為她只是一個不入流的作家而已。

於是，他有了一種居高臨下的心態。

「請問小姐，妳是專業作家嗎？」

「是的，先生。」

「那麼，妳有什麼大作發表呢，能否讓我拜讀一兩部。」

「我只是寫寫小說而已，談不上什麼大作。」

男作家更加確信自己的判斷了。

他說：「妳也是寫小說的，那麼我們算是同行了，我已經出版了 339 部小說，請問妳出版了幾部？」

「我只寫了一部」

男作家有些鄙夷，問：「噢，妳只寫了一本小說。那能否告訴我這本小說叫什麼名字？」

「《飄》。」女作家平靜的說。

那位狂妄的男作家頓時目瞪口呆。

女作家的名字叫瑪格麗特．米契爾，她的一生只寫了一本小說。現在，我們都知道她的名字，但這則典故中那位自稱出版 339 本小說的作家的名字，已經無從查考了。

一生只要做好一件事，這輩子就沒有白過，人們就會記著你，它也會成就你。一輩子如果做了許多可有可無的事，不能專注一件事，其實對於生命而言，那只不過是在原地轉圈而已。

假設你準備成為一個偉大的作家，或是一位傑出的演說家，或是一位幹練精明的商界主管，或是一位能力高超的金融家，那麼你就要全身心的投入並積極的希望它成功，不要讓你的思維轉到別的事情、別的需求和別的想法上去，專心於你已經決定去做的那個重要項目，放棄其他所有的事。

瞬間的感悟：一個人的精力是有限的，把精力分散在幾件事情上是不明智的，一生做好一件有意義有價值的事足矣。

舉善者人見其豐偉

人生的幸福不僅僅是物質的。更多的也是精神的。擁有一顆善良之心會使你的人生更快樂、更豐富。

有一個比自由更有力的詞，那就是善良。自從人類文明肇始之初，這一詞彙所具有的力量就得到世人的公認。

我們都讀過《我的叔叔于勒》的故事，故事中家人們對叔叔的態度讓人感到心酸。親人都如此，可想他們對待外人會如何了。

善良是一種美德，是人性中最美麗、最溫暖人的優點。善良的人對人的感情是真摯的，無私的。

有一個催人淚下的故事：

森林被皚皚白雪覆蓋著，寒風從松樹間呼嘯而過。托尼太太和她的三個孩子圍坐在火堆旁，她傾聽著孩子的說笑，試圖驅散自己心頭的愁石。

一年以來，她一直用自己無力的雙手努力支撐著家庭，但日子一直很艱難，正在燒烤的那條魚是他們最後的一頓食物。當她看著孩子們的時候，淒苦、無助的內心充滿了焦慮。

幾年前，死神之手帶走了她的丈夫。她可憐的孩子皮特離開森林中的家，去遙遠的海邊尋找財富，再也沒有回來。

但直到現在，她都沒有絕望。她不僅供應自己孩子的吃穿，還總是幫助窮困無助的人。雖然她的日子過得也很艱難，但她相信在上帝緊鎖的眉頭後面，有一張微笑的臉。

這時門口響起了輕輕的敲門聲和嘈雜的狗吠聲。小兒子卡特跑過去開門，門口出現了一位疲憊的旅人，他衣冠不整，看得出他走了很長的路。陌生人走進來，想借宿一晚，並要一口吃的。他說：「我已經一天沒吃過東西

了。」這讓托尼太太想起了她的皮特，她沒有猶豫，把自己的食物端給這位陌生人。

當陌生人看到只有這麼一點點食物時，他抬頭驚訝的看著托尼太太：「這就是你們所有的東西？」他問道：「而且還把它分給不認識的人？妳把最後的一點食物分給一個陌生人，不是太委屈妳的孩子了嗎？」

「我們不會因為一個善行而被拋棄或承受更深重的苦難。」淚水順著她的臉龐滑下，「我親愛的兒子皮特，如果上帝沒有把他帶走，他一定在世界的某個角落。我這樣對待你，希望別人也這樣對待他。今晚，我的兒子也許在外流浪，像你一樣貧困，要是他能被一個家庭收留，哪怕這個家庭和我的家一樣破舊，他一樣也會感到無比的溫暖的。」

陌生人從椅子上跳起，雙手抱住了她，說道：「上帝真的讓一個家庭收留了您的兒子，而且讓他找到了財富。哦！媽媽，我是您的皮特。」

他就是托尼太太那杳無音信的兒子，從遙遠的國度回來了，想給家人一個驚喜。的確，這是上帝給這個善良母親最好的禮物。

托尼太太是善良的，她的這種善良多麼崇高，多麼偉大！這種善良是對自我的徹底忘卻。

> 瞬間的感悟：人生的幸福不僅僅是物質的，更多的也是精神的。擁有一顆善良之心會使你的人生更快樂、更豐富。

磨難是強者的機會

磨難會激發人的潛力。喚醒沉睡著的雄獅。引人走上成功的道路，如同河蚌能將體內的泥沙化成珍珠一樣。

第十二章　每天進步一點點

　　磨難並不是我們的仇人，而是我們的恩人。正是磨難使我們奮力前行的力量得以增強。這就好像那些橡樹，經過千百次暴風雨的洗禮，非但不會折斷，反而越見挺拔。在克里米亞的一場戰爭中，有一枚炮彈毀滅了一座美麗的花園，彈坑卻流出了泉水，成了一眼著名的噴泉。

　　許多人不到窮途末路的境地，就不會發現自己的力量，而災禍的折磨反而使他們發現真我。磨難也是一樣，它猶如鑿子和錘子，能夠把生命琢出力與美來。

　　在美國的一座山丘上，有一間不含任何有毒物、完全以自然物質搭建而成的房子，裡面的人需要由人工灌注氧氣，並只能以傳真與外界聯絡。

　　住在這間房子裡的主人叫辛蒂。1985 年，辛蒂在醫學院念書，有一次到山上散步，帶回一些蚜蟲。她拿起一種試劑為蚜蟲除去化學汙染，卻感覺到一陣痙攣，原以為那只是暫時性的症狀，誰料到自己的後半生就毀於一旦。試劑內含的化學物質使辛蒂的免疫系統遭到破壞。她對香水、洗髮精及日常生活接觸的化學物質一律過敏，連空氣也可能使她支氣管發炎。這種「多重化學物質過敏症」是一種慢性病，目前尚無藥可醫。

　　患病頭幾年，辛蒂睡覺時口水流淌，尿液變成了綠色，汗水與其他排泄物還會刺激背部，形成疤痕。她不能睡經過防火處理的墊子，否則會引起心悸。辛蒂遇到的這一災難所承受的痛苦是令人難以想像的。1989 年，她的丈夫吉姆用鋼與玻璃為她蓋了一間無毒的空間，一個足以逃避所有威脅的「世外桃源」。辛蒂所有吃的、喝的都經過特殊選擇與處理，她平時只能喝蒸餾水，食物中不能有任何化學成分。

　　8 年來，35 歲的辛蒂沒有見到一棵花草，聽不見悠揚的聲音，感覺不到陽光、流水。她躲在無任何飾物的小屋裡，飽嘗孤獨之餘，還不能放聲大

哭。因為她的眼淚跟汗一樣，可能成為威脅自己生命的毒素。

而堅強的辛蒂並不在痛苦中自暴自棄，她不僅為自己，也為所有化學汙染物犧牲者爭取權益而奮戰。1986 年，辛蒂創立「環境接觸」研究網，致力於此類病變的研究。1994 年再與另一組織合作，另創「化學傷害資訊網」，保障人們免受威脅。目前這一「資訊網」已有 5,000 多名來自 32 個國家的會員，不僅發行刊物，還得到美國、歐盟及聯合國支持。

生活在這寂靜的無毒世界裡，辛蒂卻感到很充實。因為不能流淚的疾病，使她選擇了微笑。

近於絕望的境地最能激發人潛在的力量；沒有這種經歷，人們便難以顯露真正的力量。很多成功人士都把自己所獲得的成就歸功於生理的障礙和奮鬥的苦難。有人說，如果沒有那障礙與苦難的刺激，他們也只會發掘出他們 1%的才能，足夠的刺激可以使這一比例擴大 5 倍以上。

> 瞬間的感悟：每一份磨難，在不屈的人們面前都會化為一種禮物。若想收穫成功的果實，就必須先勇敢的收下磨難這份禮物。

要想勝人一籌就得多思考一步

人們都知道，在下棋對局中，如果一方能夠多考慮一步，就很容易贏得棋局。生活中也是一樣。

在很多時候，天才和普通人的區別就在於能比別人多想一步。

一個普通人，由平庸變成偉大一點也不出人意料。他只不過是在別人憑著一股熱情埋頭苦幹時一邊思考，深思熟慮；當別人也在思考，想到了一系列改進措施時，他又比別人多想了一步。

第十二章　每天進步一點點

芬森博士有一個習慣，總是在午飯後坐在門前晒晒太陽。一隻母貓在陽光下安詳的打著瞌睡。

時間一分一秒的流逝，太陽一步一步向西移。漸漸被拉長的樹影，擋住了母貓身上的陽光。母貓醒了，牠站了起來，伸了伸慵懶的身軀，又踱到另一塊有陽光的地方，重新臥了下來，接著打瞌睡。

每隔一段時間，貓都會隨著陽光的轉移而不停的變換睡覺的場地。這一切在我們看來司空見慣，自然而然。可是貓的這些舉動喚起了芬森博士的好奇心。

貓為什麼喜歡待在陽光下呢？是光和熱，還是其他的什麼原因？

對，是光和熱。

貓喜歡光和熱，這說明光和熱對牠一定是有益的。那對人呢，對人是不是也同樣有益？這個想法在馬汀的腦子裡閃了一下。

可就是這麼一閃，成為聞名世界的日光療法的引發點。之後不久，日光療法便在世界上誕生了。芬森博士，也因為一隻睡懶覺的貓獲得了諾貝爾醫學獎。

如果我們家的院子裡也有這麼一隻睡懶覺的貓，我們也看到牠一次次的趨近陽光，我們是不是能想到這些呢？

1910 年，德國科學家韋格納因病不得不躺在醫院的病床上休息，牆上掛著一幅地圖，在閒得無聊的時間裡，他就很隨意的觀察這張地圖。一天，他突然發現，大西洋的兩岸的地形好像是互補的，南美大陸巴西東部突出的部分與非洲大陸西海岸的赤道幾內亞、加彭、安哥拉陷入的部分相對立，可以把它們完全拼合在一起。

這個發現，讓韋格納興奮了好一陣子，並由此引發了他一連串的思考。

這兩個大陸是不是原先就是連在一起的？如果是的話，那又是什麼原因使它們分開的？

不顧病痛，韋格納著手收集了大量的地質學、古生物學的資料，終於創立了一個嶄新的理論：大陸板塊漂移說。

為什麼每天都有許多人在看世界地圖，而只有韋格納得出了大陸板塊漂移說？有些人幾乎天天見到貓晒太陽，可為什麼只有芬森一人發現了日光療法？如果當初的那個蘋果不是掉在牛頓頭上，可能今天我們能夠得到的只有：今天真是倒楣，這個倒楣的蘋果為什麼偏偏落到我的頭上？可能我們都認為，要想獲得成功，就必須比別人付出足夠多的努力。其實在很多時候，天才和普通人的區別就在於能比別人多想一步。

所以，只要你多想一步，就會有創意，會有意想不到的發現。

> 瞬間的感悟：「一天的思考，勝過一周的蠻幹。」多思考一步，你會與眾不同。

在心裡搭一個同情的屋簷

當你向別人獻出一片真情，那麼他們將因此而充滿笑迎風雪的勇氣和力量。

當你向別人獻出一片真情，那麼你的心就給了另一顆心、一座真正的天堂！

同情心，是人們的一種善的天性；同情，是一種崇高博大的情懷。

在任何時候，人都要富有同情弱者的心理，用自己綿薄的力量去真心幫助別人。

第十二章　每天進步一點點

在一處古村遊覽風景區，一幫遊客正在興趣盎然的參觀古代遺留下的豪宅。古宅形體龐大，精巧別致，給人極大的新鮮感。站在古宅前，遊客們心裡都納悶：這宅子的屋簷可真怪，怎麼做成一個小巧的屋子？導遊小姐站在屋簷下，向遊客們賣了一個關子。她指著屋簷下那間小巧的屋子，學著某電視節目的語氣問道：「大家知道這間小屋子是做什麼用的嗎？」經這麼一吊胃口，大夥的興趣就來了，紛紛搶答。

有人說：「放鞋子用的。人進屋後，把鞋子脫了擱在這裡。」

有人說：「訓小孩用的。家裡小孩犯錯了就把他關在這裡，閉門思過。」

有人說：「雨天進門，把傘放在這裡。」

有人說：「關雞的。」

導遊小姐抿嘴一笑，無奈的搖搖頭，告訴大家：「都沒猜對，這是供路過此地的流浪漢遮風擋雨，歇腳過夜的。」眾遊客啞然。

在現實生活中，許多人不會想著為流浪漢做一個能擋風雨隔黑暗的屋簷；在心靈裡，也沒有給社會上的弱者留一個充盈同情關愛的屋簷。然而，古代的子民老早就知道替流浪漢做個屋簷，這何嘗不是一種關愛他人、幫扶弱者的情懷呢？人活於世，誰沒有遇到難處的時候？

人需要同情，猶如寒夜裡需要一盆火。烈日下需要一掬清涼的甘泉一樣。屠格涅夫曾路遇一個乞丐，他伸手掏錢正好未帶，愧疚使他低著頭抓住乞丐的手握了握。乞丐說：「夠了，兄弟，有這點就足夠了。」屠格涅夫有著一顆同情的心，這顆同情心感動了乞丐的心靈。其實，「在這個世界上，我們真的做不了什麼偉大的事業，我們可以做的只是懷著偉大的愛為他人做點真誠的小事。」有時哪怕是一份關注的眼神，一句普通的問候，一絲甜甜的笑容。只要你去做了，你的心靈就是高尚的。

今天，我們可以看到一個又一個人們為生病、或者上不起學的孩子熱心捐款的新聞，這不正是人們富有同情心和我們社會進步的表現嗎？

同情，是人的一種善的天性。

同情，是一種崇高博大的情懷。

同情，是寒夜中的一盆火。

同情，是烈日下一掬清涼的甘泉。

讓我們播撒同情的種子，收穫人格道義的果實。

> 瞬間的感悟：讓我們在自己的心裡搭一個同情的屋簷，心懷天下，悲憫蒼生。

雪中送炭見真情

人們常說救急不就窮，其中一方面的意思就是要幫助急切需要幫助的人們。贈予沒有高低大小之分。人們往往更鍾情於雪中送炭的幫助。哪怕只是一點點，也足以讓人記住一輩子。

世上最幸福的人是在生活中善於施捨的人，是那些能夠在他人絕望、心碎、困窘時及時伸出援助之手的人。他們能夠從幫助別人這單純的事情中，獲得特殊的滿足與深深的愉快。在日常生活中為一個朋友、一個病人、一個顧客、甚至一個素昧平生的陌生人，做一些分外的事，他們覺得這是極有意義的事情。

浩浩的父親帶著他排隊買票看兒童劇。排了老半天，終於盼到在他們和賣票口之間只隔著一家人。這家人讓浩浩印象深刻：一對夫婦有 8 個 12 歲之下的小孩。他們穿著便宜的衣服，看來雖然沒有什麼錢，但全身乾乾淨淨

的，舉止很乖巧。排隊時，他們兩個兩個成一排，手牽手跟在父母的身後。他們很興奮的嘰嘰喳喳談論著小丑和大象。浩浩想：「今晚想必是這些孩子們生活中最快樂的時刻了。」

售票員問孩子的父母：「你們要多少張票？」

孩子們的父親神氣的回答：「請給我 8 張小孩票和 2 張大人票，我帶家人來看兒童劇。」

然而，得到售票員的回答後，孩子們的母親扭過頭，把臉垂得低低的。父親的嘴唇顫抖了。他傾身向前，問：「你剛剛說是多少錢？」售票員又報了一次價格。

這人的錢顯然不夠。但他顯然不想轉身告訴那 8 個興致勃勃的小孩，他沒有足夠的錢帶他們看兒童劇。

浩浩的父親目睹了一切。他悄悄的把手伸進口袋，把一張 50 元的鈔票拉了出來，故意掉在地上（事實上，浩浩家一點也不富有），他又蹲下來，撿起鈔票，拍拍那人的肩膀，說：「對不起，先生，這是你口袋裡掉出來的！」

這人當然知道原因。他並沒有乞求任何人伸出援手，但他深深的感激有人在他絕望、心碎、困窘的時刻幫了忙。他直視著浩浩父親的眼睛，用雙手握住浩浩父親的手，把那張 50 元的鈔票緊緊夾在中間。他的嘴唇在發抖，淚水忽然滑落他的臉頰，他回答道：「謝謝，謝謝您，先生，這對我和我的家庭意義重大。」

浩浩和父親那晚並沒有進去看兒童劇，但浩浩覺得自己的收穫更大。

能夠知道他人的心理需求，你就會採取智慧的方法去面對他人，你就能找到與他人交往的辦法。特別是當他人遇到困難，需要幫助的時候，能夠替他人著想，急他人之所急，就能得到人心。

瞬間的感悟：贈人玫瑰，手留餘香。

人間真情似太陽

在人世間，真情最能讓我們感受世間的溫暖，最能讓我們體驗生命的意義。

真情就如一盞盞燈火，總是在我們陷入黑暗的寒氣之時亮起，帶給我們希望和信心；當我們在坎坷泥濘的人生道路上蹣跚而行的時候，真情像一隻有力的臂膀，挽起我們向前邁進。真情，是人世間永遠的太陽。

有一個富翁，年輕時家裡很窮，他的父母都是農民，他從小就生存在一種飢餓和窘迫之中。節日的新衣服、過年的壓歲錢、喜慶的爆竹、父母的呵護……這些本該屬於孩子的專利，都與他無緣。

最使他難忘並終生感恩的是朋友們對他無私、真誠的幫助和呵護。只要朋友手裡有兩塊糖果，肯定就會有他的一塊；朋友手裡有一個饅饅，那肯定有他的一半。在貧窮和飢餓之中，還有什麼比這更寶貴的東西呢？

一眨眼 30 年過去。此時，富翁步入了中年。外出闖蕩的他已今非昔比。30 年的奔波勞碌、摸爬滾打，富翁一路風塵的走過來了，成了一個穩健、精明、魅力非凡的企業家。有一天，少小離家的他動了思鄉之念，於是，在一個豔陽高照的日子裡，他回到了家鄉。當日，他走遍全村，感謝村鄰這些年對他父母的照顧，並每家送了一份禮品。晚上，富翁在自家的堂屋裡擺桌請客，赴宴者全是從小光著屁股一起長大的玩伴，他們自然也都是四十幾歲的中年人了。

按那裡的風俗，赴宴者都要帶點禮品表示謝意。大家來的時候，都帶著

禮品。富翁令人一一收下，準備宴席之後，請大家帶回，當然，還有自己饋贈的禮品。

正在大家熱熱鬧鬧、倒茶斟酒的時候，門開了，一個兒時舊友走進門來，他的手裡提著一瓶酒，連聲說：「對不起，我來晚了。」

大家都知道這個朋友日子過得很艱難，其情其境，一點不亞於富翁兒時。富翁起身，接過朋友提來的酒，並把他拉到自己身邊的座位上坐下，朋友的眼裡閃過幾絲不易覺察的慌亂。

富翁親自把盞，他舉著手中的酒瓶，說：「今天，我們就先喝這一瓶酒，如何？」一邊說，一邊替大家一一倒滿，然後他們一飲而盡。

「味道怎樣？」富翁問。所有赴宴者面面相覷，默不作聲。舊友更是面紅耳赤，低下了頭。富翁瞧了一眼全場，沉吟片刻，慢慢的說：「這些年來，我走了很多地方，喝過各式各樣的酒，但是，沒有一種酒比今天的酒更好喝，更有味道，更讓我感動……」說著，他站起身，拿起酒瓶又一次一一替大家斟酒，說：「再乾一杯。」

喝完之後，富翁的眼睛溼潤了，朋友也情難自抑，流淚了。

他們喝的哪裡是酒，分明是一瓶水啊！

世界上還有比這更感人的場面嗎？還有比這更寶貴的東西嗎？朋友不以貧窮自卑，提一瓶水也要去看看兒時的朋友；發跡的富翁不忘舊情，不以為忤，反而大受感動，情不自禁，以致落淚，這瓶「水酒」真的是含著重如泰山、穿越世俗的真情啊。朋友，當我們身左身右的人，在人生路上遇到艱難、陷入泥濘之時，請伸出你的手來，把你的溫暖、關懷送給他們，把真情送給他們。

瞬間的感悟：患難見真情，金錢是買不到真情的。

不要處處炫耀你比別人聰明

英國 19 世紀一位政治家對他的兒子做過這樣的教導：「要比別人聰明，但不要告訴人家你比他聰明。」

蘇格拉底在雅典一再告誡他的門徒：「你只知道一件事，那就是你一無所知。」

這些話，有一個共同的意思，就是你即使真有兩下子，也不要太出風頭，要藏而不露，大智若愚。

一般來說，人們誰都不願意承認自己是「傻蛋」，不願承認別人比自己聰明，因為這牽涉到他的自尊心。所以，你要說服別人時，不要讓人感到你是在顯示你比他聰明。特別是當你指出別人的錯誤時，你的一個蔑視的眼神，一種不滿的腔調，一個不耐煩的手勢，都可能使別人覺得傷了他的自尊心。從而帶來難堪的後果。

一位教授在書中說過一段富有啟示性的話：「人，有時會很自然的改變自己的想法，但是如果有人說他錯了。他就會惱火，更加固執己見。人，有時也會毫無根據的形成自己的想法，不是那種想法本身多麼珍貴，而是他的自尊心受到了威脅……」

當富蘭克林還是個毛毛躁躁的年輕人時，有一天，一位老朋友把他叫到一邊，嚴厲的訓斥他說：「富蘭克林，你簡直不可救藥，你到處指責別人的錯誤，自以為比所有的人都高明，誰受得了你？！你的朋友已經討厭你了。他們對我說，如果你不在場，他們就會自在得多。你知道得太多了，已經沒有

人打算再告訴你些什麼事情，因為你不能再吸收新的知識。其實，你的舊知識又有多少呢？十分有限！」

這番話使富蘭克林受到了很大震撼，他決心改掉傲慢、武斷說服人的方式。他在自傳中說：「我立下了一條規矩，絕不正面反對別人的意見，也不讓自己武斷。我甚至不准自己用過分肯定的文字或語言表達意見。我絕不用『當然』『無疑』這類詞，而是用『我想』『我假設』『我想像』。當有人向我陳述一件我不以為然的事情時，我絕不立即駁斥他，或立即指出他的錯誤，我會在回答的時候，表示在某些條件和情況下，他的意見沒有錯，但目前看來好像稍有不同。我很快就看到了收穫，凡是我參與的談話，氣氛變得融洽多了。我以謙虛的態度表達自己的意見，不但意見容易被人接受，衝突也減少了。我最初這麼做，確實感到困難，但久而久之，就養成了習慣。也許，50年來，沒有人再聽到我講過太武斷的話。這種習慣，使我提交的新法案能夠得到大家的重視。儘管我不善於辭令，更談不上雄辯，遣詞造句也很遲鈍，有時，還會說錯話，但一般來說，我的意見還是得到了廣泛的支持。」

> 瞬間的感悟：虛心些，謙遜些，你的朋友會更喜歡你。

檢驗人心的試金石

人人都有許多朋友，但朋友之情有厚有薄，朋友之心有正有邪。心正可以受其益，心邪則多受其害。心正與心邪都在一副笑面之下掩蓋著，特別在你春風得意時，大家禮尚往來，杯盞應酬，互相關照。

但如果風浪驟起，禍從天降，比如你因事而落魄，或蒙冤被困，或事業失意，或病魔纏身，或權位不存等等，這時，你倒楣自不消說，就連昔日那

些笑臉相對，過從甚密的朋友也將受到嚴峻的考驗。他們對朋友的態度、距離，必將看得一清二楚。

那時，勢利小人會退避三舍，躲得遠遠的；擔心自己仕途受挫的人，會劃清界限；酒肉朋友因無酒肉誘惑而另找飯局；卑鄙小人則甚至還會乘人之危落井下石，踩著別人的肩膀向上爬。當然也有始終如一的人繼續站在你身邊，把一顆金子般的心捧給你，與你禍福相依，患難與共。如古人所說：「居心叵測，甚於知天，腹之所藏，何從而顯？」

答曰：在患難之時。古語說「患難見真情，板蕩識忠臣」，的確如此。患難時真朋友、假朋友、親密的、一般的、「好兄弟們」、「投機者」就涇渭分明了。

權力官位、金錢利益歷來都是人心的試金石。有的人在當普通人時自覺人微言輕，尚與朋友們親如手足，同喜同憂。

一旦他的地位上升了，便官升脾氣漲，交朋會友的觀念也就變了，對過去那些「窮朋友」「俗朋友」便羞於與他們為伍，保持一定距離。

在利益面前，各種人的靈魂都會赤裸裸的暴露出來。有的人在對自己有利或利益無損時，可以稱兄道弟，顯得親密無間。

可是一旦有損於他們的利益時，他們就像變了個人似的，見利忘義，唯利是圖，什麼友誼，什麼感情統統拋到腦後。比如，在一起工作的同事，平日裡大家說笑逗鬧，關係融洽。可是到了升遷時，名額有限，「僧多粥少」，有的人真面目就露出來了。

他們再不認什麼同事、朋友，在會上直言擺自己之長，揭別人之短，背後造謠中傷，四處活動，千方百計把別人拉下去，自己擠上來。這種人的內心世界，在利益面前暴露無遺。事過之後，誰還敢和他們交心認友呢？

當然，大公無私，吃虧讓人，看重友誼的還是多數。但是，在利益得失面前，每個人總會亮相的，每個人的心靈會鑽出來當眾表演，想藏也藏不住。所以，此刻也是識別人心的大好時機。

進而言之，歲月也可以成為真正公正的法官。有的人在一時一事上可以稱得上是朋友；日子久了，同事時間長了，就會更深刻的了解他們的為人、人品，「路遙知馬力，日久見人心」，說的就是這個意思。如此長期來往，長期觀察，便會達到這樣的境界：知人知面也知心。

春秋末年，晉國中行文子被迫流亡在外，有一次經過一座界城時，他的隨從提醒他道：「主公，這裡的官吏是您的老友，為什麼不在這裡休息一下，等候著後面的車子呢？」

中行文子答道：「沒錯，從前此人待我很好，我有段時間喜歡音樂，他就送給我一把鳴琴；後來我又喜歡佩飾，他又送給我一些玉環。這是投我所好，以求我能夠接納他，而現在我擔心他要出賣我去討好敵人了。」於是他很快的就離去。果然不久，這個官吏就派人扣押了中行文子後面的兩輛車子，獻給了晉王。

在普通人當中，有中行文子這般洞明世事的人並不多見。

中行文子在落難之時能夠推斷出「老友」的出賣，避免了被其落井下石的災難，這可以讓我們得到如下啟示：當某位朋友對你，尤其是你正處高位時，刻意投其所好，那他多半是因你的地位而結交，而不是看中你這個人本身。這類朋友很難在你危難之中施以援手。

話又說回來，透過逆境來檢驗人心，儘管代價高、時日長，又過於被動，然而其可靠程度卻大於依推理所下的結論。因此我們說：「倒楣之時測度人心，不失為一種穩妥的方法。」

瞬間的感悟：路遙知馬力，日久見人心。

不能簡單區分好人和壞人

南懷瑾先生曾經說：世界上任何一個人，在心理行為上，即使一個最壞的人，都有善意，但並不一定表達在同一件事情上。有時候在另一些事上，這種善意會自然的流露出來。

俗話說：「虎毒不食子。」動物如此，人類亦然。只是一般人，因為現實生活的物質需求，而產生了欲望，經常把一點善念蒙蔽了，遮蓋起來了。再加上人的秉性，也就是人的脾氣，我們常常稱之為「牛脾氣」，人的脾氣一來，理智往往不能戰勝情緒。

正是由於以上原因，所以我們不能簡單的把人分為「好人」和「壞人」。其實，「好人」也可能有惡念、辦壞事；「壞人」有時也會發善心，做好事。

所謂「好人」和「壞人」並不是絕對的，而只是在相對的意義上加以劃分的。下面這個故事，更能夠說明這個道理：有位商人和一位心理學教授聊天，商人對教授說：「假如有人願意出 10 萬元買你的心臟，你賣不賣？」

教授毫不猶豫的回答：「不賣！」

商人又問：「如果有人出 100 萬元呢？」

教授仍然說：「不賣。」

「要是 1,000 萬元你賣不賣？」商人再問。

這時候，教授猶豫了一下，說：「也許我可以考慮一下。」

商人笑著說：「沒有了心臟，你要 1,000 萬元還有什麼用處呢？」

教授認真的說：「我的太太和子女有了這筆錢，就可以從此過上比較優裕

的生活了。」

「可是，你的太太和子女即使得到了 1,000 萬元卻失去了你，他們會快樂嗎？」商人說。

教授笑了笑，說只有回去問問才能答覆這個問題。

第二天，二人再次相遇。教授十分不快的說：「無論誰願意出多少錢，我也不賣心臟了！」商人肯定的說：「一定是因為你的太太和子女都反對，所以你就不願意賣了。」

不料，教授的回答卻是：「我回家跟他們一說這件事，他們還以為是真的，並問我打算怎樣分配那一大筆錢。我想，要是我真的賣了心臟，他們是不會太傷心的。所以，我決定多少錢也不賣了！」

在這個故事中，錢是人生的一個重要參數，它可以改變人的心態。使「好人」和「壞人」發生轉化。即使很有學識和修養的心理學教授，在 10 萬元、100 萬元面前可以不動心，但在 1,000 萬元面前卻轉變了心態。當然，此時他仍然是一個「好人」，心裡想的是這樣做可以使太太和子女過上比較優裕的生活。

教授的太太和子女平時一定很愛他，否則他也不會想到賣心臟來使他們過上好生活。可是，在鉅款面前他們卻喪失了理智，變成了以親人性命換錢的「壞人」。而當教授了解到太太和子女把錢看得比他還要重要時，就又改變了主意，不願意做無私奉獻的「好人」了，並決定多少錢也不賣了。

在貪心和欲望的作用下，人往往發生轉化或迷失了自己。如貪財的人往往多求，不惜損人利己，甚至作奸犯科，觸犯法律。有的人在一定環境下，行為相當正直，但當環境變化以後，經不起金錢等物欲的誘惑而走向墮落。這樣的例子，在現實生活中還可以舉出很多。

　　把人簡單的劃分為「好人」和「壞人」，就等於束縛了自己的心靈，蒙蔽了自己的眼睛，因而便容易犯錯誤。這樣做的危害主要有兩方面：

　　(一) 人為的限制了自己的交往範圍，無法擴大社交圈。

　　(二) 不懂得人性的變化之道，就不知道使「壞人」轉化為對自己有利的「好人」，反而常常遭受「好人」變壞之後的陷害。

　　明白「好人」與「壞人」相互轉化的道理，不僅能提升自我修養，而且能挖掘、擴充、利用他人身上的善意，同時提防、遏制、消除他人身上的惡意。

瞬間的感悟：好人和壞人也許在一念之間，莫貪心，莫讓欲望迷惑了自己。

勤於考察才能了解人

　　交往和用人都要知人。知人者必勤於考察，善於見微知著。比如當加州大學對來應徵的校長候選人挑選到還剩四人時，特發出邀請，把四位候選人連同他們的夫人一起接到學校住了幾天，再透過實際生活加以觀察。原來他們認為：假如校長的夫人品格不高，校長的工作實際上將會受很大影響。結果果真又淘汰了一名。日本住友銀行在招考幹部時，其總裁曾出過這樣一個試題：「當本行與國家利益發生了衝突，你認為應如何處理？」許多人答「應為住友的利益著想」，總裁認為「不能錄用」；另一些人答「應以國家利益為重」，總裁認為「僅僅及格，不足錄用」；有一個人這樣回答說：「對於國家利益和住友利益不能雙方兼顧的事，住友絕不染指。」總裁的評語是：「卓有見識，加以錄用。」這件事對我們應如何知人有很大啟發作用。

　　早在 1800 年前，三國的諸葛亮就十分強調領導者要善於知人。他認為：

人「美惡既殊，情貌不一；有溫良而為詐者，有外恭而內欺者，有外勇而內怯者，有盡力而不忠者……」就是說，人的真善美與假惡醜，並不都是表現在情緒和臉譜上的，也不能從一般的表現上都能看得出來。有的看來溫良而實際狡詐，有的外表謙恭而內心虛假，有的給人的印象勇不可當，實則臨事而懼、怯懦得很，有的人在處境順利時可以盡力，到處於逆境、環境變化時就不能忠於事業和信仰了。因此他提出領導者應該親自考察自己直屬的下級，以知其意志、應變、知識、勇敢、性格、廉德、信用，而絕不可憑感情和印象用人。諸葛亮的「知人」方法，對於領導者在用人上是有很大幫助的。其方法為：

「問之以是非，而觀其志」。就是要管理者親自與下級討論對各類事物是非對錯的看法，來觀察他的立場、觀點、信仰、志向是否明確堅定。

「窮之以辭辯，而觀其變」。就是要求管理者就工作中某些現實問題的處理意見與下級不斷的進行辯論，提出質疑，以此來考察他的智慧與應變能力。

「諮之以計謀，而觀其識」。就是管理者不斷的向下級提出諮詢，請他們對一些重大問題提出謀略和決策方案，以考察他是否有能力和見識。

「告之以禍難，而觀其勇」。即管理者告訴下級可能面臨的災禍和困難，來識別他是否能臨難而出，勇往爭先，義無反顧，救國救民。

「醉之以酒，而觀其性」。就是主管在與下級同宴時可以勸他飲酒，以觀察他是否貪杯、酒後能否自制以及表露出來的本來性格如何、是否表裡如一等等。

「臨之以利，而觀其廉」。就是管理者把下級放在有利可圖，或者可以得到非分利益的工作職位上，看他是否廉潔奉公、以眾人利益為重，還是貪圖

私利或者只顧小集團的利益，見利忘義。

「期之以事，而觀其信」。就是管理者委託下級獨立自主的去完成某種工作，看他是否恪盡職責、克服困難，想辦法去把事情辦好，還是欺上瞞下、應付了事，來考察下級是否忠於職守、恪守信用。

> 瞬間的感悟：鑑人者得友，鑑史者得道。

站得高才看得遠

工作中有一些棘手的問題，費了很多時間也解不開疙瘩。這是很多人都會遇到的情況。

奉勸你對難題要有另一套解決辦法，否則就暫時將其束之高閣，觀察思考一段時間。這樣，才能高效率的完成任務。

你不妨將這死結放在另一個角度去看，例如嘗試想像問題是發生在某人身上。這樣做你就可以抽離事件，在解除壓力之下，以更客觀的態度去重新觀察事件，而且不會有失敗感。再想像一下，某人會怎樣去處理這問題呢？以他人的立場出發，或許可以有另一種發現。

要是難題牽涉到另一個人，試試從他的角度去觀察。

甚至由你一人扮演雙方角色，這樣，既能設身處地為他人著想，又可更深入的了解事件的關鍵所在。最後，可以寫下一些紙條，將所有可能性寫下來。

問：「要是我這樣做，最壞會發生什麼事？最好又是怎樣？如果什麼也不做，情況又如何？」逐一分析，正確的答案自然就會出現。

無論公事，還是私事，在進行順利之際，突然被中斷、打擾，當事人自

然大大不悅。

在正常情況下，人們對打尖者的印象是「他一定是有急切需求」，可是，當發現事實並非如此，就會產生「豈有此理」的想法，以為你故意整人。事實上，你同時會被認定為不懂得控制自我或沒有組織能力。

要是你本來就是如此，那麼實在有必要上進行改善，否則青雲路與你無緣。

若你本性並非如此，就是你的表現方法有問題了。

下一次，當你要衝入上司的房間，中斷他與另一位主管的談話，詢問他關鍵題時，請先反問自己：「為什麼我這個時候會這麼心急如焚？是否自己太懼怕出錯？事情是否不可以再拖延？」

如果每一個問題能夠有一個正面答案，或許，你已取消衝入的行動。

有沒有發現自己許多時候是有理的，卻在討論之中節節敗退？

專家們指出，一般人在與別人爭論時，起初會據理力爭，理直氣壯的，可是，一旦念及恐怕傷害別人或惹怒別人，氣勢就會自然消退，直至瑟縮一隅了。

要克服這種棘手情形，自有妙法。

首先，請你認定可與自己站在同一陣線的人：祕書、上司、搭檔，如果一旦發現自己語塞，可請這些人接著替你發言。

其次，是爭取主動地位。如果討論氣氛不愉快，或者你相信自己快要控制不住自己，可以向主持者提出：「李先生，既然我們意見不一致，大家暫時又沒有中肯的意見，不如改天再開會時論吧。」讓自己有更多時間上「充氣」「充電」，是最聰明的做法。無論你是否被圍攻，一定要小心言詞，切勿用道歉的語氣說話。

為了增進信心，請用筆記錄下討論時你想到的辦法，待有發言機會就一一講出，甚至你可寫些鼓勵性話語在旁，或許會有意外的效果。

你是否常常在進行會議時，感到不能好好控制自己的情緒？或者是不夠冷靜呢？那是你缺乏自信心的表現，要設法改善。會議前，先預想一下有哪些問題將困擾你，列一張清單，逐點想出一個正面解決辦法來。

平時多做開會的練習，例如請一位朋友與你對講，由他扮演對方，對你諸多刁難，著重於資訊和意見的查詢，而你就設法用最直接的方法交出最佳的答案。

或者具體點來說，你正在準備一份與財政預算相關的一項工作，千萬別說：「我從未主持過一樁超過五十萬元的計畫！」應該說：「過去我曾做過共四個五十萬元的計畫，全部都在預算之下完成任務。我想，我對財政預算有很好的控制能力。」

當處理一些私人事務時，請弄清楚你要處理的問題，別讓熟悉你的人，利用你的私人事件恐嚇或擊倒你。

當你的聲音放軟，雙肩頹然下墜，或雙眼顧盼左右，請注意你正在談論些什麼話題，以後就針對這些話題多做練習。以便今後控制自己。

花了很長的時間，費了無數心血寫成的企畫書，老闆只看了一個下午就回覆不接受。教你的一顆心直往下沉，甚至連工作也提不起勁來。

有些人對自己信心十足，所做的事一旦不被接受，就上萬個不服氣，找出一大堆保護自己的藉口來，什麼被排擠，主管必已有內定人選……諸如此類。

成功人士都不會胡亂推卸責任，所謂知己知彼，對自己的實力必須有明確的認知，才能武裝好出征去。從失敗中學習，是很必要的。

重新翻閱計畫書，把問題逐點勾出來。

計畫是否夠全面？細節是否夠詳盡？實際的資料是否具有說服力？採取策略夠實際嗎？除了計畫書的本身。其他方面，如呈示的方式、同事間的關注程度、公司的發展現況等等，都是影響結果的因素，務請多加留意。

> 瞬間的感悟：讓自己站在上司的位置來看看整件事，或許你會有新的體會。

人生直至盡頭，始終是條蜿蜒曲折的路

選擇了就要走下去，因為無法重新來過

作　　者：憶雲，宗坤

發 行 人：黃振庭

出 版 者：崧燁文化事業有限公司

發 行 者：崧燁文化事業有限公司

E-mail：sonbookservice@gmail.com

粉 絲 頁：https://www.facebook.com/
　　　　　sonbookss/

網　　址：https://sonbook.net/

地　　址：台北市中正區重慶南路一段六十一號八
　　　　　樓 815 室

Rm. 815, 8F., No.61, Sec. 1, Chongqing S. Rd.,
Zhongzheng Dist., Taipei City 100, Taiwan (R.O.C)

電　　話：(02)2370-3310

傳　　真：(02) 2388-1990

印　　刷：京峯彩色印刷有限公司（京峰數位）

國家圖書館出版品預行編目資料

人生直至盡頭，始終是條蜿蜒曲折
的路：選擇了就要走下去，因為無
法重新來過 / 憶雲，宗坤著 . -- 第
一版 . -- 臺北市：崧燁文化事業有
限公司 , 2021.12
　面；　公分
POD 版
ISBN 978-986-516-945-9(平裝)
1. 人生哲學
191.9　　110018976

電子書購買

臉書

定　　價：480 元

發行日期：2021 年 12 月第一版

◎本書以 POD 印製